Charmain Sutherl

Es geht auch *ohne* Turnhalle

Verlag an der Ruhr

Impressum

Titel der amerikanischen Originalausgabe:
No gym? No problem. Physical Activities for Tight Spaces.

Titel der deutschen Ausgabe:
Es geht auch ohne Turnhalle.
Bewegungs- und Sportideen für Klassenzimmer und andere Räume.

Autorin:
Charmain Sutherland

Zeichnungen:
Mic Greenberg

Übersetzung:
Stefanie Buss

Bearbeitung für Deutschland:
Verlag an der Ruhr

Druck:
Druckerei Uwe Nolte, Iserlohn

Verlag:
Verlag an der Ruhr
Alexanderstraße 54 – 45472 Mülheim an der Ruhr
Postfach 10 22 51 – 45422 Mülheim an der Ruhr
Tel.: 0208/4395450 – Fax: 0208/43954239
E-Mail: info@verlagruhr.de
www.verlagruhr.de

geeignet für die Klasse 1 **2 3 4** 5

ISBN 978-3-8346-0255-8

Gedruckt auf chlorfrei gebleichtes Papier.

Die Schreibweise der Texte folgt der neuesten Fassung der Rechtschreibregeln – gültig ab August 2006.

Inhalt

Vorwort

Von nun an muss nichts mehr Ihren Sportunterricht durchkreuzen!
Geben Sie jeden Tag tollen Unterricht, und bieten Sie ansprechende Bewegungsaktivitäten an, unabhängig vom Wetter, unvorhergesehenen Ereignissen oder Raummangel!
Wenn der Briefträger seine Post jeden Tag bei Wind und Wetter austeilen kann, schaffen Sie das auch! Schließlich haben Sie eine wichtige Aufgabe zu erfüllen. Sie als Sportlehrer* planen Woche für Woche sinnvolle Unterrichtseinheiten und Bewegungsaktivitäten. Doch von Zeit zu Zeit werden diese Pläne durcheinandergebracht.

* Aus Gründen der besseren Lesbarkeit haben wir in diesem Buch durchgehend die männliche Form verwendet. Natürlich sind damit auch immer Frauen und Mädchen gemeint, also Lehrerinnen, Schülerinnen etc.

Wenn an Ihrer Schule keine Sporthalle vorhanden ist, wissen Sie, wovon ich rede – Sie haben keine Möglichkeit, Sport drinnen zu unterrichten.
Selbst wenn Sie Zugang zu einer Sporthalle haben, wird Ihnen diese nicht immer zur Verfügung stehen: Abschlussfeiern, Versammlungen, Aufführungen, Siegerehrungen oder Reparaturarbeiten machen es von Zeit zu Zeit unmöglich.

Solch ein Mangel an Räumlichkeiten muss nicht notwendigerweise all Ihre Pläne über den Haufen werfen. Machen Sie stattdessen von Ihrem **Handwerkszeug** Gebrauch!

Flexibilität ist ein lebensnotwendiges Handwerkszeug in Ihrem Beruf. Überraschende Ereignisse und Veranstaltungen kommen jedes Jahr vor – in einem Jahr werden Sie häufiger mit solchen Hindernissen konfrontiert, im nächsten weniger. Mit ungewöhnlichen Mitteln können Sie trotzdem einen großartigen Unterricht oder sinnvolle Bewegungsaktivitäten zu Stande bringen, ohne dass Sie Ihre gesamte Jahresplanung ändern müssen.

Ein weiteres Handwerkszeug für den Unterricht ist **dieses Buch**. Haben Sie es immer griffbereit auf Ihrem Schreibtisch liegen, damit Sie schnell eine Übung heraussuchen können, wenn unvorhergesehene Ereignisse eintreten. Suchen Sie einfach das Thema im Buch, mit dem Sie sich zurzeit beschäftigen, und schon sind Sie bereit. Das Buch bietet komplette Stundenentwürfe und die dazugehörigen Aktivitäten, mit allem, was man als Profi braucht. Dieses Buch ist, bildlich gesprochen, wie ein Ersatzreifen, wenn Sie einen Platten haben. Ihre Pläne haben sich zwar in Luft aufgelöst, aber Sie „rollen" trotzdem weiter und gelangen ans Ziel.

Genießen Sie den Weg, den Sie im Sportunterricht gehen. Halten Sie Ihr Handwerkszeug bereit, und seien Sie stets auf eventuelle Hindernisse eingestellt, anstatt sich von Ihnen beeindrucken zu lassen. Nutzen Sie Ihre Flexibilität und Entschlusskraft, um eventuelle Hürden zu überwinden.

0 Einleitung

„Ja, das kann ich machen ...“ „Und das kann ich auch machen ...“. „Klar mach ich das auch noch“, antwortete sie auf jede Frage, die die Direktorin an sie richtete. Sie tat dies mit dem Enthusiasmus eines Kindes, das genau das Spielzeug bekommt, das es sich gewünscht hatte. Stolz darauf, dass sie das Vorstellungsgespräch unter Dach und Fach gebracht und die beste Arbeitsstelle der Welt in trockenen Tüchern hatte, schüttelte sie der Direktorin die Hand und nahm die Stelle an.

Während die Direktorin neben der neuen Sportlehrerin über die Flure geht, weist sie diese auf die Schmuckstücke der Schule hin – die Spielwiesen, den Computerraum, die Bücherei, die Lehrertoiletten, den Musikraum, den Kunstraum und den Aufenthaltsraum. Dann hält die Direktorin inne, lächelt freundlich und fragt das neueste Mitglied des Kollegiums, ob sie irgendwelche Fragen habe.

„Ähm, die Schule sieht toll aus; ich kann es kaum abwarten!“ „Nun, dann können wir uns ja den Turnsaal ansehen!“ „Die Turnhalle?“, fragt die neue Sportlehrerin höflich. Sie stellt sich Kinder vor, die mit einem Ball dribbeln und Körbe werfen, einen Geräteraum voll fabelhafter Turngeräte, eine Lehrerumkleidekabine mit Telefon, und vielleicht sogar eine Toiletten-Dusch-Kombination, wenn sie Glück hat.

Als ob die neue Lehrerin soeben ein Schimpfwort gebraucht hätte, wendet sich die Direktorin schnell zu ihr um und verschränkt die Arme vor der Brust. „Turnhalle?“, fragt sie. „Wir besitzen keine Turnhalle. Ich dachte, das hätten sie gemerkt.“ Die Sportlehrerin ist sprachlos. Zig Gedanken schwirren ihr durch den Kopf. „Das wird doch wohl kein Problem sein, oder?“, fragt die Direktorin. „Keine Turnhalle?“, fragt die Sportlehrerin. Sie denkt rasch nach und erwidert fröhlich: „Kein Problem!“

Ich bin verloren

Oh je, was soll ein Sportlehrer bloß ohne Turnhalle anfangen? Jedoch keine Zeit für Selbstmitleid! Statt sich mit dem Gedanken daran aufzuhalten, was Sie nicht haben, sollten Sie sich besser auf sich selbst besinnen! Schließlich sind Sie nicht zum „Turnlehrer" ausgebildet worden, sondern dazu, „Sport" zu unterrichten. „Turnlehrer" ist ein veralteter Ausdruck, mit dem manche Menschen immer noch den Sportlehrer bezeichnen. Andere sagen auch „Turnen" zum Sportunterricht. Ich war sogar schon an Schulen, wo die Lehrer den Sportunterricht „Turnen" nennen, obwohl die Schule nicht einmal eine Turnhalle hat. Wenn Sie eine Ausbildung zum Sportlehrer haben, wird Sie dieser Umstand jedoch nicht allzu sehr ins Wanken bringen. Sie sind keineswegs völlig verloren, sondern Ihnen stehen alle Möglichkeiten offen!

Sportlehrer haben innerhalb ihrer Ausbildung gelernt, Schülern sportliche Fähigkeiten beizubringen. Während der Ausbildung konnten Sie Ihre sportlichen Fähigkeiten selbst weiterentwickeln. Dabei fand die Ausbildung höchstwahrscheinlich immer unter Idealbedingungen statt: z.B. Tennis auf dem Tennisplatz und Fußball auf dem Fußballplatz. Obwohl also dieses Training dort stattfand, wo Studenten unter idealen Voraussetzungen lernen konnten, kann es passieren, dass der Sportunterricht für Grundschüler nicht solchen idealen Voraussetzungen unterliegt. Ich habe z.B. in den ersten vier Jahren meiner Lehrtätigkeit Schüler der Mittelstufe die richtige Schlagtechnik für Tennis auf dem Schulparkplatz beigebracht. Beim Basketballdribbeln in einer alten Kirche waren wir von Glasfenstern umgeben. Ich habe an fünf Tagen in der Woche in jeweils 45-minütigen Unterrichtsstunden Sechst-, Siebt- und Achtklässler unterrichtet, und zwar ohne Sporthalle. Außerdem habe ich sieben Jahre lang Grundschüler ohne Turnhalle unterrichtet und es hat hervorragend funktioniert!

Sie werden nicht nur Ihren eigenen Weg finden, sondern außerdem noch kreativer, innovativer und einfallsreicher sein! Eine Sporthalle ist zweifellos ein hervorragender Unterrichtsraum, um Sport und Bewegung zu lehren. Denken Sie aber auch an all die Möglichkeiten und Gelegenheiten, die sich Ihnen unabhängig von den räumlichen Gegebenheiten für diese Aufgabe bieten! Die Auswahl ist grenzenlos.

Dieses Buch ist sozusagen eine Landkarte, die Ihnen bei der Auseinandersetzung mit den begrenzten Räumlichkeiten beisteht. Sobald Sie sich einen Überblick verschafft haben, können Sie Orte erkunden, die über die Grenzen einer jeden Landkarte hinausgehen. Sie glauben gar nicht, was Sie alles auf die Beine stellen können! Überwundene Hindernisse und Missgeschicke bringen manchmal das Beste im Menschen zu Tage. Ist keine Idealsituation vorhanden, werden Sie zunächst gezwungen, und später dazu aufgefordert, kreativer zu sein. Dieser Umstand hält Sie in Atem und macht nichts selbstverständlich. Um stets professionell handeln zu können, müssen Sie immer neue Ideen haben!

Sie sind keinesfalls zum Tode verurteilt, sondern mit einer Gelegenheit belohnt worden. Eine fehlende Sporthalle oder wenig Platz bedeutet nur, dass Sie Ihre geplanten Bewegungsspiele in einem engeren Raum, wie z.B. einem Klassenzimmer, durchführen müssen. Sie haben es in der Hand, Ihren Schülern die ganze Welt der sportlichen Betätigung nahezubringen. Natürlich ist das Klassenzimmer klein, und sicherlich gibt es dort auch Fenster, Schreibtische und zerbrechliche Gegenstände. Doch Sie haben 30 bis 45 Minuten Zeit zur Verfügung, um Sportunterricht auf die Beine zu stellen und ihn für die Kinder von Bedeutung werden zu lassen. Setzen Sie sich also mit der Wirklichkeit auseinander, und arbeiten Sie einfach mit den Aktivitäten in diesem Buch. Ihre Schüler werden sich aktiv zeigen, körperliche Bewegung lernen und außerdem noch Spaß daran haben.

Es gibt kaum etwas, das Kindern mehr Freude macht als Bewegung, Spaß und Spiel. Nutzen Sie also die Unterrichtszeit von dem Punkt an, wo Sie das Klassenzimmer betreten, bis zu dem Zeitpunkt, wo Sie es wieder verlassen. Machen Sie aus Ihrer Unterrichtszeit so viel wie möglich! Vielleicht ist dies die einzige Zeit am Tag oder sogar in der gesamten Woche, zu der sich das Kind bewegt. Wenn nur einmal in der Woche Sportunterricht stattfindet, muss diese Gelegenheit so motivierend und dynamisch wie möglich werden!

Die Sportlehrer als „Zigeuner"

Eltern kommen in die Schule, um mit dem Sportlehrer zu sprechen, und melden sich im Sekretariat an. Normalerweise können die Bürokräfte die Besucher unverzüglich zu ihrem Ziel weisen. Aber wenn keine Sporthalle vorhanden ist, wird aus Ihnen, dem Sportlehrer, plötzlich ein Zigeuner.

Wo soll man Sie bloß finden? In einer Sporthalle schon mal nicht, und auf den Sportanlagen draußen auch nicht. Der Sportlehrer „streunt" den ganzen Tag lang herum, von einem Klassenzimmer zum nächsten. Kurzfristig macht er daraus sein Zuhause, bevor er nach etwa einer halben Stunde alles in einem Rollwagen oder in einer Tasche verstaut und sich auf die Suche nach seinem nächsten Zuhause begibt.

Sportunterricht auf Rädern

Das Geräusch eines **Rollwagens** an einem ungemütlichen Tag bedeutet, dass der Sportlehrer naht. Er hat Bälle und Plastikhütchen im Schlepptau und rollt durch die Schule, um halbstündig Kinder in Sport zu unterrichten.
Ein paar **nützliche Dinge** für diese Art von Unterricht sollten sich immer im mobilen Transportmittel befinden:

- Erste-Hilfe-Koffer,
- Anwesenheitslisten der Klassen,
- mehrere Reissäckchen (für zahlreiche Spielmöglichkeiten),
- stapelweise Papier (denn es gibt unendlich viele Spiele mit Papier),
- ein paar Schaumstoffbälle,
- ein paar Pylonen und flache Platzmarkierungen aus Gummi,
- einen CD-Spieler und eine CD mit peppiger Musik,
- einen Alternativplan aus diesem Buch für den Unterricht im Klassenzimmer, auf den Sie zur Not zurückgreifen können.

Wenn Ihr Rollwagen mit diesen Gegenständen ausgestattet ist, sind Sie für Regenwetter oder eventuelle Notfälle gewappnet. Viele dieser Dinge werden Sie auch bei den Aufgaben und Aktivitäten in diesem Buch verwenden.

Sportunterricht aus der Tasche

Manchmal zieht der Sportlehrer mit einem großen Sack auf dem Rücken durch die Schule. Der Lehrer mag zwar wie der Nikolaus aussehen, läuft aber nicht mit Spielzeug für Kinder umher. Dieser Nikolaus trägt Lernutensilien bei sich.

Die **Taschen** sollten die gleichen notwendigen Gegenstände wie der Wagen für den Sportunterricht enthalten. Manchmal sind solche Karren jedoch nicht sinnvoll. Treppenhäuser würden damit zur Qual. An dieser Stelle kommt die Sporttasche ins Spiel. Sie ist zwar praktisch, aber auch schwerer zu tragen. Transportieren Sie darin das Zubehör für ein mitreißendes und sicheres Spiel, und sie haben in unvorhergesehenen Situationen immer einen Trumpf im Ärmel.

Füllen Sie die Tasche nicht nur mit Spielsachen, sondern mit sinnvollem Zubehör, damit jeder Augenblick zum Lernen genutzt werden kann.

Das alles können Sie drinnen unternehmen

Nur, weil Sie keine Sporthalle zur Verfügung haben, heißt dass nicht, dass Sie auch keinen Ball benutzen können. Sie müssen dann nur professionell vorgehen, ein gutes Urteilsvermögen besitzen und Probleme erahnen können.

Folgende **Aktivitäten** können die Schüler sicher **im Klassenzimmer** durchführen:

- Werfen und Fangen
- Bälle schlagen und zurückschlagen
- Dribbeln und Schießen
- Tanzen
- Dehnübungen
- Koordinationsübungen
- Spiele
- Fitnesstraining

Selbstverständlich sollen im Klassenraum keine richtigen Tore mit echten Fußbällen geschossen werden. Auch Völkerball mit vollem Wurfeinsatz dürfte sich ungünstig gestalten. Doch die Möglichkeiten der Bewegung auf begrenztem Raum sind endlos. **Berücksichtigen Sie dabei einfach ein paar wichtige Faktoren:**

- Verzichten Sie wegen der Zimmerdecke auf hohe Würfe.
- Fenster sind zerbrechlich!
- Möbel bergen Verletzungsrisiken. Achten Sie auf Kanten, Ecken und weitere störende Gefahrenquellen.
- Fragen Sie um Erlaubnis, bevor Sie persönliche Gegenstände aus dem Raum entfernen.
- Stellen Sie alles an seinen Ursprungsort zurück.
- Vermeiden Sie es, sich mit sperrigen Gegenständen im Raum zu bewegen.
- Gehen Sie rücksichtsvoll mit Musik um. Laute Musik macht zwar Spaß, doch die benachbarten Klassen müssen sich ebenfalls auf ihre Unterrichtsfächer konzentrieren.

Vergessen Sie nie, dass Sicherheit an erster Stelle steht. Da jedes Klassenzimmer anders aussieht, müssen Sie sich jedes Mal von Neuem überlegen, womit sie in der jeweiligen Umgebung arbeiten. Sehen Sie sich möglichst die **Grundrisse** der Klassenzimmer an, aber gehen Sie davon aus, dass jeder Lehrer den Raum für andere Bedürfnisse eingerichtet hat.

Kein Raum gleicht dem anderen. Beheben Sie **Sicherheitsrisiken**, oder meiden Sie **Gefahrenquellen**, falls Sie solche entdecken. Als verantwortlicher Lehrer sollten Sie in vernünftigem Maße vorsichtig sein und nicht fahrlässig handeln.

Wenn Sie auf ein Klassenzimmer angewiesen sind, bedenken Sie, dass Sie hier nur zu Gast sind. Trotzdem brauchen Sie genug Platz, um sich zu bewegen. Daher wäre ein **Gespräch** mit Lehrern und dem Schulleiter zu Beginn des Schuljahres über den Sportunterricht im Klassenzimmer und den Aktionszeitraum sinnvoll.

Verlieren Sie keine Zeit!

Sehen wir den Tatsachen ins Auge. Wir wissen, wie wichtig unser Unterrichtsfach ist und wie entscheidend für die Kinder, die wir anleiten und unterrichten. Können wir uns also leisten, auch nur eine Unterrichtsstunde oder Zeit überhaupt zu verlieren? Auf keinen Fall!

Sportunterricht und Bewegung sind aus verschiedenen Gründen wichtig. Wie wir wissen, funktioniert nichts ohne unsere Gesundheit. Wenn wir nicht gesund sind, können wir keine volle Leistung erbringen – nicht beim Lesen, Rechnen oder in irgendeinem anderen Fach. Verschiedenste Studien haben belegt, dass die Gesundheit der Kinder durch Bewegung günstig beeinflusst werden kann: Bewegung wirkt sich positiv auf den Knochenbau, die Muskeln und Gelenke aus, vereinfacht die Gewichtskontrolle und kann depressive Verstimmungen und Angstzustände reduzieren. Später im Leben reduziert körperliche Betätigung das Risiko von Herzkrankheiten, Diabetes, Bluthochdruck und Darmkrebs. So können sinnvolle Bewegungsaktivitäten, die im Sportunterricht vermittelt werden, von großer Bedeutung für das Wohlergehen, den Erfolg und die lange Lebensdauer eines Menschen sein. Leider erkennen nicht alle Pädagogen den Wert des Sportunterrichtes. Deshalb müssen wir die Ergebnisse dieser Studien unbedingt „beweisen", indem wir den Kindern viele Gelegenheiten bieten, sich bewegen zu können.

Wenn Sie sich in einem Klassenzimmer befinden, haben Sie mit dem Klassenlehrer einen äußerst wichtiger Zuhörer. Er kann entweder zum Fürsprecher in Sachen Sportunterricht werden oder aber Ihr Gegner. Das Einzige, was dieser Lehrer verstehen muss, ist, wie viel die Kinder von Ihnen in nur einer Unterrichtsstunde gelernt haben. Wenn Sie dabei erfolgreich sind, hinterlassen Sie einen bleibenden Eindruck. War der Unterricht lohnenswert, haben die Kinder etwas gelernt, waren sie aktiv und hat es ihnen obendrein noch Spaß gemacht, dann haben Sie einen wichtigen Schritt getan. War der Unterricht dagegen träge und die Schüler haben nur ein wenig ziellos „herumgespielt", wird der besagte Klassenlehrer den Wert dieser Stunde nicht anerkennen. Der Lehrer denkt sich vielleicht allenfalls noch, dass Ihre Stunde eine Art Pause war. Versteht er die Sportstunde lediglich als Pause zwischen wichtigeren Tätigkeiten, sähe unsere berufliche Zukunft düster aus. Es ist nie zu spät, anderen etwas Neues beizubringen und gleichzeitig Werbung für unser Fach zu machen. Deshalb sollten Sie unsere Bedeutung hervorheben, indem Sie ein Spiel oder eine Unterrichtsstunde aus diesem Buch machen, wenn Sie mal wieder einen Unterrichtstag lang aufs Klassenzimmer angewiesen sind.

So ist dieses Buch entstanden

Die Kinder in den Schulen meiner Heimatstadt haben jeden Tag eine Dreiviertelstunde lang Sportunterricht. Das ist einfach toll. Alle Schulen dort verfügen außerdem über hervorragende Sporthallen. Doch sechs Klassen á 25 Schüler, die alle gleichzeitig mit jeweils einem Lehrer Sportunterricht in einer kleinen Grundschulsporthalle haben sollen – das ist für so manchen Schulleiter und Lehrer einfach nicht machbar. Einige Lehrer waren nicht dazu in der Lage, mit derart großen Gruppen Sport zu treiben. Außerdem sorgten sich viele um die Sicherheit von 150 Kindern, die an ein und demselben Ort in Bewegung waren. Also mussten die Sportlehrer in Klassenzimmern unterrichten.

Es ergaben sich jedoch Bedenken hinsichtlich der Planung und der Überlegungen, die für einen sinnvollen Unterricht in einem Klassenraum notwendig sein würden.

Auf Grund eines Vorfalls, der die öffentliche Sicherheit des Ortes betraf, durften im Herbst des Jahres 2002 drei Wochen lang der Sportunterricht und AG's nicht draußen abgehalten werden. Bei folgenden äußeren Umständen mussten die Kinder aus Sicherheitsgründen im Gebäude bleiben:

Wetter

- ➔ Regen
- ➔ Überschwemmung
- ➔ Kälte
- ➔ Schnee
- ➔ Extreme Hitze

Sicherheitsvorkehrungen

- ➔ Alarm (gefährliche Aktionen in der näheren Umgebung der Schule)
- ➔ außergewöhnliche Ereignisse (Insektenplagen, Wartungsarbeiten)

Für die Schüler waren diese drei Wochen eine Ewigkeit. Mittlerweile waren auch viele Lehrer, Sportgruppenleiter und Eltern außer sich.

Sie litten unter dem „Mir fällt die Decke auf den Kopf"-Syndrom. Im Laufe des Jahres verschlimmerte sich die Situation noch, denn es gab einen extrem schneereichen Winter und einen sehr nassen Frühling. Da wurde mir klar, dass diese Personen Hilfe benötigten.

Ich reagierte nicht sofort, aber dann kam es im darauf folgenden Herbst zu einem weiteren Ereignis. Ich arbeitete als Projektleiterin eines Sportforschungsprogramms an der hiesigen Universität. Das Projekt nannte sich „Be Active Kids" und war von Dr. Catherine D. Ennis entwickelt worden. Hier entdeckte ich sogar noch mehr Handlungsmöglichkeiten. Ich bemerkte, dass die meisten Sportlehrer nicht in einer Sporthalle unterrichteten und noch nicht alle Möglichkeiten ausgeschöpft hatten. Die Gruppe, die für die Erstellung des Lehrplans verantwortlich war, erkannte die Hürden, mit denen die Sportlehrer zu kämpfen hatten.
Ihnen wurde klar, dass wir dynamische Unterrichtsprogramme erstellen mussten, die sowohl in einer Sporthalle, oder an einem anderen Ort mit viel Platz, als auch in einem Klassenzimmer Anwendung finden konnten. Da wir während des Projekts auf keinen einzigen Aktionstag verzichten konnten, achteten wir darauf, dass jeder Tag eine sinnvolle, modifizierte, aktionsreiche Unterrichtsstunde ermöglichte.

Sowohl Klassenlehrer, die Sport unterrichten, als auch Fachlehrer brauchten ein Konzept für den Unterricht im Klassenraum. Aus dieser Notlage heraus entstand in mir der Wunsch, Sportlehrern, Klassenlehrern und Eltern zu helfen.

So ist das Buch aufgebaut

In diesem Buch finden Sie Anregungen und Stundenentwürfe, die nach verschiedenen Abschnitten und Übungsthemen unterteilt sind. Die Aktionen sind ungefährlich, und die Kinder sind die meiste Zeit über aktiv. Sie werden auch kognitiv gefordert. Sie lernen etwas und freuen sich darüber. Die aktive, spielerisch verbrachte Zeit wird trotz des geringen Platzes maximiert.

Bei unvorhersehbaren Ereignissen oder Vertretungsstunden können Sie sich eine Übung oder ein Spiel heraussuchen, die Beschreibung lesen und beginnen. Die ausführliche Spielbeschreibung (Im Detail) muss nicht unbedingt gelesen werden.

Zum Aufwärmen (Kapitel 1)

Das erste Kapitel befasst sich mit dem Aufwärmen. Für den Sportunterricht im Klassenraum sind bei den Kindern einige der kurzen Aufwärmübungen zu „Klassikern" geworden. Als Lehrer können Sie diese Übungen zwar beliebig anwenden, d.h. vor jeder der später im Buch beschriebenen Stundenentwürfe. Für die meisten Stundenentwürfe werden allerdings bestimmte Aufwärmübungen vorgeschlagen, die genau auf sie abgestimmt sind.
In Kapitel 1 finden Sie die kompletten Anleitungen zu jeder Aufwärmübung.

Die einfach anzuwendenden Aufwärmübungen werden in folgenden Schritten beschrieben:

Aktionsstufe: Wie aktiv sind die Kinder? Sind alle beteiligt?

Intensität: Wie intensiv werden die Kinder gefordert?

NMH **niedrig:** kaum oder gar kein erhöhter Pulsschlag

N**M**H **mittel:** aktiv, Pulsschlag ist ab und zu erhöht

NM**H** **hoch:** besonders aktiv, Pulsschlag ist meistens erhöht

Fähigkeiten: Was für körperliche Fähigkeiten sollen die Kinder lernen, verbessern oder aufrechterhalten?

- ➔ **Bewegung:** räumliche Wahrnehmung, Bewegungsabläufe wahrnehmen und umsetzen, Anstrengung
- ➔ **Fitness:** Verbesserung des Herz-Kreislauf-Systems, Muskelkraft, Beweglichkeit
- ➔ **Werfen und Fangen:** Werfen und Fangen von Gegenständen
- ➔ **Dribbeln mit Händen, Füßen oder Hilfsmitteln:** Bälle mit Händen, Hockeyschlägern und Füßen dribbeln
- ➔ **Schlagen und Zurückschlagen:** mit Hilfsmitteln oder mit den Händen Bälle, Luftballons etc. schlagen oder einen Gegenstand in der Luft halten, zurückschlagen
- ➔ **Gymnastik:** Turnen, Gewichtsverlagerung, Abspringen und Landen
- ➔ **Rhythmusschulung:** Tanzen und andere Übungen, die einen bestimmten Rhythmus erfordern
- ➔ **Schießen:** einen Ball schießen oder stoßen
- ➔ **Koordination:** Reaktionsfähigkeit, Balance

Material: Was für Hilfsmittel brauchen Sie? Wir haben berücksichtigt, dass Sie dieses Zubehör zwischen den Räumen hin und her transportieren müssen und nach der Aufwärmphase mit dem eigentlichen Unterricht fortfahren. Tische und Stühle sind natürlich schon in den Unterrichtsräumen vorhanden. Deshalb zählen wir nur die Gegenstände auf, die Sie noch dorthin mitbringen müssen.

So geht es: Wie führen Sie diese Aufwärmübung durch?

Aufbau: Wie soll der Raum aussehen?

Grobübersicht (Kapitel 2 – 9)

Die Übungs- und Spielideen ab dem zweiten Kapitel sind aufgeteilt in eine Grobübersicht und in Detailinformationen. Das Schema „Grobübersicht" ist für diejenigen gedacht, die kurzfristig ihren Unterricht durchführen wollen und sich schnell für ein bestimmtes Übungsthema entscheiden möchten. Sie lesen sich einfach die Beschreibung zur Durchführung des Spiels oder der Übung durch und fangen an. **Das finden Sie in der Grobübersicht:**

Übungsthema: Was ist das Thema der Stunde?

Fähigkeiten: Worauf zielt der Unterricht ab?

Aktionsstufe: Wie aktiv sind die Kinder? Sind alle beteiligt?

Intensität: Wie intensiv werden die Kinder gefordert?

niedrig: kaum oder gar kein erhöhter Pulsschlag

mittel: aktiv, Pulsschlag ist ab und zu erhöht

hoch: besonders aktiv, Pulsschlag ist meistens erhöht

Motivation: So stellen Sie die Aktion vor und wecken Interesse daran.

Material: Empfohlenes Material für den Gebrauch im Klassenzimmer. Diese Gegenstände transportieren Sie zwischen den Räumen hin und her. Tische und Stühle sind meist schon in den Klassenräumen vorhanden.

So geht es: Hier wird erklärt, wie sich die Kinder an der Aktion beteiligen. Wie sollen die Mitspieler aufgeteilt werden? Was sollen sie machen? Was passiert?

Aufbau: Vorschläge für die Einrichtung des Klassenzimmers. Wo sollen z.B. die Tische stehen? Für viele Aktionen finden Sie entsprechende Zeichnungen.

Übungen und Spiele im Detail (Kapitel 2 – 9)

Nach der Grobübersicht bietet das Buch einen detaillierten Überblick über die Übung. Er ist für Sportlehrer gedacht, die für ihre eigene oder für schulische Dokumentation bestimmte Ziele, eine Abschlussbemerkung oder spezifische Kriterien und Details angeben müssen. **Das detaillierte Schema umfasst:**

Ziele: Was sollen die Kinder wissen und können, wenn Ihre Stunde vorbei ist?

Aufwärmen: Hier wird eine kurze Übung erklärt, um die Muskeln zu erwärmen, den Puls zu erhöhen und den Körper auf nachfolgende Aufgaben einzustimmen.

Hinweise und Anregungen: Die Hinweise sind Formulierungshilfen, damit die Kinder sich Übungs- und Bewegungsabfolgen besser merken können. Wiederholen Sie diese Hinweise mehrmals im Laufe der Stunde. Die Anregungen sind Denkanstöße zur körperlichen Bewegung und Gesundheit, die Sie mit Ihren Schülern diskutieren können.

Beurteilung: Hier finden Sie einen Vorschlag für Kategorien, mit denen Sie die Aufgabenumsetzung, Lernfortschritte und den Fleiß überprüfen können. Diese Einteilungen messen das kognitive, psychomotorische und emotionale Lernen der Kinder. (3 ist die beste Note; 0 ist die schlechteste Note.)

Sicherheit: Wie achten Sie am besten auf den sicheren Ablauf der Übungen und verringern das Verletzungsrisiko? Außerdem ist höfliches und rücksichtsvolles Verhalten wichtig für eine sichere Atmosphäre im Klassenzimmer.

Tipps und Variationen: Hier zeigt Ihnen das Buch, wie Sie Ihren Unterricht für die Kinder leichter verständlich machen können. Außerdem werden hier Ideen für mehr Erfolg für Sie und die Kinder aufgeführt. Ferner hält das Buch Vorschläge bereit, wie Sie den Unterricht anreichern und Variationen für ältere oder jüngere Schüler umsetzen können.

Für zu Hause: Hier finden Sie Anregungen für Hausaufgaben. Geben Sie den Kindern etwas zum Ausprobieren mit nach Hause, womit sie einen Bezug zum Unterricht herstellen können. Die Familienmitglieder oder andere Bezugspersonen sollen mit einbezogen werden.

Zum Abwärmen (Kapitel 10)

In diesem Abschnitt beschäftigen Sie sich mit dem Abschluss des Unterrichts, der Verringerung des Pulsschlags und der Entspannung der Muskulatur. Es ist wichtig, die Kinder wieder zu beruhigen, sodass sie sich auf die nächste Stunde einstellen können. In Kapitel 10 finden Sie die kompletten Anweisungen für jede Abwärmübung. **Die einfach nachvollziehbaren Übungen beinhalten folgende Informationen:**

Aktionsstufe: Wie aktiv sind die Kinder? Sind alle beteiligt?

Intensität: Wie intensiv werden die Kinder gefordert?

NMH – **niedrig:** kaum oder gar kein erhöhter Pulsschlag

NMH – **mittel:** aktiv, Pulsschlag ist ab und zu erhöht

NMH – **hoch:** besonders aktiv, Pulsschlag ist meistens erhöht

Fähigkeiten: Was für körperliche Fähigkeiten sollen die Kinder lernen, verbessern oder aufrechterhalten?

- **Bewegung:** räumliche Wahrnehmung, Bewegungsabfolgen wahrnehmen und umsetzen, Anstrengung
- **Fitness:** Verbesserung des Herz-Kreislauf-Systems, der Muskelkraft, der Beweglichkeit, der Wendigkeit
- **Werfen und Fangen:** Werfen und Fangen von Gegenständen
- **Dribbeln mit Händen, Füßen oder Hilfsmitteln:** Bälle mit Händen, Hockeyschlägern und Füßen dribbeln
- **Schlagen und Zurückschlagen:** mit Hilfsmitteln oder mit den Händen Bälle, Luftballons etc. schlagen oder einen Gegenstand in der Luft halten, zurückschlagen
- **Gymnastik:** Turnen, Gewichtsverlagerung, Abspringen und Landen, Balancieren
- **Rhythmusschulung:** Tanzen und andere Übungen, die einen bestimmten Rhythmus erfordern
- **Schießen:** einen Ball schießen oder stoßen

Material: Was für Hilfsmittel brauchen Sie? Tische und Stühle sind natürlich schon in den Unterrichtsräumen vorhanden. Deshalb zählen wir nur die Gegenstände auf, die Sie noch dorthin mitbringen müssen.

So geht es: Wie führen Sie diese Abwärmübung durch?

Aufbau: Wie soll der Raum aussehen?

Sportliche Bewegung kann sowohl in Klassenzimmern als auch in kleineren Räumen erfolgreich stattfinden. Wählen Sie einfach diejenige Fähigkeit oder das Thema aus, an dem Sie arbeiten wollen. Reduzieren Sie es dann auf den Teil, auf den Sie sich im Wesentlichen konzentrieren möchten. Entscheiden Sie sich schließlich für die Aktion, die mit Ihren Anforderungen übereinstimmt. Störungen, ungemütliches Wetter oder unvorhergesehene Ereignisse werfen Ihre Jahresplanung nicht mehr über den Haufen! Auch wenn Sie keine Sporthalle zur Verfügung haben – von nun an müssen Sie sich keine Sorgen mehr machen. Denn: **Es geht auch ohne Turnhalle!**

1 Aufwärmübungen und -spiele

Wenn Sie als Kind zum Sportunterricht gegangen sind, haben Sie wahrscheinlich immer gehofft, dass Sie an dem Tag Ihr Lieblingsspiel spielen würden. Ich weiß jedenfalls, dass ich es kaum abwarten konnte, bis die Lehrerin festlegte, was wir an diesem Tag machten.

Wenn wir die geplante Aufgabe mochten, brachen meine Klassenkameraden in „Juchhuu-" und „Hurra-Rufe" aus. Hier sind einige dieser Übungen, die solche Jubelschreie hervorriefen.

Um mit dem Unterricht anzufangen, die Muskeln aufzuwärmen und das Interesse der Kinder am Unterricht zu wecken, beginnen Sie mit einer Aufwärmübung. Das Aufwärmen bereitet den Körper auf die Bewegung vor und sollte gezielt zum Unterrichtsinhalt hinführen.

Richter, rate mal!

Aktionsstufe: Alle machen mit.

Fähigkeiten: Bewegungsabläufe wahrnehmen und umsetzen, Gymnastik

Material: keins

Intensität: NMH

Aufbau:

Richten Sie den Raum so ein, wie es in der Zeichnung unten zu sehen ist.

So geht es:

- Bilden Sie Vierergruppen.
- Ein Kind sitzt auf einem Richterstuhl mit dem Rücken zur Jury. Währenddessen bewegen sich die anderen drei Gruppenmitglieder (die Jury) auf eine bestimmte Art um eine Reihe von Tischen herum (springen, gehen, hopsen, hüpfen, rutschen, kriechen oder Sonstiges).
- Ein ausgewähltes Mitglied der Jury sagt: „Richter, rate mal!" Dieses Kind verstellt seine Stimme. Alle Jurymitglieder müssen sich währenddessen weiter bewegen.
- Der Richter hat zehn Sekunden Zeit, um zu raten, wer gesprochen hat. Wenn er Recht hat, macht er 20 Hampelmänner und setzt sich wieder hin. Hat er Unrecht, wird derjenige, der ihn hereingelegt hat, zum Richter.

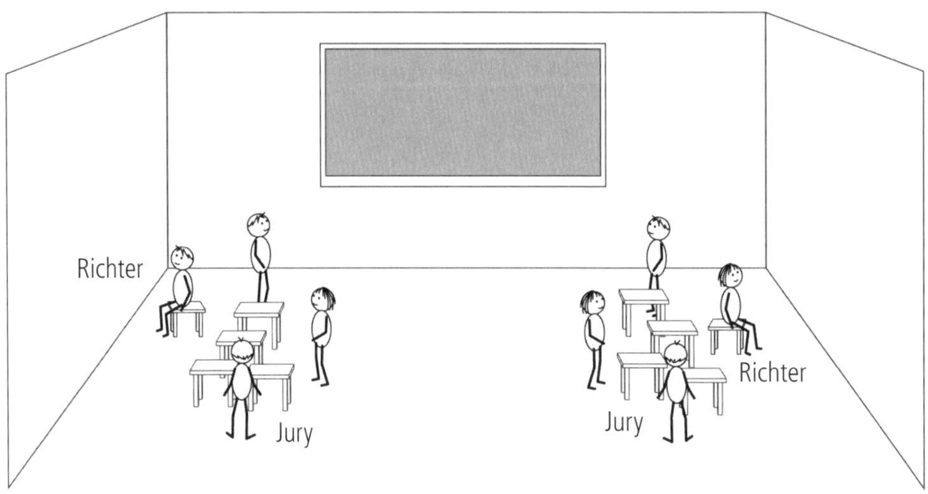

Vormachen – Nachmachen

Aktionsstufe: Jeder Teilnehmer bewegt sich ungefähr 30 Sekunden lang, ruht sich aus und fängt dann wieder von vorne an.

Fähigkeiten: Fitness, Wendigkeit, Reaktionsfähigkeit

Material: keins

Intensität: NMH

Aufbau:

keiner

So geht es:

Zunächst sehen sich die Kinder eine sauber ausgeführte Liegestütze, einen Sit-up und einen Hampelmann an. Dann macht ein Partner eine der drei Übungen 2-mal vor. Der Partner bewertet die Bewegungen, um ihm bei der korrekten Ausführung zu helfen. Anschließend tauschen die Partner die Rollen.

Tonleiter

Aktionsstufe: Alle sind die ganze Zeit über beteiligt.

Fähigkeiten: Fitness, Kraft, Ausdauer

Material: keins

Intensität: NMH

Aufbau:

keiner

So geht es:

Die Kinder führen frei und ungehemmt etwas vor, während sie die Tonleiter (do, re, mi, fa, so, la, ti, do) zu den unten angegebenen Übungen singen. Wenn sie die Tonleiter von unten nach oben und umgekehrt singen können, macht ihnen das sogar noch mehr Spaß:

- Armkreisen vorwärts, dann rückwärts
- Anfersen
- Twist tanzen (mit gebeugten Knien drehen)
- Liegestütze
- Schlusssprünge

Übungskarten-Wettbewerb

Aktionsstufe: Jeder bewegt sich alle 15 Sekunden energisch.

Fähigkeiten: Fitness, Bewegungsabläufe wahrnehmen und umsetzen

Material:
- drei Kartenstapel
- Übungstabelle (entweder schreiben Sie eine Tabelle an die Tafel oder jedes Kind bekommt eine Kopie der unten abgedruckten Tabelle)

Intensität: NMH

Aufbau:

keiner

So geht es:

- Jeder Mitspieler bekommt fünf Karten, die er abgedeckt vor sich hinlegt.
- Jeweils zwei Kinder spielen gegeneinander.
- Jeder Mitspieler deckt eine Karte auf. Derjenige mit der höchsten Karte gewinnt. Er darf eine Übung machen und bekommt die Karte des Gegners.
- Dann decken die Spieler die zweite Karte auf und wiederholen den Ablauf so lange, bis einer keine Karten mehr hat.
- Hat ein Mitspieler keine Karten mehr, ist das Spiel vorbei.
- Mischen Sie die Karten, und wiederholen Sie das Spiel.

Keine Turnhalle?

Bei dieser Karte	Mache diese Übung …
2	eine Runde durchs Zimmer laufen
3	eine Runde durchs Zimmer springen
4	eine Runde durchs Zimmer hüpfen
5	eine Runde durchs Zimmer hopsen
6	20 Hampelmänner
7	20-mal Armkreisen vorwärts und rückwärts
8	10 Liegestütze
9	20 Sit-ups
10	2-mal durchs Zimmer galoppieren
Bube	30 Hampelmänner
Dame	30-mal Armkreisen vorwärts und rückwärts
König	25 Sit-ups
Ass	freie Auswahl

Kein Problem!

Übungswürfel 100

Aktionsstufe: Jeder bewegt sich alle 15 Sekunden energisch.

Fähigkeiten: Fitness, Bewegungsabläufe wahrnehmen und umsetzen

Material:
- Jedes Paar bekommt ein Blatt Papier, zwei Würfel und einen Bleistift.
- Übungsraster an der Tafel

Intensität: NMH

Aufbau:

keiner

So geht es:

Die Mitspieler bilden Paare. Jedes Spielerpaar hat zwei Würfel, ein Blatt Papier und einen Bleistift in der Mitte.

Name	**Name**
Würfel-Durchgang 1	Würfel-Durchgang 1
Würfel-Durchgang 2	Würfel-Durchgang 2
Würfel-Durchgang 3	Würfel-Durchgang 3
Würfel-Durchgang 4	Würfel-Durchgang 4
Würfel-Durchgang 5	Würfel-Durchgang 5
Würfel-Durchgang 6	Würfel-Durchgang 6
Würfel-Durchgang 7	Würfel-Durchgang 7
Würfel-Durchgang 8	Würfel-Durchgang 8
Würfel-Durchgang 9	Würfel-Durchgang 9
Würfel-Durchgang 10	Würfel-Durchgang 10
Gesamt	**Gesamt**

Übungswürfel 100

Die Mitspieler würfeln abwechselnd. Das Ergebnis der zusammengezählten Punktzahlen der Würfel ergibt die Zahl der auszuführenden Übung. Schreiben Sie die Übungen an die Tafel oder auf ein großes Blatt Papier.

2 Anfersen (20)	3 Liegestütze (10)	4 Sit-ups (20)	5 Armkreisen (20 in beide Richtungen)
6 2 Runden Hopserlauf durchs Zimmer	7 Hampelmänner (20)	8 Entengang durchs Zimmer	9 Rückwärts durchs Zimmer hüpfen
10 Auf der Stelle laufen (15 Sek.)	11 Auf der Stelle tanzen (15 Sek.)	12 Sechser-Pasch – Freie Auswahl!	

Wenn das Kind die Übung korrekt ausführt, gewinnt es die auf den Würfeln angegebene Punktzahl.

Nach jedem Würfeln zählt jeder seine Punkte zusammen und schreibt sich das Ergebnis auf. Wer zuerst 100 Punkte hat, gewinnt.

Wer gibt den Ton an?

Aktionsstufe: Alle außer einer Person bewegen sich die ganze Zeit über.

Fähigkeiten: Fitness

Material: keins

Intensität: NMH

Aufbau:

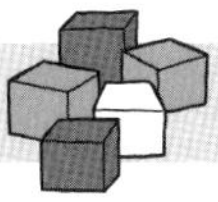

keiner

So geht es:

- Ein Mitspieler wird ausgewählt und darf raten. Er muss für einen Moment den Raum verlassen.
- Ein anderer Mitspieler wird ausgewählt und ist der Anführer. Er macht der Gruppe 15 Sekunden lang eine Übung oder Bewegung vor. Danach muss er sich alle 15 Sekunden eine neue Übung ausdenken.
- Derjenige, der rät, hat 10 Sekunden Zeit, herauszufinden, wer „den Ton angibt". Er darf 3-mal raten. Rät er richtig, darf er weiterhin derjenige sein, der rät. Hat er falsch geraten, darf der Anführer beim nächsten Mal raten. Die Mitspieler wiederholen den Vorgang: der Ratende geht hinaus, der Anführer wird ausgewählt und macht der Gruppe Bewegungen vor. Dann kommt der Ratende wieder herein, während die Gruppe schon in Aktion ist. Nun muss er raten.
  - Der schwierige Teil für die Gruppe besteht darin, dass sie dem Anführer folgen und den Bewegungswechsel mitbekommen müssen, ohne dabei die Identität des Anführers zu verraten.
  - Zeigen Sie den Mitspielern vorab ein paar Beispielübungen, damit die Bewegungsübergänge fließend sind.

Fitness-Tic Tac Toe

Aktionsstufe: Jeder bewegt sich alle 15 Sekunden energisch.

Fähigkeiten: Fitness

Material:
- Jedes Paar bekommt ein Blatt Papier und einen Bleistift.
- Übungsraster an der Tafel

Intensität: NMH

Aufbau:

keiner

So geht es:

- Die Mitspieler bilden Paare. Einer ist X, der andere O.
- Die Paare spielen Fitness-Tic Tac Toe, zeichnen sich dazu ein leeres 3x3-Raster auf ihr Blatt Papier und sehen die Übungsanweisungen an der Tafel.

2 Runden Hopserlauf	30 Hampelmänner	10 Liegestütze
15 Sekunden auf der Stelle laufen	Dehnen der Oberschenkelmuskeln (hinten und vorne) 15 Sekunden lang	20 Sit-ups
2 Runden durchs Zimmer springen	15 Hock-Streck-Sprünge	30-mal Armkreisen vorwärts und rückwärts

- Die Spieler wechseln sich ab. Sie zeichnen ihr Symbol auf ein Feld im Raster und machen dann die Übung. Jeder versucht, drei gleiche Symbole in einer Reihe zu bekommen. Wer es schafft, hat die Runde gewonnen.
- Nach der ersten Runde wird von Neuem begonnen. Der Verlierer beginnt nun als Erster.

So beweglich bin ich

Aktionsstufe: Alle bewegen sich die ganze Zeit lang.

Fähigkeiten: Fitness, Beweglichkeit

Material:
- langsame, entspannende Musik
- CD-Player

Intensität: NMH

Aufbau:

Der Anführer ist auf der „Hauptbühne" vorne im Klassenraum. Die anderen Kinder befinden sich in der Mitte des Raumes und haben genug Platz, um sich zu bewegen.

So geht es:

- Bei dieser Übung darf jeder mit seiner Beweglichkeit „angeben".
- Die Mitspieler werden nach vorne gebeten und stellen zehn Sekunden lang ihre Beweglichkeit unter Beweis. Das Publikum macht es nach. Danach kommt der Nächste auf die „Bühne".
- Schlagen Sie Dehnübungen für die Körperteile vor, bei denen die Mitspieler Schwierigkeiten haben. Achten Sie aber darauf, dass sich die Kinder nur ungefährliche Übungen ausdenken. Wenn sie dabei das Gleichgewicht verlieren sollten, lassen Sie die Kinder zu zweit arbeiten, und unterbinden Sie gefährliche Übungen.

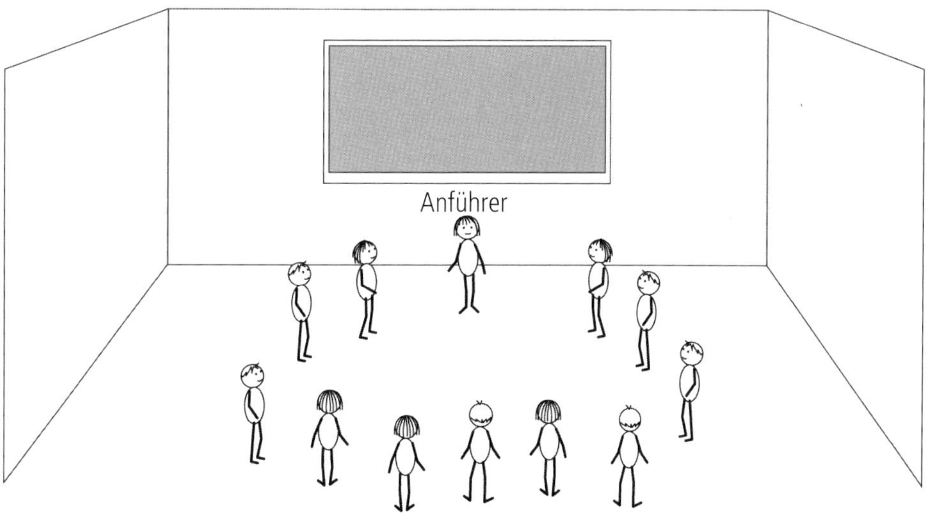

Tumult im Obstkorb

Aktionsstufe: Mindestens alle 30 Sekunden bewegt sich jemand.

Fähigkeiten: Reaktionsfähigkeit

Material: keins

Intensität: NMH

Aufbau:

Rücken Sie Tische und Stühle in vier Gruppen zusammen.

So geht es:

- Teilen Sie die Kinder in vier Gruppen auf, und rücken Sie Tische oder Stühle zusammen. Jede Gruppe bekommt den Namen einer Frucht, z.B. die „Äpfel".
- Rufen Sie zwei der Gruppen auf. Nur diese beiden Gruppen sollen die Plätze tauschen. Rufen Sie z.B.: „Äpfel und Orangen, Plätze tauschen!" Ziel einer Gruppe ist es, zusammenzuarbeiten und so schnell wie möglich die Plätze der anderen Gruppe einzunehmen. Jede der beiden Gruppen versucht, schneller die neuen Plätze einzunehmen als die andere.
- Die Gruppe soll gezielt vorgehen, damit das ganze Team so schnell wie möglich sitzt. Es handelt sich hierbei um eine Gruppenübung und nicht um einen Kampf zwischen zwei einzelnen Mitspielern.
- Die Gruppe, die zuerst vollständig die neuen Plätze eingenommen hat, bekommt einen Punkt.

Tanz der Hände

Aktionsstufe: Alle bewegen sich die ganze Zeit lang.

Fähigkeiten: Fitness, Rhythmusfähigkeit

Material:
- CD-Player
- Musik für Hand-Jive, schnelle 50er- und 60er-Jahre-Musik

Intensität: NMH

Aufbau:

keiner

So geht es:

Die Kinder sollen selbstständig den folgenden Übungsablauf ausführen:

- 2-mal auf die Oberschenkel klatschen
- 2-mal in die Hände klatschen
- 2-mal Arme in Siegerpose in die Höhe recken
- Hände zu Fäusten ballen und 2-mal mit der rechten auf die linke Faust hauen
- die Faustübung wiederholen, aber diesmal ist die linke Faust oben
- 2-mal den rechten Daumen über die rechte Schulter bringen
- 2-mal den linken Daumen über die linke Schulter bringen
- und das Ganze noch mal.

Hampelmann und Hampelfrau

Aktionsstufe: Alle machen mit.

Fähigkeiten: Gymnastik

Material: Fünf oder sechs Würfel. Größe nach Belieben, Hauptsache, die Kinder können lesen, was darauf steht. Je größer sie sind, desto mehr Spaß macht es, damit zu würfeln.

Intensität: NMH

Aufbau:

keiner

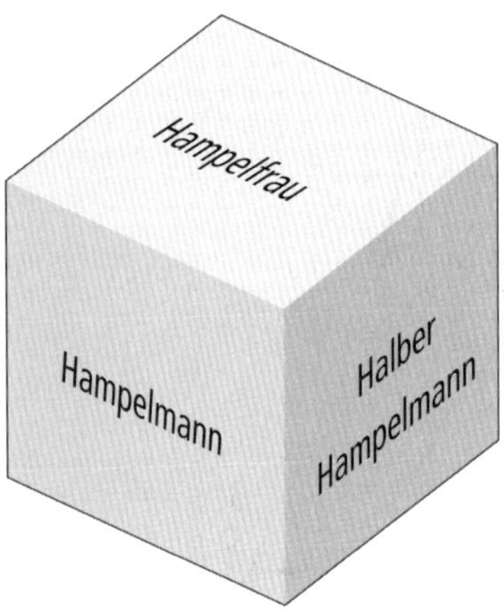

So geht es:

- Bilden Sie Vierergruppen. Jede Gruppe bekommt ihren eigenen Würfel.
- Der Würfel kann eine Schachtel sein oder aus Papier gebastelt werden.
- Auf jeder Seite steht eine der folgenden Übungen:
  - (ganze) Hampelmänner
  - halbe Hampelmänner (die Arme werden nur seitlich ausgestreckt)
  - vierteilige Hampelmänner (1 – Beine geschlossen, Arme unten; 2 – Beine geöffnet, Arme in Schulterhöhe ausgestreckt; 3 – Beine geschlossen, Arme nach oben gestreckt; 4 – Beine geöffnet, Arme seitlich ausgestreckt, zurück zu Position 1)
  - Hampelfrau (Beine nach vorne gegrätscht: rechter Fuß vorne, linker Fuß hinten; Arme nach vorne gestreckt, einer nach oben und einer nach unten; dann wechseln sowohl Arme als auch Beine gleichzeitig die Position – nach oben/unten bzw. vorwärts/rückwärts)
  - Hampelmänner und Hampelfrauen (immer abwechselnd ein Hampelmann und eine Hampelfrau-Bewegung ausführen)
  - Hampelfiguren nach Wahl (jeder darf seine Lieblingsübung vom Würfel aussuchen)
- Ein Mitspieler würfelt. Die Gruppe führt dann 4-mal die Bewegung aus, die auf der Oberseite des Würfels zu lesen ist. Dann würfelt ein zweiter Mitspieler, und die Gruppe macht drei Wiederholungen. Beim dritten Würfeln werden zwei Wiederholungen ausgeführt und beim vierten Würfeln eine.
- Passen Sie ggf. die Anzahl der Wiederholungen der Zeit, Intensität und Anzahl der Mitspieler an.

Vier Glücksecken

Aktionsstufe: Alle bewegen sich fünf bis zehn Minuten lang.

Fähigkeiten: Bewegungsabläufe wahrnehmen und umsetzen

Material:
- CD-Player
- schnelle Musik oder eine Trillerpfeife

Intensität: NMH

Aufbau:

Richten Sie den Raum so ein, wie es in der Zeichnung unten zu sehen ist.

So geht es:

- Nummerieren Sie die Zimmerecken von 1–4.
- Jeder Mitspieler stellt sich in eine beliebige Ecke.
- Wenn die Pfeife ertönt oder die Musik einsetzt, bewegen sich die Kinder auf eine bestimmte Art im Raum fort. Nach 30 Sekunden sucht sich jeder eine Ecke aus, von der er meint, dass sie ihm Glück bringt. Hier stehen sie fünf Sekunden lang still.
- Sie als Lehrer oder Gruppenleiter pfeifen oder halten die Musik an und rufen eine Zahl. Diejenigen Schüler, die das Glück hatten, in dieser Ecke zu stehen, dürfen nun 20 Hampelmänner machen und bekommen einen Punkt.
- Ziel der Kinder soll sein, dass sie ihr Glück in jeder Ecke versuchen, Fortbewegungsarten ausprobieren und die richtige Ecke wählen, die ihnen Punkte einbringt.

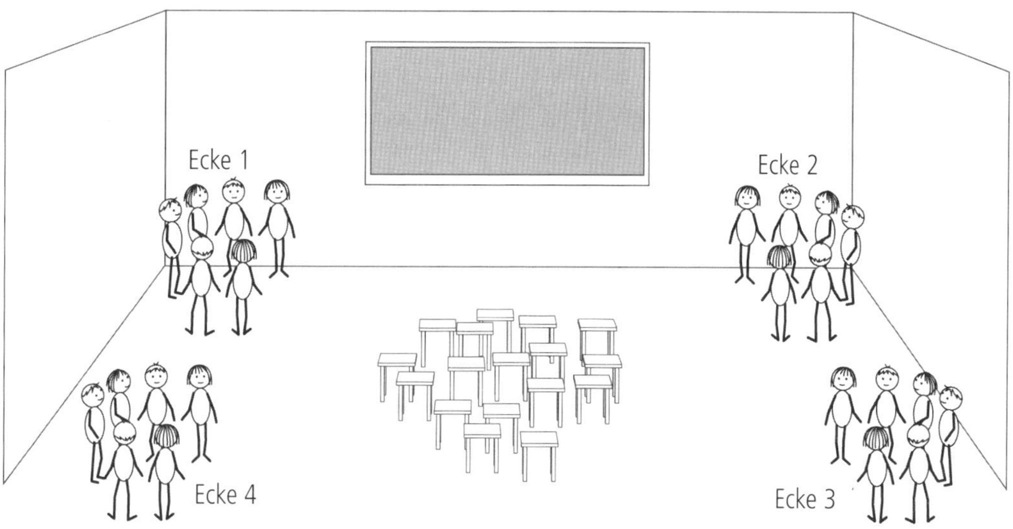

Macarena

Aktionsstufe: Alle bewegen sich die ganze Zeit lang.

Fähigkeiten: Fitness, Rhythmusfähigkeit

Material:
- CD-Player
- das Lied „Macarena" auf dem Album „Jock Jams 2" oder von Los Del Mar.

Intensität: NMH

Aufbau:

keiner

So geht es:

Die Kinder sollen selbstständig folgende Übungen durchführen:

- rechte Hand ausstrecken, Handfläche zeigt nach unten
- linke Hand ausstrecken, Handfläche zeigt nach unten
- rechte Hand ausstrecken, Handfläche zeigt nach oben
- linke Hand ausstrecken, Handfläche zeigt nach oben
- mit der rechten Hand die linke Schulter berühren
- mit der linken Hand die rechte Schulter berühren
- rechte Hand rechts hinter den Kopf führen
- linke Hand links hinter den Kopf führen
- mit der rechten Hand die linke Hüftseite berühren
- mit der linken Hand die rechte Hüftseite berühren
- mit der rechten Hand die rechte Rückenseite berühren
- mit der linken Hand die linke Rückenseite berühren
- 3-mal Hüftkreisen und dann springen
- eine Vierteldrehung nach rechts machen
- von vorne beginnen

Neben, über, hin und her

Aktionsstufe: Alle machen die ganze Zeit über mit.

Fähigkeiten: Fitness, Kraft, Ausdauer und Reaktionsvermögen

Material: ein Ball pro Mitspieler

Intensität: NMH

Aufbau:

keiner

So geht es:

Die Kinder legen den Ball auf den Boden und bewegen ihre Füße in verschiedene Positionen um den Ball herum. Sie geben die Positionen vor.

- rechts
- links
- grätschen
- rechts
- links
- rechts
- zwei bis drei Minuten lang wiederholen, dabei Reihenfolge und Geschwindigkeit verändern

Neben, über, hin und her mit Schlägern

Aktionsstufe: Alle machen die ganze Zeit über mit.

Fähigkeiten: Fitness, Treffsicherheit, Reaktionsvermögen

Material: ein Reissäckchen und ein Hockeyschläger pro Spieler

Intensität: NMH

Aufbau:

keiner

So geht es:

Die Kinder legen das Reissäckchen auf den Boden und halten den Schläger wie rechts angegeben zum Reissäckchen. Werden Sie schneller, sobald die Kinder Übung haben.

- obenauf
- rechts
- links
- darüber hinweg
- obenauf
- zwei bis drei Minuten lang wiederholen

Sportreise nach Jerusalem

Aktionsstufe: Alle bewegen sich die ganze Zeit über.

Fähigkeiten: Fitness, Bewegungsabläufe wahrnehmen und umsetzen

Material:
- flache Platzmarkierungen aus Gummi (zwei weniger als die Anzahl der Mitspieler)
- CD-Player
- Musik

Intensität: NMH

Aufbau:

Stellen Sie zwei Stühle als Endpunkte auf, um die die Kinder laufen müssen. Die restlichen Stühle stehen am besten an der Wand.

So geht es:

- Legen Sie die Gummimarkierungen in zwei Reihen parallel zueinander in die Mitte des Raumes – so, als ob Sie, wie bei der „Reise nach Jerusalem", zwei Stuhlreihen bilden würden. Sobald die Musik einsetzt, bewegen sich die Mitspieler um die Reihen herum. Sie geben die Art der Fortbewegung vor.
- Sobald die Musik verstummt, müssen die Kinder schnell zu einer Gummimarkierung laufen und darauf auf und nieder springen.
- Findet ein Mitspieler keine freie Markierung mehr, darf er auch nicht springen. Beim nächsten Durchgang muss er sich mehr anstrengen, damit er dann springen darf. Es scheidet jedoch kein Mitspieler aus.

Liegestützwelle

Aktionsstufe: Alle machen die ganze Zeit über mit.

Fähigkeiten: Fitness, Kraft, Ausdauer, Reaktionsvermögen

Material: keins

Intensität: NMH

Aufbau:

keiner

So geht es:

- Die Kinder legen sich in einem Kreis oder Viereck mit dem Bauch, den Beinen, den Zehenspitzen und den Handflächen auf den Boden. Sobald Sie ein Signal geben, erhebt sich das Kind, das Ihnen am nächsten ist, in die Liegestützposition. Sein Nachbar tut das Gleiche, und so geht es reihum. Wenn sich das letzte Kind in Stützposition befindet und die Bewegungswelle wieder den Anfang erreicht hat, legen sich die Kinder wieder der Reihe nach auf den Boden. Wiederholen Sie die Übung mehrmals.
- Wechseln Sie nach ein paar Durchgängen die Richtung der Bewegungswelle.
- Die Übung macht noch mehr Spaß, wenn Sie die Geschwindigkeit erhöhen.

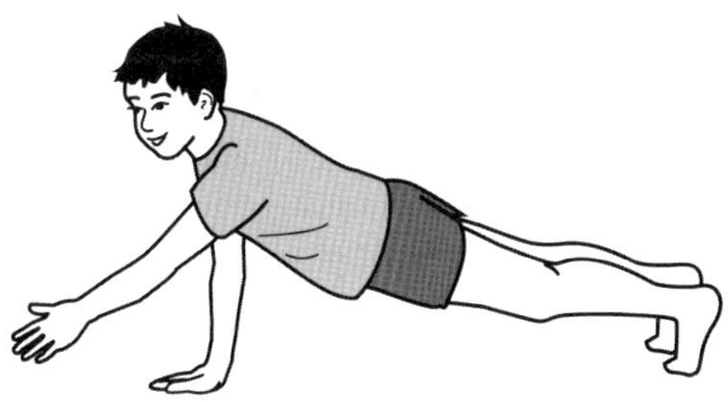

Flinke Füße

Aktionsstufe: Alle bewegen sich die ganze Zeit lang.

Fähigkeiten: Fitness, Wendigkeit, Reaktionsvermögen

Material: Tennisball oder ein anderer kleiner Ball

Intensität: NMH

Aufbau:

keiner

So geht es:

Alle Mitspieler stehen Ihnen gegenüber. Nehmen Sie einen Ball in die Hand. Die Kinder sollen diesem Ball folgen, indem sie ihre Füße schnell nach rechts, links und wieder rechts bewegen. Dabei gleiten sie nach links, nach vorne, nach hinten und nach rechts – je nachdem, in welche Richtung Sie den Ball bewegen. Sie steuern den Ball, indem Sie ihn über den Kopf heben und dorthin führen, wo die Kinder sich hinbewegen sollen.

4-mal schießen

Aktionsstufe: Alle machen die ganze Zeit über mit.

Fähigkeiten: Fitness, Kraft, Ausdauer, Reaktionsvermögen

Material: ein Ball pro Paar

Intensität: NMH

Aufbau:

keiner

So geht es:

- Die Kinder suchen sich einen Partner und bekommen einen Ball.
- Einer der beiden liegt auf dem Rücken auf dem Boden und schießt so gezielt wie möglich in Richtung des Partners zurück. Dieser steht neben dem Kopf des anderen und fängt den Schuss ab. Nach vier Schüssen tauschen die beiden die Rollen.

Schnick, Schnack, Schnuck

Aktionsstufe: Alle bewegen sich die ganze Zeit über.

Fähigkeiten: Fitness

Material: keins

Intensität: NMH

Aufbau:

keiner

So geht es:

- Zwei Partner stehen einander gegenüber und schlagen 3-mal leicht mit der Faust in die geöffnete Handfläche ihrer anderen Hand. Dabei zählen sie bis drei. Nach dem dritten Mal sagen beide „Zeigen!" und machen eine der folgenden Handzeichen:
  - Stein (geschlossene Faust) – zerschlägt Schere
  - Papier (geöffnete Hand, Handfläche zeigt nach unten) – wickelt Stein ein
  - Schere (Zeige- und Mittelfinger sind gespreizt, die restlichen Finger geballt) – zerschneidet Papier
- Die Person, die gewinnt, führt die Übung aus, die an der Tafel steht. Das Übungsrepertoire könnte z.B. aus Liegestützen, Hampelmännern, eine bestimmte Zeit lang auf der Stelle laufen, auf einem Bein hüpfen, Armkreisen, Drehen, Sit-ups, Hürdensitz bestehen. Die Kinder müssen gut aufpassen, was an der Tafel steht, da der Lehrer oder Leiter alle 30 Sekunden die Übung ändert.
- Die Intensität des Spiels nimmt mit der Zeit zu. Jeder merkt sich, wie oft er schon gewonnen hat, und macht die Übungen in genau dieser Anzahl. Wenn Mia z.B. zum zehnten Mal gewonnen hat und an der Tafel „Hampelmann" als Übung steht, macht sie zehn Hampelmänner.

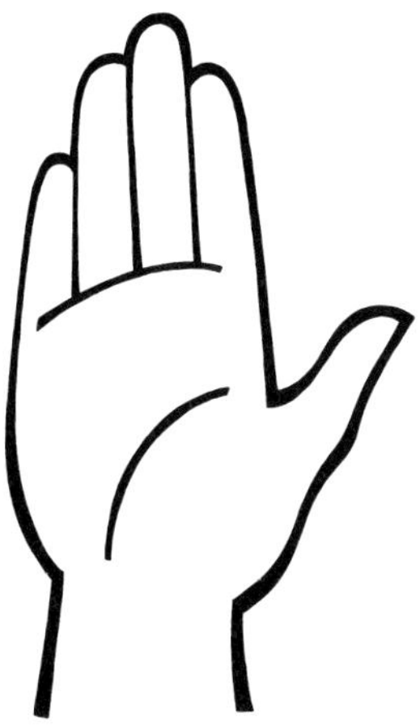

Laufen und Schreien

Aktionsstufe: Alle bewegen sich die ganze Zeit lang.

Fähigkeiten: Fitness, Verbesserung des Herz-Kreislauf-Systems

Material: keins

Intensität: NMH

Aufbau:

Informieren Sie die angrenzenden Klassen darüber, dass Sie eine kurze Aufwärmübung machen, bei der geschrieen wird.

So geht es:

- Die Mitspieler sollen ihre Lungenkapazität vergrößern, indem sie so lange laufen, bis sie außer Atem sind.
- Jeder läuft auf der Stelle und stößt dabei einen Schrei aus. Jeder läuft so lange, wie er schreien kann, bevor er wieder Atem holen muss.
- Machen Sie 15 Sekunden Pause, bevor Sie das Signal zum nächsten Laufen und Schreien geben.

Daumendrücken

Aktionsstufe: Alle bewegen sich die ganze Zeit lang.

Fähigkeiten: Fitness

Material: keins

Intensität: NMH

Aufbau:

keiner

So geht es:

- Jeweils zwei Gegner stehen einander gegenüber und verhaken die Finger der rechten Hand ineinander. Die Daumen bleiben frei beweglich.
- Die Gegner machen gleichzeitig die Beinbewegungen der Hampelmänner (geschlossen, geöffnet, geschlossen, geöffnet).
- Jeder versucht, mit seinem Daumen den Daumen des Gegners niederzudrücken. Wer es schafft, hat gewonnen und darf für den Sieg zehn Hampelmänner machen.
- Nun wechseln die Mitspieler zur linken Hand und wiederholen die Übung.

„Simon sagt ..."

Aktionsstufe: Alle bewegen sich die ganze Zeit lang.

Fähigkeiten: Fitness

Material: keins

Intensität: NMH

Aufbau:

keiner

So geht es:

- Teilen Sie die Mitspieler in vier Gruppen auf. Jede Gruppe spielt in einer Zimmerecke.
- Bei dem Spiel „Simon sagt ..." gibt es einen Simon, der den anderen sagt, was sie zu tun haben. Sagt er „Simon sagt ...", so müssen die anderen Mitspieler die Übung ausführen. Wenn dieser Vorsatz fehlt, sollen die Mitspieler die genannte Übung nicht ausführen.
- Wenn jemand ohne den Signalsatz etwas ausführt, bekommt er den Buchstaben „W", den er sich merken muss. Macht er den gleichen Fehler noch mal, bekommt er ein „E". So geht es weiter, bis dieses Kind das Wort „Wechsel" vollständig hat.
- Die Rollen werden gewechselt, wenn entweder jemand „Wechsel" ausgeschrieben hat oder wenn zwei Minuten vergangen sind.

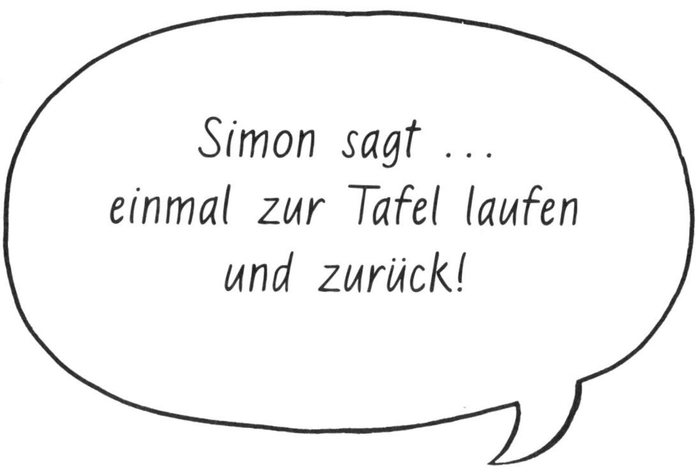

Schritt und Schrei

Aktionsstufe: Alle bewegen sich die ganze Zeit lang.

Fähigkeiten: Fitness, Verbesserung des Herz-Kreislauf-Systems

Material: Schrittmesser

Intensität: NMH

Aufbau:

Informieren Sie die angrenzenden Klassen darüber, dass Sie eine kurze Aufwärmübung machen, bei der geschrieen wird.

So geht es:

- Die Mitspieler sollen ihre Lungenkapazität vergrößern, indem sie so lange laufen, bis sie außer Atem sind. Dabei sollen sie herausfinden, wie viele Schritte sie schaffen, bevor sie außer Atem sind.
- Jeder braucht einen Schrittmesser.
- Jeder läuft auf der Stelle und stößt dabei einen Schrei aus. Jeder läuft so lange, wie er schreien kann, bevor er wieder Atem holen muss.
- An dieser Stelle sehen die Kinder auf ihrem Schrittmesser nach, wie viele Schritte sie während des Schreiens geschafft haben.
- Machen Sie 15 Sekunden Pause, in der die Kinder die Schrittmacher auf 0 zurückstellen. Geben Sie dann das Signal zum nächsten Laufen und Schreien.

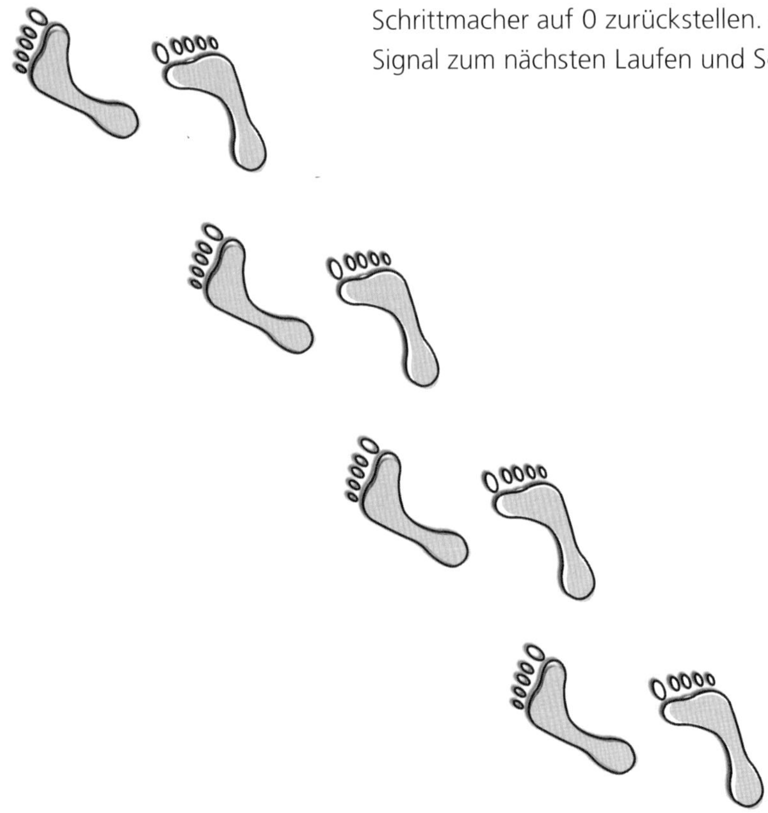

Aufwärm-Bingo

Aktionsstufe: Ungefähr alle zehn Sekunden sollte sich jemand bewegen.

Fähigkeiten: Fitness

Material:
- eine Aufwärm-Bingo-Karte pro Kind mit 16 Feldmarkierungen
- 20 Nummern (die Sie vorlesen)
- einen Eimer, einen Hut oder eine Tüte für die Nummern

Intensität: NMH

Aufbau:

keiner

So geht es:

- Jeder braucht eine Aufwärm-Bingo-Karte und 16 Papierschnipsel oder Ähnliches, um die Felder zu markieren.
- Sie können die Karten auf den Seiten 42–44 verwenden, oder die Mitspieler wählen selber 16 Zahlen von 1–20 aus und tragen sie irgendwo in die leeren Aufwärm-Bingo-Felder ein (siehe Vorlage S. 44).
- Sie ziehen eine Nummer aus einem Eimer oder Hut (von 1–20) oder rufen eine Zahl. Die Mitspieler markieren diese Nummer auf ihrer Karte. Ziel ist es, vier Zahlen in einer Reihe (vertikal, horizontal oder diagonal) zu erhalten. Diese Reihe nennt sich Aufwärm-Bingo.
- Mit jeder Nummer müssen die Teilnehmer eine Übung ausführen, die Sie vorgeben. Die Anzahl entspricht der genannten Zahl. Wenn also z.B. die Zahl 6 genannt wurde und die Übung „Liegestütze" heißt, müssen die Mitspieler sechs Liegestütze machen.
- Schafft jemand eine Aufwärm-Bingo-Reihe, hopst er drei Ehrenrunden durchs Klassenzimmer. Ist dort kein Platz für Runden, sorgen Sie für einen Weg, dem die Kinder ohne Hindernisse folgen können.

Aufwärm-Bingo			
1	3	5	7
15	13	11	9
2	4	6	8
20	12	14	10

Aufwärm-Bingo			
1	3	5	20
15	18	11	9
2	4	19	8
16	12	14	17

Aufwärm-Bingo			
16	3	14	7
15	13	12	9
2	19	6	8
20	1	5	10

Aufwärm-Bingo			
10	3	5	17
15	19	11	13
4	2	5	8
7	12	14	1

© Verlag an der Ruhr ✦ Postfach 10 22 51 ✦ 45422 Mülheim an der Ruhr ✦ www.verlagruhr.de ✦ ISBN 978-3-8346-0255-8

Aufwärm-Bingo

15	13	5	7
1	3	19	17
20	14	6	18
2	12	4	10

Aufwärm-Bingo

2 Fitnesstraining

Vergessen sind die Zeiten, als Sportanbieter langweilige Laufrunden und Freiübungen zur Verbesserung der Fitness anpriesen. Mittlerweile können wir auf Fitnessübungen zurückgreifen, die Begeisterung wecken und die selbst auf kleinem Raum möglich sind. Die folgenden Aktivitäten beschäftigen sich hauptsächlich mit den Bereichen Muskelkraft, Muskelausdauer, Ausdauer sowie Beweglichkeit. Außerdem werden neben den Themen Technik, Sport, Wissenschaft auch aktuelle Fitnesstrends angesprochen.

Power-Liegestütze

Fitness - Kraft

Aktionsstufe: Alle sind aktiv beteiligt.

Fähigkeiten: Allgemeine Fitness, gesundheitsorientierte Fitness, Kräftigung des Oberkörpers, Ausdauer, Schnelligkeit, Reaktionsvermögen

Material:
- jeweils 13 Reissäckchen in zwei verschiedenen Farben
- CD-Player und Macarena-Musik

Motivation: „Wie stark sind deine Arme? Können Sie den ganzen Körper stützen? Könntest du Hockey nur mit den Armen spielen? Kannst du gleichzeitig tanzen und Liegestütze machen? Mal sehen, wie stark deine Bizeps- und die anderen Armmuskeln sind: Dafür machen wir jetzt ein paar Übungen, die die Oberkörpermuskulatur beanspruchen."

Intensität: NMH

Aufbau:

Schauen Sie zuerst, ob Sie etwas umstellen müssen. Wenn ja, stellen Sie es zum Schluss wieder so hin, wie es vorher war.

So geht es:

Die Mitspieler arbeiten am Anfang jeweils zu zweit zusammen. Den Liegestütz-Tanz macht jeder für sich.

Liegestütz-Hockey

- Zwei Partner nehmen im Abstand von einem Meter die Liegestützposition ein, sodass sie sich gegenüberliegen, die Arme schulterbreit auseinander.
- Die Kinder stützen sich mit einem Arm ab und versuchen mit dem anderen, ein Reissäckchen hin und her zu schieben. Sie sollen versuchen, beim Gegner ein Tor zu erzielen, indem sie es durch seine Hände schießen.

Liegestütz-Klau-Hockey

- Die Partner beginnen aus der gleichen Position heraus wie beim Liegestütz-Hockey und haben ein Reissäckchen in der Mitte liegen.
- Auf Ihr Signal „Achtung, fertig, los!" hin sollen die Kinder schnell versuchen, als Erster das Reissäckchen zu ergreifen.
- Erschweren Sie die Übung, indem Sie rufen, mit welcher Hand die Kinder nach dem Säckchen greifen sollen. So müssen die Kinder zuerst darauf reagieren und nachdenken, bevor Sie die Bewegung ausführen.

Power-Liegestütze

Liegestütz-Tanz

Die Mitspieler tanzen einarmig und einhändig Macarena, während der andere Arm und die andere Hand den Körper abstützen. Die Kinder sollen so lange wie möglich ihr eigenes Körpergewicht mit einer Hand stützen, dürfen aber, wenn nötig, die andere Hand zu Hilfe nehmen. Und so geht es:

- Handfläche 2-mal nach oben wenden
- Handfläche 2-mal nach unten wenden
- linke Schulter berühren
- rechte Schulter berühren
- 2-mal an den Kopf tippen
- linke Hüfte berühren
- rechte Hüfte berühren
- rechtes Hinterteil berühren
- linkes Hinterteil berühren
- mit den Hüften hin und her wackeln, eine Rolle seitwärts machen und wieder in den Liegestütz gehen
- nun mit dem anderen Arm wiederholen
- alles wiederholen

Stützen und Geben

- Einer der beiden Partner sitzt im Schneidersitz dem anderen gegenüber und hält die Hände mit geöffneten Handflächen vor sich. Partner 2 befindet sich in Liegestützposition und wartet auf die Befehle des anderen. Die roten und blauen Reissäckchen liegen in einem Abstand von ca.
  15 cm zwischen den beiden Partnern. Partner 1 erteilt Partner 2 die folgenden Befehle:
  - rechte Hand blau (legt blaues Reissäckchen in die rechte Hand des Partners)
  - linke Hand blau (legt blaues Reissäckchen in die linke Hand des Partners)
  - Reissäckchen hoch (hebt Reissäckchen hoch)
  - Reissäckchen runter (legt Reissäckchen auf den Boden)
  - rechte Hand rot (legt rotes Reissäckchen in die rechte Hand des Partners)
  - linke Hand rot (legt rotes Reissäckchen in die linke Hand des Partners)
- Partner 2 zählt mit, wie viele Reissäckchen er vom Boden aufheben und in die Hand des Mitspielers legen kann, bevor er auf die Knie oder zu Boden geht. Weitere Befehle:
  - linkes Reissäckchen hoch
  - rechtes Reissäckchen hoch
  - linkes Reissäckchen auf den Boden
  - rechtes Reissäckchen auf den Boden
  - wiederholen, bis Knie oder Körper den Boden berühren oder die richtige Liegestützhaltung verloren geht; wenn Knie oder Körper den Boden berühren, tauschen sie die Rollen

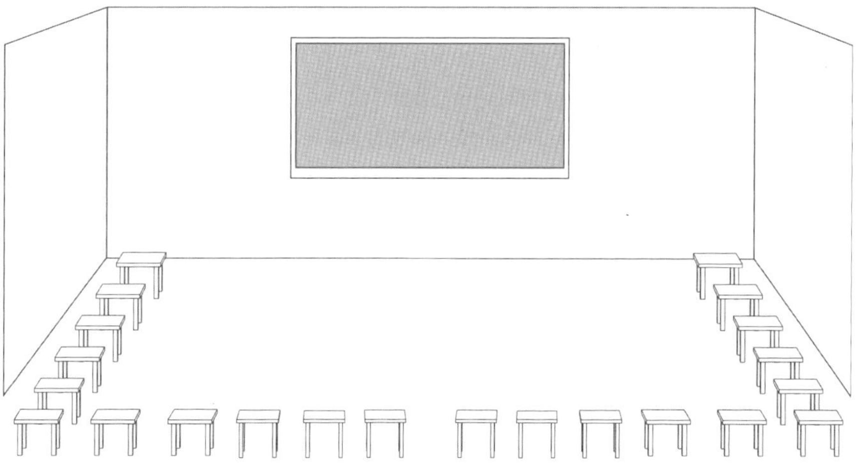

Power-Liegestütze (Im Detail)

Ziele: **Die Kinder ...**

- ➜ testen die Kraft ihres Oberkörpers in Übungen, die sich hauptsächlich mit der Kräftigung des Oberkörpers, Ausdauer, Reaktionsvermögen und -schnelligkeit befassen.
- ➜ werden sich ihrer Oberkörpermuskulatur bewusst.

Aufwärmen: „Liegestützwelle" (S. 35)

Hinweise und Anregungen:

Begleiten Sie die Übungen mit folgenden *Hinweisen*:

- Strenge die Muskeln oberhalb der Hüfte an!
- Es macht nichts, wenn du zitterst – das bedeutet, dass du deine Muskeln anstrengst.

Berücksichtigen Sie folgende *Anregungen*:

- Sprechen Sie über die Muskeln, die beansprucht werden. Die Kinder sollen darauf zeigen (Bizeps, Trizeps, Deltamuskel, ...).
- Sprechen Sie über das Reaktionsvermögen. Wie schnell kann das Gehirn dem Deltamuskel mitteilen, dass es nach dem Reissäckchen greifen soll?
- Was machen die Muskeln am anderen Arm? (Sie stützen den Körper.)
- Wie lange können die Muskeln den Körper stützen? Diese Zeitspanne nennt sich Muskelausdauer des Oberkörpers.
- Die Kinder sollen zählen, wie oft sie beim „Stützen und Geben" ihrem Mitspieler das Reissäckchen geben können.
- Schaffen es die Kinder, den Armtanz in Liegestützposition das ganze Lied lang durchzuhalten?

Sicherheit:

Alle Kinder sollten mindestens 60 cm Abstand voneinander haben. Sie müssen die Übung in der korrekten Körperhaltung ausführen.

Beurteilung:

Kategorien:

3 = alle Liegestütze und Armübungen durchgehalten

2 = Ansätze in allen Übungen, Einsatz des Oberkörpers, z.T. unterbrochen

1 = Ansatz zur Liegestütze gescheitert, fuhr auf Knien fort

0 = konnte/wollte nicht die Kraft seines Oberkörpers einsetzen

Tipps und Variationen:

- ✖ Machen Sie einen korrekt ausgeführten Liegestütz vor. Zeigen Sie auch, wie eine falsche Haltung aussehen würde, damit die jeweiligen Partner sich gegenseitig helfen können.
  Ist ein Kind behindert oder übergewichtig, darf es bei den Liegestützen auf die Knie gehen.
- ✖ Erlauben Sie auch Liegestütze auf den Knien statt auf den Zehenspitzen für diejenigen Kinder, die keine normalen Liegestütze schaffen. So haben auch diese Kinder ein Erfolgserlebnis.

Für zu Hause:

„Fordere deine Familie oder deine Freunde zu Hause zu einer Oberkörperübung heraus. Schaffen sie es, Liegestütze zu machen?"

Flexologie

Fitness - Beweglichkeit

Aktionsstufe: Alle sind die ganze Zeit über aktiv.

Fähigkeiten: Durchführung vielfältiger Bewegungen, Dehnen, Aufwärmen, erhöhte Beweglichkeit für flexiblere Gelenke

Material:
- ein Stück Knete oder Fimo für jedes Kind
- Musik: 20 Sekunden lang schnell als Begleitung um den Tisch, 15 Sekunden lang langsam für die Übung
- eine Flexologie-Karte pro Paar von S. 51

Motivation: „Habt ihr schon mal versucht, kalte Knete zu verbiegen? Das klappt nicht so gut, oder? Stattdessen bricht sie vielleicht sogar durch. Aber was würde passieren, wenn ich meine Muskeln aufwärme, indem ich die Knete wärme? Genau – die Knete wird ganz dehnbar und bricht nicht mehr so leicht. (Wärmen Sie die Knete an, und zeigen Sie den Unterschied.) So geht es auch unseren Muskeln und Gelenken. Wir wollen jetzt mehr darüber herausfinden, wie man so biegsam wie ein Stück Knete wird."

Intensität: NMH

Aufbau:

Schauen Sie zuerst, ob Sie etwas umstellen müssen. Wenn ja, stellen Sie es zum Schluss wieder so hin, wie es vorher war. Es reicht, wenn Sie einen Tisch oder Stuhl so wegschieben, dass die Kinder genug Platz zum Herumspringen haben, ohne zusammenzustoßen.

So geht es:

Jeder bekommt ein Stück Knete, das einen kalten Muskel oder ein Gelenk darstellen soll. Zunächst weisen Sie die Kinder beim Experimentieren an. Danach arbeiten jeweils zwei Kinder zusammen.

Begleiten Sie die Übung mit folgenden Sätzen:
- Zieht mal an der Knete.
- Die Knete bricht schnell auseinander, weil sie kalt ist.
- Drückt und wärmt nun die Knete in euren Händen. Dabei hopsen, springen, hüpfen, galoppieren und gleiten wir 20 Sekunden lang mit unserem Partner zusammen um die Tische herum.
- Nach 20 Sekunden formt ihr mit der Knete eines der Symbole, die auf eurer Flexologie-Karte zu sehen sind.
- Schaut mal, wie gut man die Knete jetzt biegen und ziehen kann. Bei euren Muskeln und Gelenken funktioniert das genauso.
- Nach 15 Sekunden führt ihr die passende Übung zu dem Symbol aus, das euer Partner von der Flexologie-Karte für euch gebastelt hat. 15 Sekunden halten!
- Nun wiederholen wir den Durchgang.

Flexologie (Im Detail)

Ziele: **Die Kinder …**
- ➜ werden beweglicher, indem sie ihre Muskulatur und die Gelenke durch die Turnübungen aufwärmen.
- ➜ erzielen durch die Dehn- und Turnübungen einen größeren Bewegungsspielraum der Gelenke.
- ➜ führen mindestens 15 Sekunden lang statische Dehnübungen aus.

Aufwärmen: „So beweglich bin ich" (S. 27)

Hinweise und Anregungen:

Begleiten Sie die Übungen mit folgenden *Hinweisen*:
- Bleibt für 15 Sekunden in derselben Position, ohne zu federn.
- Nutzt euren gesamten Bewegungsspielraum aus. Dehnt das Gelenk, so weit ihr könnt.

Berücksichtigen Sie folgende *Anregungen*:
Diese Muskelpartien sollen die Kinder dehnen:
- Beine: vordere und hintere Oberschenkelmuskulatur, Wadenmuskeln
- Gesäßmuskulatur
- gerade Bauchmuskeln
- Armmuskulatur (Bizeps, Trizeps, Deltamuskeln)
- Trapezmuskel
- großer Rückenmuskel

Erklären Sie, warum Dehnen wichtig ist. Beim statischen Dehnen federt man nicht, sondern hält die Position. Die Kinder sollen die Dehnübung 15 Sekunden lang halten.

Erklären Sie, wie man mit den richtigen Dehnübungen Verletzungen vermeiden und sich besser bewegen kann.

Flexologie-Karte

- Bewege dich 20 Sekunden lang um den Tisch herum, und wärme dabei die Knete an.
- Forme aus der Knete eines der Symbole unten auf der Karte.
- Führe die Dehnübung zu dem Symbol aus, das dein Partner geformt hat. Halte die Position 15 Sekunden lang.

Flexologie

Beurteilung:

Kategorien:

3 = schaffte alle Dehnübungen sicher, konnte alle statischen Dehnübungen mindestens 15 Sekunden lang halten

2 = schaffte alle Dehnübungen sicher, konnte alle statischen Dehnübungen fast 15 Sekunden lang halten

1 = führte Dehnübungen nur unsicher/ falsch aus, konnte Position nicht halten

0 = kein Ansatz zur korrekten Ausführung der Dehnübung erkennbar, versuchte nicht, Position zu halten

Sicherheit:

Die Kinder sollen die Dehnübung halten, ohne zu federn. Manchmal versuchen Kinder, federnde oder unsichere Dehnübungen nachzuahmen, die sie angeblich bei einem Trainer gesehen haben. Vermeiden Sie altmodische Dehnübungen, die mehr Schaden als Nutzen bringen.

Tipps und Variationen:

- ✖ Ein Stück Gummi oder ein Kaugummistreifen ist eine weitere gute Möglichkeit, um den Kindern einen aufgewärmten Muskel zu demonstrieren. Außerdem kauen Kinder gerne Kaugummi. Zunächst sollen die Kinder den kalten Kaugummistreifen auseinanderbrechen. Dann kauen sie ihn und wärmen ihn so im Mund an. Dadurch wird ihnen klar, wozu ein warmer, beweglicher Muskel in der Lage ist. Probieren Sie dieses Experiment einmal aus. Noch ein guter Ratschlag: Die Kinder spucken nach dem Test ihr Kaugummi am besten wieder aus!
- ✖ Wenn Kinder eine Dehnübung nicht korrekt ausführen können, ermutigen Sie sie, und stellen Sie ihnen eine neue Aufgabe. Sie sollen auf jeden Fall ihre Beweglichkeit verbessern, egal, ob sie ihr Ziel erreichen oder nicht. Jeder Dehnansatz bringt mehr Beweglichkeit.

Für zu Hause:

„Denkt euch eine Übungsfolge aus, bei der ihr alle Muskeln und Gelenke von oben bis unten dehnt. Die macht ihr dann jeden Tag, z.B. vor dem Fernseher oder direkt vor dem Frühstück. Vielleicht möchte eure Familie ja mitmachen!?"

Sit-up-Hockey und Klau-den-Puck

Fitness – Kräftigung der Bauchmuskulatur

Aktionsstufe: Alle bewegen sich die ganze Zeit über.

Fähigkeiten: Fitness, Kräftigung der Bauchmuskulatur, Schulung der Reflexe

Material: ein Gegenstand (Reissäckchen oder Puck) oder Blatt Papier pro Paar

Motivation: „Sind euch Sit-ups oder andere Bauchmuskelübungen manchmal zu langweilig? Diese Übung trainiert eure Bauchmuskeln, ohne euch zu langweilen!"

Intensität: NMH

Aufbau:

Schauen Sie zuerst, ob Sie etwas umstellen müssen. Wenn ja, stellen Sie es zum Schluss wieder so hin, wie es vorher war. Sie müssen kaum etwas umbauen. Die Mitspieler brauchen nur Platz, um sich aufrichten und ablegen zu können.

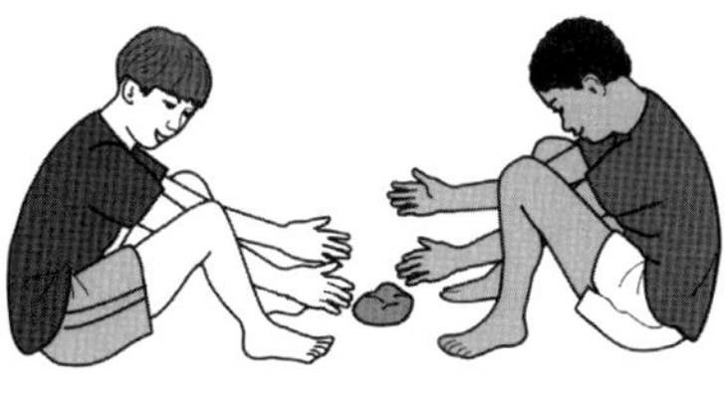

So geht es:

Die Mitspieler brauchen für diese Übung nur einen Gegenstand und starke Bauchmuskeln.

Sit-up-Hockey

- Jeweils zwei Mitspieler sitzen in Sit-up-Position in einem Abstand von 30 cm voneinander entfernt; die Füße zeigen zueinander. Ein Reissäckchen, ein Blatt Papier oder ein Puck befindet sich genau in der Mitte (15 cm von den Füßen entfernt) zwischen beiden.
- Beide legen sich mit dem Rücken auf den Boden.
- Auf Ihr Signal hin richten sie sich schnell in Sitzposition auf und schießen entweder den Puck oder wehren ihn mit den Händen ab.
- Rutscht der Puck zwischen den Füßen des Gegners hindurch, hat er ein Tor erzielt.
- Das Spiel beginnt aus der Mitte heraus von Neuem.

Klau-den-Puck

- Das Spiel funktioniert genau wie das vorherige, außer, dass die Partner nach dem Aufrichten den Gegenstand zuerst ergreifen müssen.
- Die Kinder rotieren nach zwei Durchgängen, sodass sie immer unterschiedliche Gegner haben.
- Bilden Sie nach einigen Durchgängen Vierergruppen. Ein Paar hält das andere Paar an den Füßen fest. So haben die Kinder mehr Schwung, wenn die Bauchmuskeln langsam müde werden. Diejenigen, die die Füße festhalten, sitzen außen neben den übenden Kindern. Sie halten jeweils einen Fuß eines Spielers fest.

Sit-up-Hockey und Klau-den-Puck (Im Detail)

Ziele: **Die Kinder …**
- ➜ kräftigen ihre Bauchmuskulatur und spielen dabei ein lustiges Spiel.
- ➜ verbessern ihre Bauchmuskelkraft durch Spaß-Wettkämpfe.
- ➜ lernen die Fähigkeiten der anderen bei anstrengenden Übungen zu schätzen.

Aufwärmen: „Laufen und Schreien" (S. 38)

Hinweise und Anregungen:

Begleiten Sie die Übungen mit folgenden *Hinweisen*:
- Deine starken Bauchmuskeln helfen dir beim Aufstehen.
- Nur die Bauchmuskeln benutzen! Wenn du deine Ellbogen zu Hilfe nimmst oder dich seitlich aufrichtest, schummelst du!

Berücksichtigen Sie folgende *Anregungen*:
- Unsere Bauchmuskeln müssen stark sein, damit sie den Körper bei allem unterstützen können.
- Ein bisschen Muskelkater ist nicht schlimm: Das bedeutet, dass ihr euch angestrengt habt.
- Je mehr ihr einen Muskel trainiert, desto stärker wird er.
- Gebt nicht auf, wenn es sich etwas unangenehm anfühlt: Leichte Schmerzen in den Muskeln sind normal. Das bedeutet, dass sie kräftiger werden.
- Macht doch mal Sit-ups vor dem Fernseher. Oder jeden Abend vor dem Zubettgehen.
- Wenn ihr Schwierigkeiten beim Aufrichten habt, ist das nicht so schlimm. Gebt nur nicht auf, sondern übt weiter, dann werdet ihr bald stärker.
- Nach ein paar Durchgängen werden eure Übungen ein bisschen nachlässig. Deswegen helfen euch zwei weitere Partner und halten euch an den Füßen fest, damit ihr richtig weiterüben könnt.

Beurteilung:

Kategorien:

3 = hat bei allem seine ganze Kraft eingesetzt
2 = hat bei jedem Ansatz fast seine ganze Kraft eingesetzt
1 = Ansätze vorhanden, jedoch nicht mit vollem Einsatz
0 = ohne Erfolg teilgenommen

Sit-up-Hockey und Klau-den-Puck (Im Detail)

Sicherheit:

Achten Sie darauf, dass die Kinder nicht ins Hohlkreuz gehen, wenn sie sich aufrichten. Fordern Sie die Kinder auf, immer auch die Bauchmuskeln anzuspannen.

Tipps und Variationen:

- Erklären Sie, wo überall die Bauchmuskulatur zum Einsatz kommt (wenn wir morgens aufstehen, ein Bein zum Anziehen der Socken anheben usw.). Die Kinder sollen diese Bewegungen einmal ausüben, 5- bis 7-Jährige sollten die Übungen zu zweit machen, damit sie die Sit-ups öfter in der korrekten Haltung ausüben können.
- Dritt- und Viertklässler sollen beim Aufrichten die Arme vor der Brust kreuzen, damit die Bauchmuskeln isoliert trainiert werden.

Für zu Hause:

„Baut die Bauchmuskelübungen in euren Alltag ein. Auch eure Familie soll mitmachen – vielleicht bei einem Spiel ‚Klau-den-Puck‘."

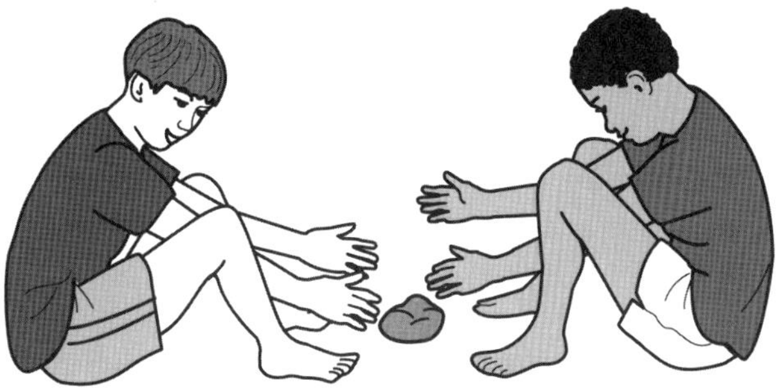

Schlag auf Schlag

Fitness – Stärkung des Herz-Kreislauf-Systems

Aktionsstufe: Alle sind beteiligt. Beim Auf- und Ab-Spiel macht zeitweilig nur die Hälfte mit.

Fähigkeiten: Bewusster Umgang mit dem Herz-Kreislauf-System, erhöhten Herzschlag wahrnehmen

Material: 20 Pylonen

Motivation: „Da ist etwas in uns, das uns am Leben hält. Es ist wie ein Motor oder eine Batterie. Es ist unser Herz. Mal sehen, wie unser Herz funktioniert."

Intensität: NMH

Aufbau:

Schauen Sie zuerst, ob Sie etwas umstellen müssen. Wenn ja, stellen Sie es zum Schluss wieder so hin, wie es vorher war. Stellen Sie für das Spiel zehn Pylonen aufrecht hin, und legen Sie zehn weitere auf die Seite.

So geht es:

Die Kinder sollen fühlen, wie ihr Herz schlägt. Nehmen Sie alle Mitspieler mit auf eine kurze Reise durch den lebendigen Körper.

- Sucht mal alle euer Herz. Es ist in der linken Brusthälfte.
- Fühlt euren Herzschlag.
- Sucht euren Puls. Ihr könnt ihn an den Schlagadern am Hals oder am Handgelenk fühlen.
- Zählt alle sechs Sekunden lang euren Puls, wenn ich ‚Los' sage *(gilt für Kinder ab Klasse 3)*. Hängt eine 0 hinten an. *(Jüngere Kinder sollen einfach nur den langsamen Pulsschlag fühlen.)*
- Dies ist euer Ruhepuls.
- Mal sehen, was passiert, wenn wir uns bewegen.
- Geht in mäßigem Tempo auf der Stelle.
- Halt! Wir messen jetzt wieder den Puls. Sucht ihn, und zählt ab jetzt! *(Die Kinder sollen sechs Sekunden lang zählen.)*
- Hattet ihr nun einen höheren Pulsschlag als eben?
- Jetzt spielen wir kurz das Auf- und Ab-Spiel. *(Stellen Sie zehn Pylonen aufrecht hin, und legen Sie zehn weitere auf die Seite. Das „Auf-Team" soll alle Hütchen aufrichten, und das „Ab-Team" soll alle Hütchen mit den Händen umkippen.)*

Schlag auf Schlag

- Die Hälfte der Klasse schaut einen Moment lang zu, während die andere spielt.
- Nach einer Minute wechselt das „Auf-" mit dem „Ab-Team". Nach einer weiteren Minute ist die Gruppe an der Reihe, die bisher zugeschaut hat. Dann wird wieder gewechselt, und auch die „Auf-" und „Ab-Teams" wechseln erneut.
- Nach jedem einminütigen Durchgang sollen die Kinder ihren Puls messen.
- „Messt jetzt euren Puls!"

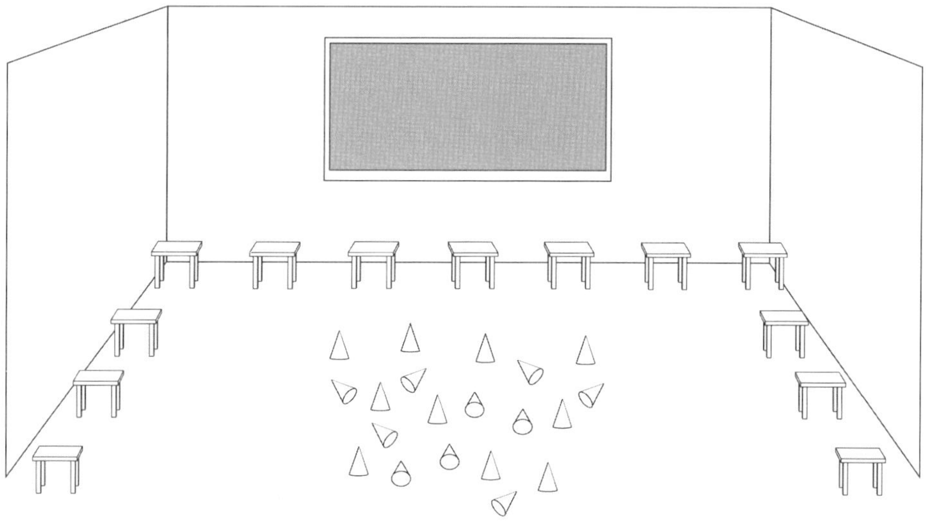

Schlag auf Schlag (Im Detail)

Ziele: **Die Kinder …**

- ➜ lernen, wo sich das Herz befindet.
- ➜ finden verschiedene Stellen am Körper, an denen man den Pulsschlag messen kann.
- ➜ lernen verschiedene Möglichkeiten kennen, wie man den Pulsschlag erhöhen kann.
- ➜ messen den Puls und rechnen ihre Herzfrequenz aus (Klassen 3 bis 4).
- ➜ bewegen sich unterschiedlich intensiv und merken, was für körperliche Auswirkungen das jeweils hat.

Aufwärmen: Führen Sie keine Aufwärmübung durch, damit die Kinder ihren Ruhepuls messen können.

Hinweise und Anregungen:

Begleiten Sie die Übungen mit folgenden *Hinweisen*:

- Sucht euren Puls entweder am Herzen, am Hals oder am Handgelenk.
- Zählt die Pulsschläge sechs Sekunden lang.

Berücksichtigen Sie folgende *Anregungen*:

- Was geschah, als ihr das Auf- und Ab-Spiel gespielt habt? Euer Pulsschlag hat sich erhöht, weil ihr euch energischer bewegt habt.
- Als euer Pulsschlag höher wurde, schlug auch euer Herz öfter.
- Ihr könnt den Herzschlag sogar noch mehr erhöhen, wenn ihr länger oder schneller spielt.
- Es ist wichtig, dass ihr euer Herz fordert. Wir sollten jeden Tag unseren Puls in die Höhe treiben. Dazu können wir Spiele spielen.
- Was ist ein Ruhepuls? Es ist der langsame Herzschlag, bevor ihr anfangt, euch zu bewegen.

Sicherheit:

Nur die Hälfte der Klasse darf auf einmal an dem Auf- und Ab-Spiel teilnehmen, damit die Kinder eine überschaubare Menge an Gegnern haben und nicht zusammenstoßen.

Schlag auf Schlag (Im Detail)

Beurteilung: ....

Kategorien:

3 = hat alle Übungen gut absolviert, wollte nach jeder Übung den Puls messen

2 = hat alle Übungen versucht, aber sich nicht bei jeder voll angestrengt, wollte nach jeder Übung den Puls messen

1 = hat fast alle Übungen versucht, sich aber bei den meisten nicht richtig angestrengt, wollte nach jeder Übung den Puls messen

0 = hat keine oder fast keine Übung versucht, wollte den Puls nicht nach jeder Übung messen

Tipps und Variationen:

- Lassen Sie ein paar Kinder ihren eigenen Puls nach der Bewegung fühlen. Kindern macht es Spaß, wenn der Lehrer in den Lernprozess miteinbezogen wird. Diejenigen Kinder, die ihren eigenen Puls nicht finden können, schaffen das vielleicht bei Ihnen.
- Wenn die jüngeren Kinder (1. bis 2. Klasse) zum Pulssuchen bereit sind, zeigen Sie ihnen, wo man den Pulsschlag spüren kann. Erklären Sie auch, warum man ihn am Hals und am Handgelenk fühlt.
- Zusätzlich können Sie noch erklären, wie die 10-Sekunden-Pulsmessmethode funktioniert (mit 6 multiplizieren). Messen Sie auch einmal 30 Sekunden lang (dann mit 2 multiplizieren). Erklären Sie, dass wir die 6-Sekunden-Pulsmessmethode anwenden, weil sie am schnellsten ist (bei Klasse 3 bis 4).

Für zu Hause:

„Denkt euch doch mal Übungen für einen ganzen Monat aus, die bei euch und eurer Familie den Pulsschlag in die Höhe treiben. Es können lange oder kurze Aktivitäten sein, aber auf jeden Fall müssen sie Spaß machen!"

Zirkeltraining

Fitness - Kondition (Ausdauer, Kraft, Beweglichkeit)

Aktionsstufe: Alle sind aktiv beteiligt.

Fähigkeiten: Ausdauer, Kräftigung, Dehnen

Material:
- CD-Player und CD mit schneller Musik
- weitere Gegenstände, je nach Art der Stationen, die Sie sich ausdenken (z.B. Reissäckchen, wenn Sie Sit-up-Hockey und Klau-den-Puck wählen)

Motivation: „Viele Menschen trainieren, indem sie zuerst ihre Ausdauer trainieren und anschließend Krafttraining machen. Es gibt aber noch eine andere Möglichkeit, wie ihr euren Körper in Form bringen und gleichzeitig während des gesamten Trainings auch noch eure Kondition trainieren könnt. Es bringt viele Vorteile, wenn man seine Herzfrequenz über einen längeren Zeitraum erhöht. Das erreicht man z.B. beim Zirkeltraining. Dabei könnt ihr während der Kraft- und Dehnübungen gleichzeitig an eurer Ausdauer arbeiten. Und Spaß macht es auch noch!"

Intensität: NMH

Aufbau:

Schauen Sie zuerst, ob Sie etwas umstellen müssen. Wenn ja, stellen Sie es zum Schluss wieder so hin, wie es vorher war.

So geht es:

Die Kinder trainieren drei Minuten lang in Gruppen an einer Station. Sobald Musik einsetzt, begeben sie sich in die Mitte des Raumes und absolvieren unter Ihrer Anweisung ein 2-minütiges Konditionstraining. Nach 2 Minuten stellen Sie die Musik aus, als Signal für die Kinder, eine Station weiter rechts fortzufahren. Diese Abfolge hält für eine Dauer von 25 Minuten ihre Herzfrequenz auf hohem Niveau. Außerdem trainieren sie Kraft und machen Dehnübungen. Die Kinder benötigen etwa 25 Minuten für fünf Stationen. Falls Sie 30 Minuten oder mehr zur Verfügung haben, fügen Sie noch weitere Stationen hinzu.

Anregungen für die Konditionsabschnitte:
- Knie anheben und 8-mal nach rechts kicken, dann nach links wechseln
- nach vorne und nach hinten kicken, dann 3-mal boxen, 16-mal wiederholen
- Hampelmänner
- auf der Stelle laufen

Zirkeltraining

- schnell auf der Stelle gehen
- auf einen imaginären Boxball schlagen (tun Sie so, als ob Sie auf einen Boxball schlagen, der sofort wieder zurückschnellt, nachdem Sie ihn so schnell wie möglich mit den Fäusten bearbeitet haben)

Anregungen für Stationen:

- Sit-up-Hockey und Klau-den-Puck (siehe S. 53f.). Die Mitspieler liegen mit den Füßen einander zugewandt in der Sit-up-Position auf dem Boden. Auf Kommando richten sie sich schnell auf und versuchen, den Gegenstand (z.B. Puck oder Reissäckchen) zu klauen, der zwischen den Füßen des Gegners liegt.
- Liegestütz-Hockey (siehe S. 46). Aus der Liegestützposition heraus sollen sie den Gegenstand (z.B. Puck oder Reissäckchen) zwischen den Armen des Gegners hindurchschießen.
- Liegestütze
- Dehnübungen:
  - Hürdensitz
  - Grätschsitz
  - mit gestreckten Beinen an die Zehenspitzen greifen

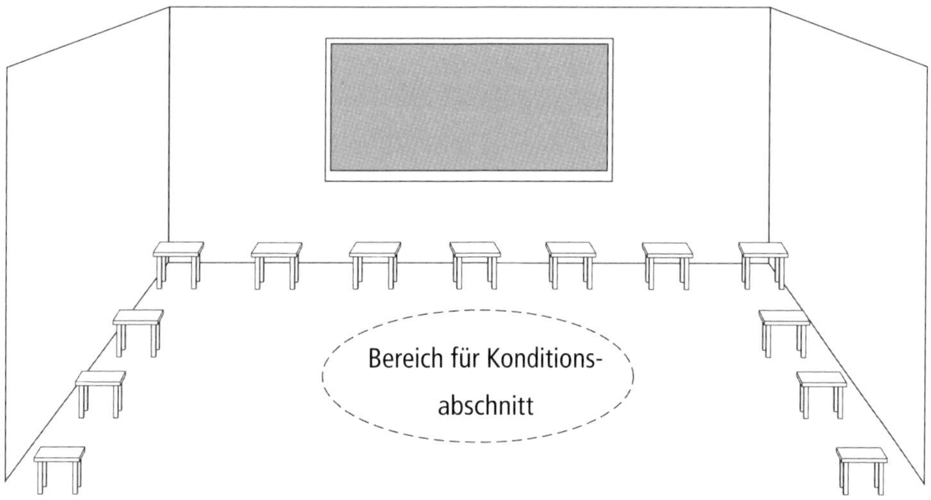

Zirkeltraining (Im Detail)

Ziele: **Die Kinder ...**

- ➜ sind über einen Zeitraum von mindestens 25 Minuten aktiv, ihre Herzfrequenz ist erhöht.
- ➜ stärken ihren Körper, indem sie an den Stationen Kraftübungen machen.
- ➜ verbessern ihre Beweglichkeit, indem sie an den Stationen Übungen für die Beweglichkeit machen.
- ➜ erfahren während der Übungen, wie wichtig Krafttraining, Dehnen und die Erhöhung der Herzfrequenz ist.

Aufwärmen: „Daumendrücken" (S. 37) oder „Schnick, Schnack, Schnuck" (S. 38)

Hinweise und Anregungen:

Begleiten Sie die Übungen mit folgenden *Hinweisen*:
Gebt euer Bestes. An den Fitnessstationen sollt ihr nur auf eure eigene Leistung achten, nicht auf die der anderen.

Berücksichtigen Sie folgende *Anregungen*:

- Unsere Herzfrequenz muss bei den Übungen steigen, damit der Herzmuskel trainiert wird. Wir sollten jeden Tag unsere Herzfrequenz durch Training steigern. Tägliches Training hält uns gesund.
- Dehnübungen für Muskeln und Gelenke sorgen dafür, dass wir uns freier und einfacher bewegen können. Wir sollten auch jeden Tag dehnen.
- Kraftübungen sind gut für unsere Muskulatur, die Knochen und die Haltung. Wenn wir stark sind, können wir Dinge sicherer tun.

Sicherheit:

Die Kinder sollen die Beweglichkeits- und die Kraftübungen nur nach Ihrer Anweisung durchführen. Bevor sie damit beginnen, zeigen Sie ihnen, wie die Übungen richtig durchgeführt werden. Dabei erklären Sie die Übungen an jeder Station. Die Kinder müssen Ihren Anweisungen folgen können und dabei aufmerksam bleiben.

Zirkeltraining (Im Detail)

Beurteilung:

Kategorien:

3 = hat mit größtem Erfolg teilgenommen

2 = hat die meisten Aufgaben mit Erfolg ausgeführt

1 = hat alle Aufgaben angefangen, sich jedoch kaum angestrengt

0 = hat kaum eine Aufgabe angefangen

Tipps und Variationen:

- ✖ Achten Sie darauf, dass der Konditionsabschnitt Spaß macht und trotzdem anstrengend ist. Die Kinder sollen für das Konditionstraining gerne in die Mitte kommen! Wählen Sie dazu eine schnelle, rhythmische Musik, die die Kinder mögen.
- ✖ Wenn die Kinder zu sehr auf die Konditionsabschnitte fixiert sind, verkürzen Sie die Zeit.
- ✖ Wenn die Kinder zu sehr auf die Stationen fixiert sind, fordern Sie sie mit individuelleren Übungen. Sie könnten z.B. unterschiedliche Leistungsstufen für die Grätschdehnung, für Liegestütze und für Sit-ups an der Tafel festlegen.

Für zu Hause:

„Findet mal heraus, was die Erwachsenen um euch herum tun, um fit zu bleiben. Dürft ihr mal mit ins Fitnessstudio? Falls jemand keinen Sport treibt, zeigt ihm, wie er zu Hause trainieren kann."

Wie intensiv ist was?

Fitness – Intensität, Fitnessbewusstsein

Aktionsstufe: Alle machen mit.

Fähigkeiten: Kondition, Trainingsintensität

Material:

- sechs Schrittzähler (alternativ können die Mitspieler die Schritte oder Runden selbst zählen, die sie zurückgelegt haben).
- Zollstöcke, Lineale oder Maßbänder, um den Weitsprung und das Springen-und-Strecken zu messen.
- Für den Schrittsprung markieren Sie mit Pylonen oder Platzmarkierungen aus Gummi zwei Linien, die einen Abstand von zwei bis drei Metern voneinander haben (je nachdem, wie viel Platz Ihnen zur Verfügung steht).
- CD-Player, Musik

Motivation: „Sicher wollt ihr stark bleiben und euer Herz und euren Körper gut trainieren. Wisst ihr, was ihr dafür tun könntet? Wenn ihr nur wenig Zeit zur Verfügung habt, mit was für einer Übung würdet ihr eure Herzfrequenz in die Höhe treiben? Lasst es uns herausfinden!"

Intensität: NMH

Aufbau:

Schauen Sie zuerst, ob Sie etwas umstellen müssen. Wenn ja, stellen Sie es zum Schluss wieder so hin, wie es vorher war.

So geht es:

Die Kinder spielen in 4er- bis 6er-Gruppen. Sie lernen unterschiedliche Belastungsstufen an jeder Station kennen. An jeder Station nehmen sie ihren Puls nach der 6-Sekunden-Pulsmessmethode (siehe S. 58/59) und achten auf die körperlichen Auswirkungen, die sie an sich feststellen konnten. Spielen Sie schnelle, dynamische Musik ein.

Station 1: Springen

- Die Kinder machen die Springen-und-Strecken-Übung. (Dabei strecken sie zuerst einen Arm so hoch sie können und markieren die erreichte Höhe. Dann springen sie hoch und strecken dabei wieder den Arm aus und markieren auch hier die erreichte Höhe. Messen Sie nun den Abstand zwischen den beiden Markierungen. Die Kinder sollten sich bei jedem Sprung verbessern.
- Auf der Auswertungsskala ist dies eine mäßig intensive Übung.

Station 2: Schrittsprung

- Alle zehn Sekunden springen (hüpfen) die Kinder von einer Linie zur anderen. Die Linien liegen im Abstand von zwei Metern parallel zueinander. Wie oft schaffen die Kinder es, hin- und herzuspringen und die Linie zu erreichen, bevor die Zeit um ist?
- Auf der Auswertungsskala ist dies eine energische, sehr intensive Übung.

Wie intensiv ist was?

Station 3: Dehnen und Beweglichkeit

- Die Kinder führen Dehnübungen für Arme und Beine aus. Zeigen Sie ihnen ein paar Beispiele. Die Kinder sollen die einzelnen Dehnübungen 10–20 Sekunden lang halten.
- Auf der Auswertungsskala ist dies eine wenig intensive Übung.

Station 4: Schrittstaffel

- Die Kinder tragen einen Schrittzähler und stellen sich mit einem Partner hintereinander auf. Einer von ihnen geht auf der Stelle (a), während der andere nach vorne zur Tafel geht (b), sie berührt, zurückgeht und den Partner abschlägt. Dieser darf nun nach vorne gehen und das Ganze wiederholen. Die beiden sollen so viele Schritte wie möglich machen.
- Auf der Auswertungsskala ist dies eine mäßig intensive Übung.

a)

Station 5: Kraft und Kräftigung

- Die Kinder machen eine Minute lang Sit-ups. Dabei hält ein Partner den anderen an den Füßen fest. Derjenige, der die Sit-ups macht, beugt die Knie und kreuzt die Arme vor der Brust. Er richtet sich auf und berührt mit den Ellbogen die Oberschenkel. Danach legt er die Schultern wieder am Boden ab. Nach einer Minute wird gewechselt.
- Nach der Sit-up-Minute nutzen die Kinder die noch verbleibende Zeit und machen so viele Liegestütze wie möglich.
- Auf der Auswertungsskala ist dies eine mäßig intensive Übung.

Auswertung mit Hilfe der Vorlage (S. 67):

1. Messt eure Herzfrequenz, bevor ihr mit den Übungen beginnt. Dies ist euer Ruhepuls: ______ (Zählt 6 Sekunden lang, und setzt danach ans Ergebnis eine 0.)
2. Schreibt eure Herzfrequenz auf den Auswertungsbogen, und macht einen Kreis um die Intensität der Übung – fandet ihr sie hoch, mäßig oder niedrig? Kreist dann ein, was für körperliche Auswirkungen ihr bemerkt habt.

b)

Wie intensiv ist was? (Im Detail)

Ziele: **Die Kinder ...**

- ➜ lernen, zwischen Übungen hoher, mäßiger und niedriger Intensität zu unterscheiden.
- ➜ können die körperlichen Auswirkungen mit der Intensität der Übungen in Verbindung bringen.
- ➜ sammeln bei den Übungen Messwerte, mit denen sie auch später noch erkennen können, was gut für sie und ihre Gesundheit ist.

Aufwärmen: Die Kinder sollen sich nicht aufwärmen, bevor sie die erste Frage auf dem Auswertungsbogen beantwortet haben. Nach dieser ersten Frage machen sie nur einfache Dehnübungen, damit nichts die Herzfrequenz an den einzelnen Stationen beeinträchtigt.

Hinweise und Anregungen:

Begleiten Sie die Übungen mit folgenden *Hinweisen*:

- Wie fühlt ihr euch? Der Sport hat Auswirkungen auf dein körperliches Wohlbefinden.
- Trainiere so, dass du dich dabei ordentlich anstrengst.

Berücksichtigen Sie folgende *Anregungen*:

- Intensität bedeutet, wie schwer die Übung ist – wie sehr ihr euch dabei anstrengen müsst.
- Körperliche Auswirkungen bedeutet, was ihr fühlt (Hitze, Kälte, Schweiß) und was mit eurem Körper passiert (Zittern, Schwitzen). Das sind alles positive Auswirkungen des Sports.

Beurteilung:

Kategorien

3 = absolvierte alle Aufgaben und Stationen mit großem Einsatz

2 = absolvierte alle Stationen, zeigte Einsatz bei den meisten Aufgaben

1 = absolvierte alle Stationen, zeigte Einsatz bei einigen Aufgaben

0 = absolvierte alle oder einige Aufgaben, zeigte dabei kaum Einsatz

Sicherheit:

Die Kinder müssen Ihren Anweisungen folgen und die gestellten Aufgaben genau erfüllen.

Tipps und Variationen:

- ✖ Die Kinder sollen erkennen, dass es gut für sie ist, wenn sie sich anstrengen und sich das körperlich bemerkbar macht. In diesem Falle ist es gut für den Körper, wenn sie sich ein wenig unangenehm fühlen. Manche Kinder glauben dann, dass sie verletzt oder krank sind. Sie müssen aber verstehen, dass diese körperlichen Auswirkungen eigentlich Vorteile mit sich bringen.
- ✖ Jüngere Kinder können die Beurteilung darüber, was sie körperlich an sich wahrnehmen, auch vornehmen, indem sie Handzeichen geben, bei entsprechender Vorgabe von Ihnen.

Für zu Hause:

„Wähle eine Sportart aus. Betrachte einzelne Teile davon, in denen du dich verbessern könntest. Welche davon sind sehr intensiv, welche weniger? Wenn du z.B. besser Basketball spielen möchtest, solltest du dribbeln, fangen, Körbe werfen oder laufen. Laufen hat dann die höchste Intensität.

Wie intensiv ist was?

Station 1: Springen

Herzfrequenz: ____________

Intensität: ❑ hoch ❑ mittel ❑ niedrig

Körperliche Auswirkungen: ❑ Schweiß ❑ Kälte ❑ Zittern ❑ Hitze

Station 2: Schrittsprung

Herzfrequenz: ____________

Intensität: ❑ hoch ❑ mittel ❑ niedrig

Körperliche Auswirkungen: ❑ Schweiß ❑ Kälte ❑ Zittern ❑ Hitze

Station 3: Dehnen und Beweglichkeit

Herzfrequenz: ____________

Intensität: ❑ hoch ❑ mittel ❑ niedrig

Körperliche Auswirkungen: ❑ Schweiß ❑ Kälte ❑ Zittern ❑ Hitze

Station 4: Schrittstaffel

Herzfrequenz: ____________

Intensität: ❑ hoch ❑ mittel ❑ niedrig

Körperliche Auswirkungen: ❑ Schweiß ❑ Kälte ❑ Zittern ❑ Hitze

Station 5: Kraft und Kräftigung

Herzfrequenz: ____________

Intensität: ❑ hoch ❑ mittel ❑ niedrig

Körperliche Auswirkungen: ❑ Schweiß ❑ Kälte ❑ Zittern ❑ Hitze

© Verlag an der Ruhr ✦ Postfach 10 22 51 ✦ 45422 Mülheim an der Ruhr ✦ www.verlagruhr.de ✦ ISBN 978-3-8346-0255-8

Herzschlag

Aktionsstufe: Alle sind mit Zählen und Laufen beschäftigt.

Fähigkeiten: Ausdauer

Material: etwas, womit Sie Signale geben können, z.B. Pfeife, Klingel, Trommel o.Ä.

Motivation: „Wir fangen gleich an, sehr intensiv zu laufen, und werden dabei schauen, wie leistungsfähig unser Herz und unser Herz-Kreislauf-System sind!"

Intensität: NMH

Aufbau:

Schauen Sie zuerst, ob Sie etwas umstellen müssen. Wenn ja, stellen Sie es zum Schluss wieder so hin, wie es vorher war.

So geht es:

Sechs bis acht Kinder bilden ein Team. Drei oder vier Kinder springen oder hüpfen zwei bis drei Meter von einer Linie zur anderen. Dieselben Kinder stoppen, stellen sich an die zweite Linie und warten auf das Signal, um wieder zurück zur anderen Linie zu springen oder zu hüpfen. Ihre Signale sollten Sie in einem Abstand von acht Sekunden geben. Die Kinder sollen dies so oft wie möglich wiederholen, bis sie nicht mehr mit der Geschwindigkeit Ihrer Signale mithalten können.

- Teilen Sie die Kinder in 6er- oder 8er-Gruppen. Die Hälfte davon springt, während die andere Hälfte zählt und aufschreibt, wie oft ihre Partner rechtzeitig die Linie überspringen können.
- Je nach Auffassungsvermögen Ihrer Kinder können sie die Ergebnisse auf der Tabelle (S. 69) festhalten, indem sie jeden erfolgreichen Sprung abhaken. Alternativ können sie auch einfach nur jeden erfolgreichen Sprung auf die andere Seite im Kopf mitzählen. Wenn möglich, sollten sie aber die Tabelle benutzen!
- Kann ein Springer nicht mehr mithalten, hört er auf und stellt sich neben seinen Partner.
- Hören Sie nach 25 Signalen auf. Geben Sie den Partnern etwas Zeit, um ihr Ergebnis zu besprechen und die Rollen zu tauschen.
- Das Ziel für Zweitklässler sind z.B. 12 Sprünge, für Dritt- und Viertklässler 16 Sprünge.
- Die Kinder dürfen die Tabelle mit nach Hause nehmen und damit „angeben".
- Behalten Sie selber auch eine Kopie davon. Wenn Sie die Übung wiederholen, können Sie damit den Kindern zeigen, wie sehr sie sich verbessert haben.

Sprung-Tabelle

Name:				
1	2	3	4	5
6	7	8	9	10
11	12	13	14	15
16	17	18	19	20
21	22	23	24	25

Herzschlag (Im Detail)

Ziele: **Die Kinder …**

- ➜ halten ein mäßiges Tempo, damit sie so lange wie möglich die Ausdauerübung durchführen können.
- ➜ springen oder hüpfen, um das Herz-Kreislauf-System zu trainieren.
- ➜ mäßigen sich, um ein Ausdauerziel zu erreichen.
- ➜ folgen bestimmten Regeln, um sich und andere bewerten zu können.

Aufwärmen: „Übungskarten-Wettbewerb" (S. 22) oder „Übungswürfel 100" (S. 23/24)

Hinweise und Anregungen:

Begleiten Sie die Übungen mit folgenden *Hinweisen*:

- Bewegt euch in einer Geschwindigkeit, bei der ihr möglichst lange durchhalten könnt, die aber auch nicht zu langsam ist.
- Wenn ihr springt, müssen die Füße direkt nebeneinander sein – als ob sie zusammenkleben würden.
- Wenn ihr hüpft, müsst ihr euch für ein Bein entscheiden. Das andere Bein wird nicht benutzt.

Berücksichtigen Sie folgende *Anregungen*:

- Je besser ihr euch mäßigt, desto länger haltet ihr durch.
- Wenn ihr zu viel Energie auf einmal verbraucht, werden die Muskeln schnell müde.
- Stellt euch rechtzeitig an der Linie auf. Wenn ihr es nicht schafft, müsst ihr aufhören.
- Je mehr ihr eure Ausdauerfähigkeit trainiert, desto stärker werden euer Herz und eure Muskeln.
- Das Prinzip des Fortschritts lautet: Wenn wir die Anzahl der Durchgänge erhöhen, wird auch die Ausdauer unseres Herz-Kreislauf-Systems größer.

Sicherheit:

Jeder nimmt auf den Platz Rücksicht, den die anderen Springer brauchen. Die Partner stehen am Rand und halten genügend Abstand zum Springer.

Herzschlag (Im Detail)

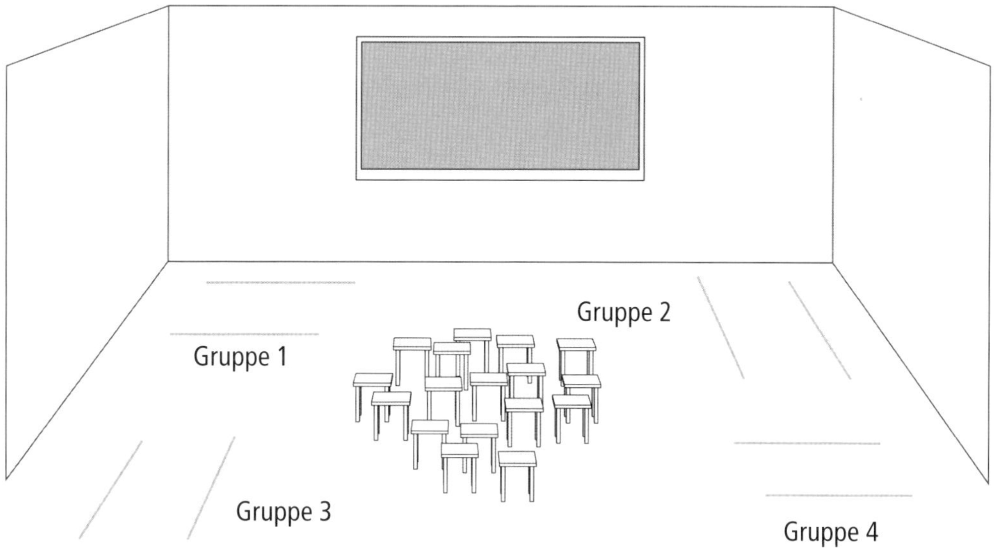

Beurteilung: ....

Kategorien

3 = hat mit großem Erfolg teilgenommen und mehr geschafft, als gefordert wurde

2 = hat mit großem Erfolg teilgenommen und so viel geschafft, wie gefordert wurde

1 = ist gesprungen und hat versucht, das zu erreichen, was gefordert wurde

0 = ist kaum gesprungen und hat nicht versucht, das zu erreichen, was gefordert wurde

Tipps und Variationen:

- ✖ Diese Übung ist viel anstrengender, als sie aussieht. Eine kurze, übertriebene Vorführung von Ihnen soll die Kinder zur Mäßigung bringen.
- ✖ Sie können auch irgendeine andere Art der Fortbewegung anwenden, anstatt zu springen.

Für zu Hause:

„Beschränkt euer Fernsehen und Videospielen heute mal auf eine Stunde. Denkt euch aus, wie ihr euch am besten mäßigen könnt. Entscheidet euch für die Fernsehsendung, die ihr am liebsten sehen möchtet. Ihr müsst auch mit den anderen zu Hause abstimmen, wer noch fernsehen will und wann."

Pool-Nudel-Training mit Stühlen

Fitness – Beweglichkeit, Ausdauer, Kraft

Aktionsstufe: Alle machen aktiv mit.

Fähigkeiten: Krafttraining, Beweglichkeit, Ausdauer

Material:
- eine Pool-Nudel pro Person
- CD-Spieler und CD mit einem langsamen Lied zum Dehnen und Abwärmen und mehreren schnelleren Liedern für die Kraft- und die Ausdauerübungen

Motivation: „Wenn wir nicht draußen oder in einer Sporthalle oder einem großen Raum trainieren können, müssen wir eben mit wenig Platz auskommen. Also benutzen wir einen Stuhl und eine Pool-Nudel, um unsere Muskeln zu trainieren!"

Intensität: NMH

Aufbau:

Schauen Sie zuerst, ob Sie etwas umstellen müssen. Wenn ja, stellen Sie es zum Schluss wieder so hin, wie es vorher war.

So geht es:

Alle haben eine Pool-Nudel und einen Stuhl. Die Kinder folgen Ihren Anweisungen. Sie sagen die einzelnen Muskeln an und beschreiben und machen vor, wie sie trainiert werden sollen.

Dehnen:

- **Großer Rückenmuskel, Trapezmuskel, Deltamuskel, seitliche Bauchmuskeln, Bizeps und Trizeps:** Diese Dehnübung heißt „Sonnenstrahl" und dehnt all diese Muskeln. Die Kinder halten die Pool-Nudel über ihrem Kopf mit ausgestreckten Armen hoch. Dann neigen sie sich 10 Sekunden lang zur linken Seite und danach 10 Sekunden lang zur rechten Seite. Dabei dehnen sie die seitlichen Bauchmuskeln und die Schultern.
- **Hinterer Oberschenkel und unterer Rücken:** Diese Dehnübung heißt „Fußkriecher" und dehnt die hinteren Oberschenkel und den Lendenwirbelbereich im Rücken. Die Kinder stellen sich mit dem einen Fuß auf die Pool-Nudel und halten die Enden mit den Händen fest. Sie sollen das Bein fast gestreckt halten und sich Stück für Stück nach unten beugen. Nach 20 Sekunden wechseln sie die Seite.

Kräftigung:

- **Deltamuskel:** Beim Armkreisen strecken die Kinder die Arme seitlich aus und machen damit 16-mal vorwärts und 16-mal rückwärts tellergroße Kreise. Dann wiederholen sie die Übung mit größeren Kreisen.
- **Trapezmuskel:** Für die „Weiß-nicht-Übung" zucken die Kinder mit den Schultern – zuerst hoch und runter, dann links und dann rechts. Mit dieser Übung können Sie zwischen den intensiven Kraftübungen eine Pause einlegen.

Pool-Nudel-Training mit Stühlen

- **Bauchmuskeln:** Bei den „Stuhl-Sit-ups" sitzen die Kinder auf einem Stuhl und halten sich mit den Händen am Sitz fest. Dann heben sie beide Knie in Richtung Brust an, halten die Position für zwei Sekunden und senken die Knie wieder.
- **Vordere Oberschenkel und Bauchmuskeln:** Bei der „Platz-Erweiterung" sitzen die Kinder auf dem Stuhl und halten sich mit den Händen am Sitz fest. Dann ziehen sie den Bauch ein und strecken die Beine aus. Sie halten sie eine Minute lang parallel zum Boden ausgestreckt. Dies wiederholen sie 3-mal.
- **Vordere und hintere Oberschenkel und Bauchmuskeln:** Beim „Fahrrad" sitzen die Kinder auf dem Stuhl, halten sich am Sitz fest und treten eine Minute lang in die imaginären Pedale.
- **Gleichgewicht:** Bei der „Pool-Nudel-Balance" stellen sich die Kinder mit einem Bein auf die Pool-Nudel. Mit gebeugtem Knie und Armen auf dem Kopf balancieren sie 30 Sekunden lang auf der Pool-Nudel. Dann wechseln sie das Bein.
- **Ausdauer:** Beim „Pool-Nudel-Springseil" benutzen die Kinder die Pool-Nudel als Seil.
- **Ausdauer:** Beim „Nudel-Ski" springen die Kinder über die am Boden liegende Pool-Nudel. Sie springen hin und her und bewegen sich dabei vorwärts bis zum Ende der Pool-Nudel. Dann drehen sie sich um und springen wieder zurück zum anderen Ende.
- **Beweglichkeit:** Beim „Limbo" halten zwei Kinder die Pool-Nudel fest, und ein drittes Kind bewegt sich, nach hinten gebeugt, unter der Pool-Nudel durch. Die Kinder tauschen die Positionen nach jedem erfolgreichen Durchgang.
- **Abwärmen:** Bei den „Neins" bewegen die Kinder die Köpfe langsam von links nach rechts, so, als ob sie „Nein" sagen würden.
- **Abwärmen:** Die Kinder machen noch einmal die Dehnübungen „Sonnenstrahl" und „Fußkriecher".

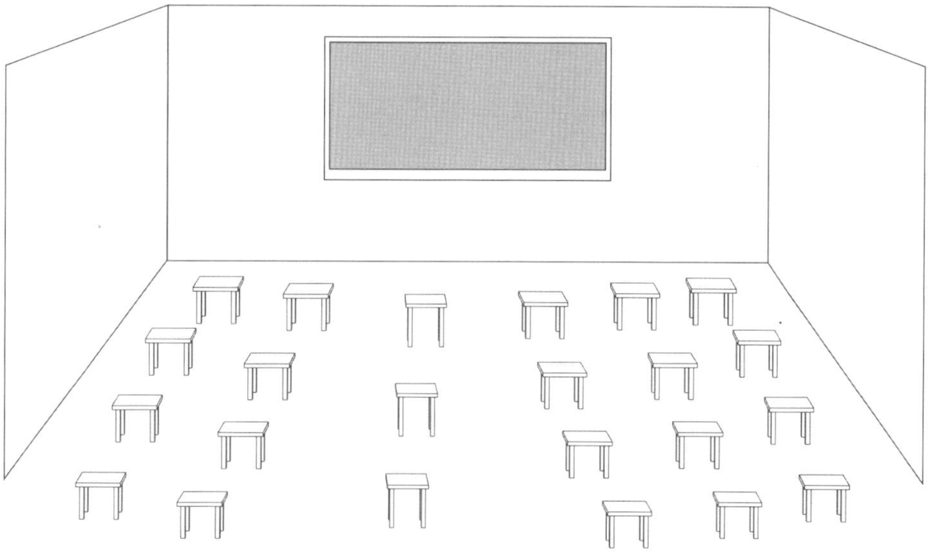

Pool-Nudel-Training mit Stühlen (Im Detail)

Ziele: **Die Kinder …**
- ➜ kräftigen die Muskeln mit neuen Techniken.
- ➜ dehnen Muskeln und Gelenke auf kreative Art und Weise.
- ➜ lernen viele Möglichkeiten kennen, sich fit zu halten.

Aufwärmen: „Aufwärm-Bingo" (S. 41–44) oder „Fitness-Tic Tac Toe" (S. 26)

Hinweise und Anregungen:

Begleiten Sie die Übungen mit folgenden *Hinweisen*:

- Es ist zwar verlockend, die anderen mit der Pool-Nudel zu stechen oder zu schlagen, aber ihr solltet sie lieber bei euch behalten.
- Training mit der Pool-Nudel macht zwar Spaß, aber ihr dürft euer eigentliches Ziel nicht aus den Augen verlieren.

Berücksichtigen Sie folgende *Anregungen*:

- Die Kinder sollen die Dehnübungen halten und nicht dabei federn.
- Erklären Sie den Unterschied zwischen Ausdauer-, Kraft- und Beweglichkeitstraining.
- Fragen Sie die Kinder, was in den Übungen jeweils trainiert wird.

Beurteilung:

Kategorien

3 = hat jede Trainingsart und alle Übungen durchgeführt, sicherer Umgang mit der Pool-Nudel

2 = Ansatz in jeder Trainingsart oder Übung, hat die Pool-Nudel nicht immer ordnungsgemäß angewendet

1 = Ansatz in einigen Trainingsarten oder Übungen, ließ sicheren Umgang mit der Pool-Nudel vermissen

0 = kaum Ansatz in Trainingsarten oder Übungen, ließ sicheren Umgang mit der Pool-Nudel vermissen

Sicherheit:

Die Kinder sollen Kontrolle über die Pool-Nudel haben und sie ordnungsgemäß benutzen. Zeigen Sie ihnen den ordnungsgemäßen Umgang und mögliche Gefahrenquellen.

Tipps und Variationen:

- ✖ Mit der Pool-Nudel zu spielen, macht einfach Spaß – egal, ob im Schwimmbad oder im Sportunterricht. Damit die Kinder das sportliche Ziel nicht aus den Augen verlieren, verwenden Sie den Satz „Benutze die Pool-Nudel, aber verliere nicht den Kopf dabei!"
- ✖ Regen Sie die Kinder zu eigenen Vorschlägen für Dehn- oder Fitnessübungen mit der Pool-Nudel an. Probieren Sie anschließend die Anregungen mit der Pool-Nudel oder den Stühlen aus.

Für zu Hause:

„Was gibt es noch für ganz neue Möglichkeiten, eure Muskelkraft und eure Ausdauer zu trainieren? Denkt daran, dass wir auch die Pool-Nudel aus dem Schwimmbad geholt und uns ein ganz neues Muskeltraining ausgedacht haben. Wenn euch eine neue Trainingsmethode einfällt, führt sie uns vor, nachdem ihr sie zu Hause geübt habt."

Walking-AG

Fitness - Ausdauer

Aktionsstufe: Alle machen aktiv mit.

Fähigkeiten: Ausdauer, technische Fitness

Material:
- Schrittzähler, Tabelle (S. 76)
- Preise, wie z.B. Perlenschnüre, Urkunden, Bänder, …

Motivation: „Habt ihr schon einmal darüber nachgedacht, wie viel ihr eigentlich geht oder eure Beine benutzt? Mal sehen, ob wir das herausfinden können."

Intensität: NMH

Aufbau:

Hier kein Umräumen nötig.

So geht es:

Die Kinder können dieses Training in einer AG absolvieren (regelmäßige Treffen), als Aufwärmübung oder in einer einzigen Unterrichtsstunde. Die Kinder walken und halten ihre erzielten Leistungen fest. Sie selbst können sich eine Tabelle mit allen erzielten Walking-Leistungen anlegen. Die Kinder sollen so viele Schritte wie möglich zusammenbringen. Sie haben das ganze Jahr über dafür Zeit. Als Belohnung für erreichte Schrittzahlen winken den Kindern kleine Preise. Sie können die Leistungen auch würdigen, indem sie die Namen auf ein Blatt an der Wand schreiben.

Zeitpunkt:
- Führen Sie die Übung z.B. zum Aufwärmen für den Unterricht drinnen durch.
- Bieten Sie die Übung wöchentlich als AG an.
- Die Übung kann auch einmal im Monat gemacht werden.

Zeichen der Anerkennung:
- Vergeben Sie Perlenbänder, Urkunden usw. für folgende Leistungen:
  - rot = 1 500 Schritte oder 800 m
  - blau = 3 000 Schritte oder 1,6 km
  - gelb = 4 500 Schritte oder 2,4 km
  - grün = 6 000 Schritte oder 3,2 km
  - lila = 9 000 Schritte oder 4,8 km
- Erwähnen Sie die teilnehmenden Kinder in einem Infobrief, am Schwarzen Brett oder in den Schulnachrichten.
- Halten Sie die Fortschritte der Kinder als km-Umfang in einer Tabelle (S. 76) fest.

Walking-AG

Name	Sept.	Okt.	Nov.	Dez.	Jan.	Feb.	Mär.	Apr.	Mai	Jun.

Walking-AG (Im Detail)

Ziele: **Die Kinder …**

- ➜ absolvieren das Walking-Training für ihre Gesundheit, zum Spaß und weil es eine Herausforderung ist.
- ➜ wenden technische Hilfen an, um sportliche Bewegung genauer messen zu können.
- ➜ wollen von selber regelmäßig am Walking-Training teilnehmen.

Aufwärmen: „Schritt und Schrei" (S. 40) oder „Wer gibt den Ton an?" (S. 25)

Hinweise und Anregungen:

Begleiten Sie die Übungen mit folgenden *Hinweisen*:

- Ihr könnt technische Hilfsmittel benutzen, um eure sportliche Bewegung zu messen. Zählt die Schritte, damit ihr sehen könnt, wie weit ihr es schafft.
- Dein eigener Rekord: Es ist dein Körper und dein sportliches Ziel. Dafür bist nur du wichtig, denn nur du kannst etwas für deine eigenen Ziele, Herausforderungen und deinen Körper tun.
- Wenn dir das Gehen zu langweilig wird, suche dir etwas, was dir mehr Spaß macht, um dein Ziel zu erreichen. Du kannst z.B. die Fortbewegungsart ändern, dich dabei mit einem Freund unterhalten oder dir noch etwas anderes ausdenken.

Beurteilung:

Kategorien

3 = hat mit großem Erfolg so oft wie möglich teilgenommen
2 = hat regelmäßig teilgenommen
1 = hat nicht regelmäßig teilgenommen
0 = hat nicht teilgenommen

Beurteilung der Kinder

- Die Kinder beobachten ihren eigenen Fortschritt.
- Halten Sie die Leistungen der Kinder auch selbst nach.

Sicherheit:

Die Kinder sollen auf andere Kinder und auf unbewegliche Gegenstände im Raum achten.

Tipps und Variationen:

- ✖ Arbeitsgemeinschaften sind in jedem Alter eine interessante Sache. Fördern Sie eine solche AG. Doch unabhängig davon, ob Sie dieses Training zum Aufwärmen, in einer Unterrichtsstunde oder in einer AG absolvieren, stellen Sie immer die Vorteile heraus.
- ✖ Passen Sie die Anzahl der Schritte oder Zielpunkte den Anforderungen der Kinder an. Wenn sie mehr Ansporn brauchen, reduzieren Sie die Bedingung für den ersten Preis. Sind die Ziele zu niedrig gesteckt, legen Sie die Zahlen neu fest, um die Kinder zu fordern.

Für zu Hause:

„Habt ihr schon einmal daran gedacht, zu Hause eine Walking-AG zu gründen? Gründet doch eine mit euren Freunden oder eine in der Pause. Vielleicht hat sogar eure Familie Lust dazu?"

Tae Bo, Pilates und Yoga

Fitness - Ausdauer, Kraft, Beweglichkeit

Aktionsstufe: Alle sind aktiv.

Fähigkeiten: Ausdauer, Kräftigung, Dehnen

Material:
- Fernseher, Videorekorder oder DVD-Player
- Video oder DVD über die Themen: Tae Bo, Pilates, Yoga

Motivation: „Irgendjemand erfindet immer eine neuere, bessere Trainingsmethode. Oft könnt ihr Werbung für so etwas im Fernsehen sehen. Bestimmt gehen ein paar Erwachsene, die ihr kennt, regelmäßig zum Training ins Fitnessstudio. Einige von ihnen benutzen vielleicht auch Videofilme oder eine DVD dafür."

Intensität: **NMH**

Aufbau:

Schauen Sie zuerst, ob Sie etwas umstellen müssen. Wenn ja, stellen Sie es zum Schluss wieder so hin, wie es vorher war.

So geht es:

Jeder trainiert für sich alleine und macht das nach, was auf dem Video oder von Ihnen vorgeführt wird. Die Kinder lernen aktuelle Fitnesstrends kennen und können beurteilen, wie wichtig jede Trainingsmethode für ihre Gesundheit und ihre Fitness ist.

- **Tae Bo:** Ganzkörpertraining. Ausdauer, Krafttraining, Beweglichkeit. Erfordert viel Energie. Den Kindern macht es normalerweise Spaß, weil sie dabei boxen und treten dürfen.
- **Pilates:** Training vom Rumpf ausgehend. Kräftigt und dehnt die Muskulatur.
- **Yoga:** Dehnen und Kräftigen

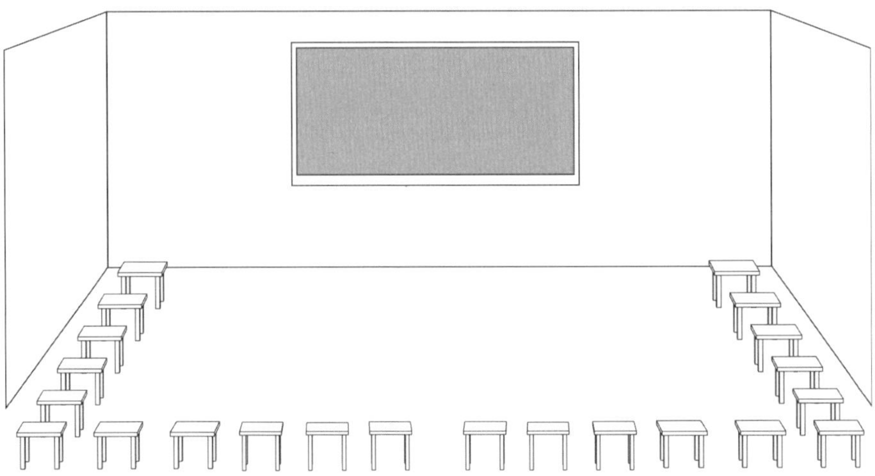

Tae Bo, Pilates und Yoga (Im Detail)

Ziele: Die Kinder führen ein intensives Ausdauer-, Dehn- und Kräftigungstraining durch.

Aufwärmen: Videotrainingsprogramme zeigen üblicherweise auch Aufwärmübungen. Diese sollten etwa drei Minuten der gesamten Trainingszeit in Anspruch nehmen.

Hinweise und Anregungen:

Berücksichtigen Sie folgende *Anregungen*:

- Wie stark strengst du dich an? Überprüfe dies anhand deiner Herzfrequenz.
- Wenn ihr Übungen macht, bei denen ihr die Muskeln über einen längeren Zeitraum anspannt, obwohl ihr weder Gewichte stemmt noch Gewichte bewegt, stärkt ihr eure Körpermuskulatur. Diese Übungen heißen isometrische Übungen.
- Wenn unser Rumpf stark ist, sind wir es auch. Unser Rumpf besteht u.a. aus den geraden und den schrägen Bauchmuskeln. Diese beiden Muskelpartien sind bei fast jeder Übung beteiligt, die wir machen.
- Fragen Sie die Kinder, ob sie wissen, welche Muskelpartien sie gerade trainieren.

Beurteilung:

Kategorien

3 = hat mit größtem Erfolg teilgenommen
2 = hat an allen Übungen teilgenommen
1 = hat an den meisten Übungen teilgenommen
0 = hat nur an wenigen oder gar keinen Übungen teilgenommen

Sicherheit:

Achten Sie darauf, dass die Kinder die Übungen sicher ausführen. Wenn Sie wissen, dass die Kinder eine Übung noch nicht kennen, erklären Sie sie, bevor Sie sie vormachen.

Tipps und Variationen:

- Egal, ob die Kinder die Übungen nachmachen oder sie in einem Videofilm sehen, die Übungen machen ihnen mehr Spaß, wenn es interessant bleibt. Wird das Training langweilig, hören die Kinder irgendwann auf. Bieten Sie ihnen Abwechslung, und folgen Sie sicheren Trends, damit das Interesse erhalten bleibt.
- Auch die Kinder machen abwechselnd die Übungen vor.
- Viertklässler können ihr eigenes Trainingsprogramm entwerfen. Es sollte aus Ausdauer-, Beweglichkeits- und Krafttraining bestehen.

Für zu Hause:

„Habt ihr die Möglichkeit, zu Hause ein Fitnessvideo anzuschauen? Dann probiert es doch mal aus! Könnt ihr mithalten? Wenn ihr keine Möglichkeit habt, macht euch vielleicht ein erwachsenes Familienmitglied ein Fitnessprogramm vor."

Spotech = Sport + Technik

Fitness - Ausdauer

Aktionsstufe: Alle sind die ganze Zeit über beteiligt (Bewegung mindestens einmal pro Minute).

Fähigkeiten: Puls- und Herzschlag anhand technischer Mittel messen, Technik für mehr Präzision verwenden

Material:
- 20 Pylonen
- Schrittzähler, Stoppuhren oder andere technische Geräte

Motivation: „Mit Hilfe der Technik können wir gesünder bleiben. Technik macht viele Dinge einfacher, schneller und zuverlässiger. Denkt bloß einmal daran, wie z.B. Computer schon unser Leben bereichert haben und es spannender machen. Und was würden wir ohne das Fernsehen anfangen? Wir können die Technik auch dazu benutzen, unsere Herzfrequenz zu messen. Das ist zuverlässiger als das Messen mit den Fingern. Außerdem können wir mit technischen Geräten unsere Schritte zählen und messen, wie lange und wie weit wir uns fortbewegt haben."

Intensität: NMH

Aufbau:

Schauen Sie zuerst, ob Sie etwas umstellen müssen. Wenn ja, stellen Sie es zum Schluss wieder so hin, wie es vorher war.

- Markieren Sie mit Klebeband oder mit den Tischen eine Strecke.
- Legen Sie für das Auf- und Ab-Spiel zehn Pylonen auf die Seite, und stellen Sie zehn weitere aufrecht hin.

So geht es:

Wählen Sie eines der hier aufgeführten Spiele, um mit der Technik zu experimentieren.

Zeit-Raten

Die Kinder sollen ca. 20 Sekunden lang schnell auf der Stelle laufen.

- Sie sollen dann raten, wie lange sie gelaufen sind. Wahrscheinlich schätzen sie ein oder zwei Minuten.
- Nun sollen sie so lange laufen, bis sie meinen, 20 Sekunden seien vergangen. Sie können mit einem Partner zusammenarbeiten, wobei der eine die Zeit stoppt und der andere läuft. Überprüfen Sie die Zeit auch mit einer Stoppuhr.

Linien-Fangen

- Markieren Sie mit Klebeband oder den Tischen aus dem Klassenzimmer eine Strecke im Raum.
- Ein Kind wird ausgewählt. Es ist der Fänger.
- Wenn es jemanden fängt, muss derjenige dort auf der Linie stehen bleiben, wo er gefangen wurde.

Spotech = Sport + Technik

- Die Gefangenen dürfen alle abschlagen, die in Reichweite kommen.
- Wird jemand gefangen, springt derjenige 10-mal auf der Stelle auf und ab.
- Fragen Sie die Kinder nach dem Spiel, wie oft sie springen mussten. Sie wissen es wahrscheinlich nicht.
- Wiederholen Sie das Spiel mit Schrittzählern. Diesmal wissen die Kinder genau, wie oft sie gesprungen sind, da Schrittzähler präzise die Bewegungen messen.
- Führen Sie dieses Spiel durch, und lassen Sie die Kinder dabei mit Pulsmessern ihre Pulsfrequenz messen.

Auf- und Ab-Spiel

- Legen Sie zehn Pylonen auf die Seite, und stellen Sie zehn weitere aufrecht hin. Das „Auf-Team" soll alle Pylonen aufstellen, das „Ab-Team" soll alle weiteren umwerfen.
- Die Hälfte der Klasse schaut eine Minute lang zu, während die andere Hälfte spielt.
- Nach einer Minute wechselt das „Auf-" mit dem „Ab-Team", und nach einer weiteren Minute wechseln die beiden Klassenhälften die Rollen usw.
- Überprüfen Sie nach jedem einminütigen Durchgang den Puls. Dies kann anhand eines Pulsmessers gemacht werden.
- „Messt euren Puls ab jetzt!"
- Die Kinder sollen auch die Anzahl ihrer Schritte messen. Dazu überprüfen sie vor und nach dem Spiel den Schrittzähler. Die Kinder können auch selbst mitzählen und ihr Ergebnis mit dem des Schrittzählers vergleichen.

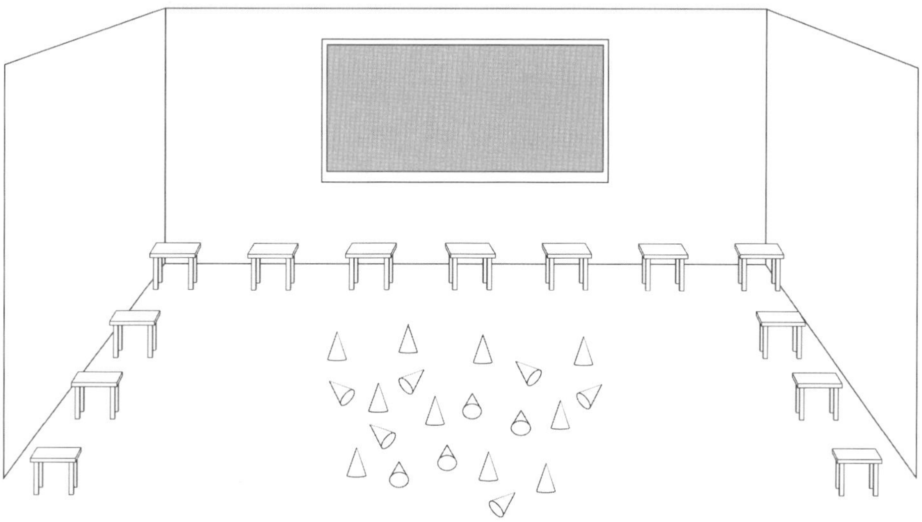

Spotech = Sport + Technik (Im Detail)

Ziele: **Die Kinder …**
- ➜ messen sportliche Bewegung anhand technischer Geräte.
- ➜ messen die Zeit ihrer Bewegung anhand technischer Geräte.
- ➜ messen während der Bewegung ihre Pulsfrequenz anhand technischer Geräte.

Aufwärmen: „Laufen und Schreien“ (S. 38) oder „Schritt und Schrei“ (S. 40)

Hinweise und Anregungen:

Begleiten Sie die Übungen mit folgenden *Hinweisen*:
- Messt euren Puls sechs Sekunden lang am Handgelenk oder an der Halsschlagader. Wenn ihr eine 0 ans Ende hängt, wisst ihr, wie oft das Herz innerhalb einer Minute schlägt.
- Lasst auch den Schrittzähler laufen, damit ihr seht, wie viele Schritte oder Sprünge ihr gemacht habt.

Berücksichtigen Sie folgende *Anregungen*:
- Zwar können wir unsere sportliche Bewegung und unsere Herzfrequenz auch selber messen, aber das ist meistens nicht so genau wie bei einem technischen Messgerät.
- Mit technischen Mitteln können wir Zeit bei der Durchführung unserer Aktivitäten einsparen. Außerdem sind die Ergebnisse zuverlässiger.
- Könnt ihr euch Laufwettbewerbe ohne Stoppuhr vorstellen? Die Rekorde hätten nicht sehr lange Bestand. Plötzlich würden überall Weltrekorde gebrochen.

Bezug zu anderen Themen:
- Naturwissenschaften: Technologie
- Mathematik: Zählen, Schätzen

Sicherheit:

Beim Spiel „Linien-Fangen“ und beim Spiel „Auf-und-Ab“ sollen die Tische und Stühle zur Markierung der Strecke dienen und die Kinder nicht behindern. Achten Sie darauf, dass die Kinder sich nicht an scharfen Ecken und Kanten oder anderen Möbelteilen verletzen.

Spotech = Sport + Technik (Im Detail)

Beurteilung: ....

Kategorien

3 = hat die Bedeutung der Technik erkannt und mit Erfolg an den Übungen teilgenommen

2 = hat die Bedeutung der Technik erkannt und alle Übungen versucht

1 = hat die Bedeutung der Technik wahrgenommen und an einigen Übungen teilgenommen

0 = hat die Bedeutung der Technik nicht erfasst und an kaum einer Übung teilgenommen

Tipps und Variationen:

- Beginnen Sie den Unterricht, indem Sie die Kinder dabei stoppen, wie sie sich möglichst schnell hinsetzen oder aufstehen. Die Kinder haben den Ehrgeiz, Ihnen zu zeigen, wie gut sie sind und sich so schnell wie möglich zu bewegen.
- Kinder der Klassen 3 und aufwärts sind in der Lage, Schrittzähler und Stoppuhren zu benutzen. Viele Zweitklässler können das auch schon, doch Sie sollten die Entscheidung danach treffen, was die Kinder zu dem Zeitpunkt schon für Vorkenntnisse haben.
- Ältere Kinder werden sicherlich dazu in der Lage sein, Herzfrequenzmesser und Pulsmesser zu benutzen. Falls dies auch auf die jüngeren Kinder zutrifft, dürfen sie ebenfalls die Übung vornehmen.

Für zu Hause:

„Macht zu Hause das Gleiche, was ihr hier im Unterricht gemacht habt. Folgendes könnt ihr mit eurer Familie und mit Freunden ausprobieren:

- Wie lange dauert es, den Abendbrottisch zu decken?
- Schätzt mal, wie viele Schritte ihr in fünf Minuten schafft. Dann probiert es selbst aus.
- Wie schnell könnt ihr die Treppe hinauflaufen?"

Es kommt auf dich an!

Fitness

Aktionsstufe: Alle machen mit.

Fähigkeiten: Krafttraining, Beweglichkeit und Ausdauer

Material:
- CD und CD-Player, rhythmische Musik, wie z.B. Rocky („Eye of the Tiger" von Survivor), „Chariots of Fire" (Vangelis) etc.
- Bewegungskalender (S. 86)

Motivation: „Wenn wir gesund bleiben, nicht dick werden und stark bleiben wollen, müssen wir uns mindestens 60 Minuten am Tag sportlich bewegen. Aber wir haben nicht jeden Tag Sportunterricht. Was tut ihr also alleine, um die 60 Minuten pro Tag vollzukriegen? Eines Tages habt ihr keine Schule und keinen Lehrer mehr, der euch vorsagt, was ihr machen sollt oder euch euer Fitnessprogramm vorgibt. Schafft ihr es, euer eigenes Fitnessprogramm zu erstellen, um fit zu bleiben und das Bewegungsziel zu erreichen?"

Intensität: NMH

Aufbau:

Schauen Sie zuerst, ob Sie etwas umstellen müssen. Wenn ja, stellen Sie es zum Schluss wieder so hin, wie es vorher war. Es muss nichts aufgebaut werden.

So geht es:

Die Kinder sollen einen Monatsplan mit Sportaktivitäten erstellen (siehe S. 86). Damit sollen sie ihre Ziele erreichen und sich 60 Minuten am Tag sportlich bewegen.

Folgende Richtlinien sollen Sie dabei im Hinterkopf behalten:

- Steigert euren Herzschlag jeden Tag auf mindestens 130 Schläge pro Minute.
- Trainiert alle Körperregionen.
- Bringt alle Fitnessbereiche in eure Übungen ein:
  - Ausdauer, Muskelausdauer und Muskelkraft, Ernährung, Beweglichkeit
  - Wendigkeit, Reaktionsvermögen, Schnelligkeit, Gleichgewicht
- Schreibt eine Zielvereinbarung an den unteren Rand des Kalenders. Lest sie mindestens einmal in der Woche, und prüft nach, ob ihr diese auch einhaltet.
- Macht einen Hampelmann, einen Sit-up und eine Liegestütze nach Beendigung des täglichen Trainingsprogramms.
- Bittet eine andere Person, euren Bewegungskalender zu überprüfen. Er oder sie soll die Fitnessbestandteile beurteilen und feststellen, ob die Übungen Spaß machen und euch zu eurem Ziel bringen.

Es kommt auf dich an! (Im Detail)

Ziele: **Die Kinder …**
- ➜ lernen, selbst Verantwortung für ihre Fitness und für ihre sportliche Bewegung zu übernehmen.
- ➜ setzen sich selbst ein Ziel. Außerdem erstellen sie einen einmonatigen Plan für ein tägliches Trainingsprogramm von 60 Minuten.

Aufwärmen: „Hampelmann und Hampelfrau" (S. 30) oder „Übungskarten-Wettbewerb" (S. 22)

Hinweise und Anregungen:

Begleiten Sie die Übungen mit folgenden *Hinweisen*:
- Achtet darauf, dass eure Bewegungseinheit 60 Minuten lang andauert.
- Wenn ihr euren Plan erstellt, richtet alle Übungen auf euer Ziel aus.

Berücksichtigen Sie folgende *Anregungen*:
- Spaß muss sein! Das dürfen die Kinder beim Erstellen ihrer Pläne nicht vergessen. Denn wenn der Sport Spaß macht, wollen sie auch weiter trainieren und aktiv bleiben. Macht es ihnen keinen Spaß, wird ihnen auch die nötige Motivation zum Weitermachen fehlen.
- Die Kinder sollen sich gegenseitig beurteilen. Sie können sich untereinander kontrollieren und kommentieren, was der jeweilige Partner macht.

Beurteilung:

Kategorien

3 = hat einen Plan mit Zielen und interessanten Aktivitäten erstellt
2 = hat einen Plan mit Zielen und Aktivitäten erstellt
1 = hat einen Plan ohne besondere Ziele oder interessante Aktivitäten erstellt
0 = hat keinen Plan fertig gestellt

Sicherheit:

Kontrollieren Sie, ob die Übungen der Kinder sicher ausgeführt werden.

Es kommt auf dich an! (Im Detail)

Tipps und Variationen:

- Erstellen Sie Ihren eigenen Plan, und zeigen Sie ihn den Kindern als Beispiel, bevor diese mit ihrem beginnen. Erklären Sie dabei, warum Sie sich welche Übungen ausgedacht haben und wie sie mit Ihrem Ziel zusammenhängen.
- Jüngere Kinder können auch gemeinschaftlich einen Plan erstellen. Dazu trägt jeder seine Anregungen bei. Halten Sie den Plan schriftlich fest, und kopieren Sie ihn für alle. Beim nächsten Unterricht verteilen Sie ihn dann an die Kinder.

Für zu Hause:

„Denkt euch fürs Wochenende Übungen aus, die ihr 60 Minuten lang an jedem Tag machen könnt."

„Beispiel für einen Wochenplan"

Montag	Dienstag	Mittwoch	Donnerstag	Freitag
Basketball-training	Sportunter-richt, Fangen spielen in der Pause	Radfahren, Fahnen-Fangen, Räuber und Gendarm in der Pause	Sportunter-richt, Inliner-fahren	Sportunter-richt, Fußball in der Pause

Montag	Dienstag	Mittwoch	Donnerstag	Freitag	Gesamtzeit
Montag	Dienstag	Mittwoch	Donnerstag	Freitag	Gesamtzeit
Montag	Dienstag	Mittwoch	Donnerstag	Freitag	Gesamtzeit
Montag	Dienstag	Mittwoch	Donnerstag	Freitag	Gesamtzeit
Mein Fitness-Ziel lautet:					

3 Bewegen und Turnen

Wie würde ich mich fortbewegen, wenn ich meinen rechten Fuß vor mich auf die Erde setze und mein Gewicht dann auf den linken Fuß verlagere, während dieser sich am rechten Fuß vorbei und dann vor ihn schiebt? Wenn Kinder dazu in der Lage sind, sich vorzustellen und zu verstehen, was ihr Körper warum tut, können sie bestimmte Fähigkeiten entwickeln. Mit diesen können sie dann viele Sportarten und thematische Übungen ausführen.

Der Bewegungsablauf, den ich soeben beschrieben habe, ist das Gehen. Wenn Kinder den Raum, räumliche Beziehungen zwischen sich und anderen Objekten wahrnehmen und ihren Krafteinsatz entsprechend dosieren können, dann stehen ihnen die grundlegenden Elemente für eine gelungene Bewegung zur Verfügung. Wenn wir die Bewegungsfähigkeit der Kinder schulen, stellen wir für sie eine wichtige Verbindung zum Körperbewusstsein und zur Koordination her.

Autobahn im Klassenraum

Bewegung – Bewegungsabläufe, Raumwahrnehmung

Aktionsstufe: Alle machen aktiv mit.

Fähigkeiten: den Raum wahrnehmen, Gruppen bilden, Richtungsangaben umsetzen

Material:
- CD-Player und CD
- ein großer Gummiring oder ein Hula-Hoop-Reifen für jeden

Motivation: „Auf zur Autobahn! Unser Klassenraum ist soeben zu einer stark befahrenen Autobahn geworden. Sie ist voll mit vorbeiflitzenden Autos, Verkehr und Verkehrszeichen, und ihr habt einen Führerschein! Ihr müsst alles unter Kontrolle haben! Schafft ihr es, ohne Zusammenstöße über die Klassenraumautobahn?"

Intensität: NMH

Aufbau:

Schauen Sie zuerst, ob Sie etwas umstellen müssen. Wenn ja, stellen Sie es zum Schluss wieder so hin, wie es vorher war.

So geht es:

Jedes Kind bekommt einen Reifen oder Ring als Lenkrad. Wenn die Musik einsetzt, fahren alle Autos los. Die Kinder sollen auf ihre Zeichen und Anweisungen reagieren. Später können sie Straßenkarten entwerfen. Ältere Kinder dürfen Himmelsrichtungen mit einbeziehen (z.B. Osten und Westen) und Legenden und Kilometerangaben auf den Karten einsetzen.

Die Kinder sollen sich die Farbe und die Marke ihres Autos aussuchen:

Wenn Sie ein bestimmtes Auto aufrufen, sollen die Kinder mit den entsprechenden Bewegungshandlungen reagieren. Variieren Sie die Handlungen für die verschiedenen Farben und Marken, damit die Kinder sich in alle möglichen Richtungen bewegen:

- Fahre vorwärts!
- Stopp!
- Langsamer – es herrscht Berufsverkehr!
- _______ Autos überholen links (wiederholen Sie dies für jede Automarke und -farbe)!
- Du bist zu Hause. Fahre rückwärts in eine Parklücke (ein Tisch).

Denken Sie sich eine bestimmte Strecke aus:

- ein Autobahnring (jeder fährt außen um alle Tische herum)
- eine Stadt (die Straßen führen zwischen den Tischen hindurch)
- _______ Autos fahren an einer Ausfahrt ab. Die Kinder müssen jeweils bestimmte Übungen an den Ausfahrten machen.
- Tanken! Verlasse die Autobahn, und mache in einer Ecke 20 Liegestütze.
- Hunger! Auf zum nächsten Restaurant. Bevor du wieder auf die Autobahn auffährst, mache 40 Hampelmänner.
- Pause! Du brauchst eine Pause, also lege dich hin, und mache 20 Sit-ups.

Autobahn im Klassenraum

- Platter Reifen! Ups, du musst den Reifen wechseln. 30-mal Armkreisen – vorwärts, rückwärts, nach vorne gestreckt und nach oben.
- Toilettenpause! Laufe eine Minute lang auf der Stelle, denn vor der Toilette steht eine Schlange und du musst sehr nötig.

Geben Sie folgende Anweisungen:

- Bewege dich möglichst niedrig und beuge die Knie, damit du nah am Boden bleibst.
- Bewege dich möglichst aufrecht und auf den Zehenspitzen.
- Unebene Straßen: Springe!

Variieren Sie die Handlungen für die verschiedenen Farben und Marken, damit die Kinder sich in alle möglichen Richtungen bewegen (an den Leerstellen Farbe und Marke einsetzen)**:**

- ____ Autos machen einen U-Turn (eine 180°-Wende)
- ____ Autos biegen rechts ab.
- ____ Autos biegen links ab.
- ____ Autos fahren langsam (hüpfen).
- ____ Autos fahren schnell (hopsen).
- ____ Autos fahren mit erhöhter Geschwindigkeit (schnell ein- und ausscheren)
- ____ Autos fahren spazieren (gehen).
  Zeichnen Sie Richtungsmuster auf Papier, denen die Autos folgen müssen: Zickzack, Kurven, Kreise, gerade Linien. Die Kinder sollen sich gegenseitig Strecken aufzeichnen. Sie sollen Osten, Westen, Süden, Norden, Umleitungen, Stoppschilder, Tunnel und Wasserstraßen einsetzen.

Jetzt kommt eine Autokolonne: auf Ihr Kommando sollen die Kinder folgende Anweisungen befolgen (an den Leerstellen Farbe und Marke einsetzen)**:**

- ____ fahren vorwärts hintereinander her.
- ____ fahren hintereinander im Kreisverkehr her.
- ____ fahren rückwärts hintereinander her.
- ____ scheren ein und aus.

Von zwei Partnern führt der eine den anderen, indem er ihm Richtungsanweisungen gibt. Der andere hält die Augen geschlossen. Nach zwei Minuten tauschen die Partner die Rollen.

- Der Fahrer soll Zusammenstöße vermeiden.
- Falls es doch zum Zusammenstoß kommt, wird der Richtungsanweiser verwarnt.
- Beim zweiten Zusammenstoß bekommt der Fahrer eine Verwarnung.
- Beim dritten Zusammenstoß gibt es eine Anzeige.
- Beim vierten Zusammenstoß gibt es einen Totalschaden, und Fahrer und Anweiser müssen sich hinsetzen.

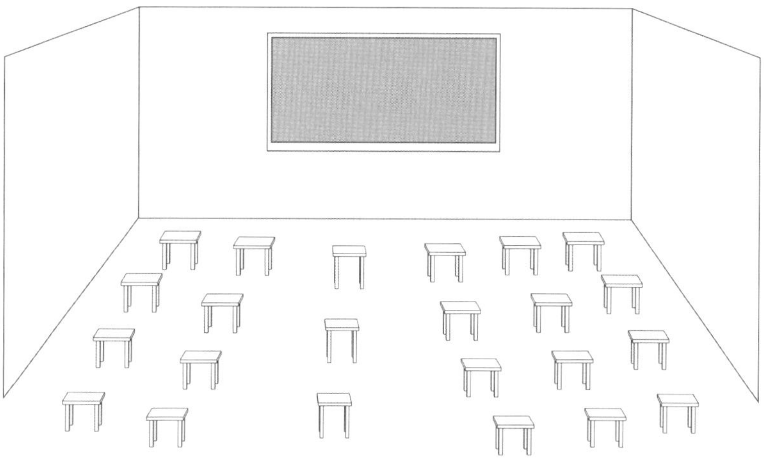

Autobahn im Klassenraum (Im Detail)

Ziele: **Die Kinder …**
- ➜ folgen freien Straßen und denken sich auch solche aus.
- ➜ arbeiten als Team zusammen, um ein Ziel zu erreichen.
- ➜ setzen ihre Fantasie ein, während sie sich auf ihre Leistung, Ebenen, Richtungen und räumlichen Abstand konzentrieren.

Aufwärmen: „Tumult im Obstkorb" (S. 28)

Hinweise und Anregungen:

Begleiten Sie die Übungen mit folgenden *Hinweisen*:
- Sucht nach freien Stellen, um Zusammenstöße zu vermeiden.
- Was bist du? Setze deine Fantasie ein, um den Gegenstand zu verkörpern und deine Rolle zu spielen.

Berücksichtigen Sie folgende *Anregungen*:
- Achte auf die unterschiedlichen Geschwindigkeitsstufen: schnell, langsam, allmählich langsamer werdend, schnelles Bremsen, …
- Die Sicherheit der anderen ist wichtig!
- Ahnt eventuelle Behinderungen oder freie Wege voraus.

Bezug zum Sachunterricht:
Himmelsrichtungen, Karten lesen

Beurteilung:

Kategorien
- 3 = hat alle Aufgaben erfüllt, achtete auf Sicherheit und half anderen, die markierten Wege zu finden
- 2 = hat fast alle Aufgaben erfüllt und auf Sicherheit geachtet
- 1 = hat alle Aufgaben versucht, sich jedoch keine besondere Mühe dabei gegeben, achtete auf Sicherheit
- 0 = hat nur einige Aufgaben versucht und nicht auf Sicherheit geachtet

Sicherheit:

Sprechen Sie die Themen Zusammenstöße und Geschwindigkeit an. Bevor die Kinder sich in Bewegung setzen, stellen Sie strenge Regeln und eventuelle Konsequenzen auf. Erklären Sie, wie wichtig eine sichere Fahrweise ist. Die Kinder müssen gegenseitig aufeinander Acht geben und damit rechnen, dass nicht alle Fahrer die anderen sehen. Betonen Sie, wie wichtig es ist, Unfälle zu vermeiden.

Tipps und Variationen:

- ✖ Legen Sie die Musik ein, sodass die Kinder losfahren können. Sie fahren im Raum zunächst „spazieren". Sie sollen sich geräuschvoll auf die Autobahn zubewegen und hupen oder einander zuwinken, während sie auf den Autobahnring fahren.
- ✖ Die Kinder sollen sich unterschiedliche Automarken und Situationen ausdenken. Ein Kind kann z.B. ein sportlicher roter Flitzer sein, der aus einer Parklücke ausschert, auf den Autobahnring zufährt und plötzlich im Berufsverkehr feststeckt.

Für zu Hause:

„Entwerft eine Straßenkarte. Kommen eure Freunde und die Familie mit den Straßen und Hindernissen zurecht?"

Bewegungswechsel

Bewegung – Bewegungsabläufe, Raumwahrnehmung

Aktionsstufe: Alle machen mit.

Fähigkeiten: Bewegungsabläufe wahrnehmen und umsetzen

Material:
- CD-Player und CD
- Tabelle (S. 93)
- Kartenspiel

Motivation: „Geht mit mir herum. Schafft ihr es, euch so zu bewegen wie ich?"

Intensität: NMH

Aufbau:

Schauen Sie zuerst, ob Sie etwas umstellen müssen. Wenn ja, stellen Sie es zum Schluss wieder so hin, wie es vorher war.

So geht es:

Die Kinder gehen schon mit Ihnen im Raum herum. Nun sollen sie unterschiedliche Fortbewegungsabläufe wahrnehmen und umsetzen, indem sie die Richtung wechseln und Abstand einhalten.

Geben Sie Anweisungen, während die Kinder der Musik und Ihren Anweisungen folgen. Halten Sie alle 15 Sekunden inne. Auch die Kinder müssen dann anhalten. Mischen Sie die Karten:

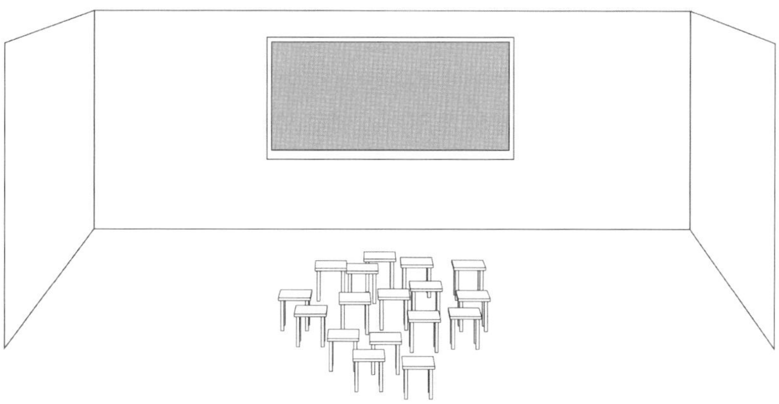

- Die Mitspieler gehen in die Mitte und nehmen eine Karte vom Stuhl oder Tisch. Sie legen sie sofort wieder hin und verlassen die Zimmermitte wieder.
- Die Mitspieler machen die Übung, die dem entsprechenden Kartenwert zugeordnet ist. Erstellen Sie eine Tabelle mit Übungen wie auf S. 93.
- Bei jüngeren Kindern mischt ein Freiwilliger die Karten und zieht eine davon für die ganze Klasse. Alle führen die dazugehörige Übung aus, die sie auf der Tabelle sehen.
- Älteren Kindern macht es mehr Spaß, wenn jeder seine eigene Übung ausführt. Diese Vorgehensweise erfordert einen größeren Abstand, damit Zusammenstöße vermieden werden.

Bewegungswechsel (Im Detail)

Ziele: **Die Kinder ...**
- ➜ bewegen sich auf verschiedene Arten fort, so gut sie können.
- ➜ zeigen, dass sie Fortbewegungsarten bei sich selbst und bei anderen analysieren, bewerten und verbessern können.
- ➜ ändern ihr Tempo, die Richtung und ihre Höhe, wenn nötig.
- ➜ stellen fest, dass dieses Training sehr intensiv ist. Sie können es anhand ihrer Herzfrequenz messen.

Aufwärmen: Die Kinder gehen mit Ihnen im Raum herum, ohne an Stühle, Tische oder andere Hindernisse zu stoßen.

Hinweise und Anregungen:

Begleiten Sie die Übungen mit folgenden *Hinweisen*:
- Bewegt euch nur so fort, wie auf der Karte beschrieben.
- Führt die Bewegungen korrekt aus, indem ihr die Kriterien erfüllt, und achtet außerdem darauf, ob die anderen das ebenfalls tun.
- Mäßigt euer Tempo so, dass ihr sofort anhalten könnt, wenn ihr meine Anweisung hört.

Berücksichtigen Sie folgende *Anregungen*:
- Die Kinder sollen ihr Tempo so unter Kontrolle haben, dass sie dabei noch die vorgeschriebene Fortbewegungsart korrekt ausführen können.
- Die Kinder sollen freie Straßen benutzen und ihr Tempo so anpassen, dass sie sich sicher in der Umgebung und ohne Zusammenstöße bewegen können. Falls nötig, sollen sie andere vorsichtig überholen und oder langsamer werden bzw. an die Seite fahren.
- Die Kinder sollen die Fortbewegungsart eines Partners analysieren, beurteilen und sie ggf. verbessern.

Sicherheit:

Die Kinder müssen ihr Tempo unter Kontrolle haben. Sie dürfen nicht einfach auf die Tische und Stühle in der Mitte zustürzen, um die Karten aufzunehmen. Sie müssen sich rücksichtsvoll aus der Mitte entfernen, sobald sie ihre Karte angesehen haben.

Beurteilung:

Kategorien

3 = hat alle Fortbewegungsarten und Bewegungen korrekt ausgeführt, ist sicher und kooperativ im Umgang mit anderen

2 = hat alle Fortbewegungsarten und Bewegungen ausgeführt, ist sicher und kooperativ im Umgang mit anderen

1 = hat die meisten Fortbewegungsarten und Bewegungen ausgeführt, hat sich nicht immer sicher und kooperativ gegenüber anderen verhalten

0 = hat die meisten Aufgaben nicht erfüllt

Bewegungswechsel (Im Detail)

Keine Turnhalle?

Karte	Handlung
2	Gehen
3	Hopsen
4	Springen
5	Galoppieren
6	Hüpfen
7	Gleiten
8	Schrittsprung machen
9	Auf Zehenspitzen gehen
10	Freie Auswahl
Bube	Gleich bleibende Bewegung, niedrige Intensität
Dame	Gleich bleibende Bewegung, mittlere Intensität
König	Gleich bleibende Bewegung, hohe Intensität
Ass	Gleich bleibende Bewegung, Intensität deiner Wahl
Kreuz	Gleich bleibende Bewegung, vorwärts
Herz	Gleich bleibende Bewegung, rückwärts
Karo	Gleich bleibende Bewegung, seitwärts
Pik	Gleich bleibende Bewegung, auf der Stelle

Kein Problem!

Tipps und Variationen:

- Mischen Sie die Karten zu Beginn des Unterrichts so, als ob sie einen Zaubertrick vorführen wollten. Dies erzeugt Spannung bei den Kindern. Sie fragen sich, warum Sie die Karten mischen, was das mit Sportunterricht zu tun hat und wann sie endlich mitmachen dürfen!
- Erstellen Sie eine Liste mit wichtigen Kriterien für die verschiedenen Fortbewegungsarten. Damit sollen die älteren Kinder ihre eigenen Bewegungsmuster und die der anderen beurteilen können:
  - **Springen:** Beine geschlossen halten
  - **Hüpfen:** nur ein Bein benutzen
  - **Schrittsprung machen:** aus dem Stand auf ein Bein springen
  - **Hopsen:** Schritt, mit links hüpfen, Schritt, mit rechts hüpfen
  - **Galoppieren:** Der linke Fuß bleibt vorne, während der rechte Fuß sich annähert, dann macht der linke Fuß wieder einen Schrittsprung nach vorne.
  - **Gleiten**: Der rechte Fuß macht einen Schritt zur Seite und der linke gleitet seitwärts heran. Der rechte Fuß führt immer.

Für zu Hause:

„Mische einen Stapel Spielkarten. Ein Familienmitglied nennt dir eine Bewegungsart und nimmt eine Karte. Du musst dann die Anzahl an Wiederholungen machen, die die gewählte Karte vorsieht. Am besten macht das Familienmitglied selbst auch noch mit!"

Probefahrt – Bewegung beurteilen

Bewegung - Bewegungsabläufe, Raumwahrnehmung

Aktionsstufe: Alle machen mit.

Fähigkeiten: Bewegungsabläufe wahrnehmen und umsetzen, den Raum wahrnehmen

Material:
- CD-Player und CD
- Gummiring oder Hula-Hoop-Reifen für jeden
- Probefahrt-Beurteilungsbogen (S. 95) und Bleistift für jeden

Motivation: „Wie gut könnt ihr euch auf unterschiedliche Weise fortbewegen und die Richtung wechseln? Stellt euch vor, ihr wärt ein Auto, mit dem jemand eine Probefahrt macht, um zu sehen, wie gut es fährt. Zeigt ihm, wie gut ihr euch bewegen könnt – genau so, als würdet ihr eine Probefahrt machen!"

Intensität: NMH

Aufbau:

Schauen Sie zuerst, ob Sie etwas umstellen müssen. Wenn ja, stellen Sie es zum Schluss wieder so hin, wie es vorher war.

So geht es:

Ein Mitspieler unternimmt mit einem anderen eine Probefahrt. Einer der beiden muss die Übungen ausführen, während der andere sie auf einer Checkliste abhakt und beurteilt, wie gut er sie kann. Geben Sie jedem Einzelnen einen Beurteilungsbogen.
Die beiden wechseln sich mit ihren Aufgaben ab. Machen Sie die einzelnen Übungen vor, denn die Kinder erinnern sich vielleicht nicht mehr genau daran, wie sie sie korrekt ausführen sollen.
Wenn sie z.B. durch einen Tunnel fahren, müssen die Mitspieler sich auf niedriger Höhe bewegen und die Knie beugen, um möglichst nah am Boden zu bleiben. Um eine Brücke zu überqueren, müssen die Mitspieler sich möglichst aufrecht bewegen und auf Zehenspitzen gehen. Um genau nach der kurvigen Linie auf dem Zettel zu fahren, müssen die Mitspieler den Anweisungen ihres Partners folgen – z.B. „scharfe Rechtskurve, enge Linkskurve, scharfe Linkskurve" usw.

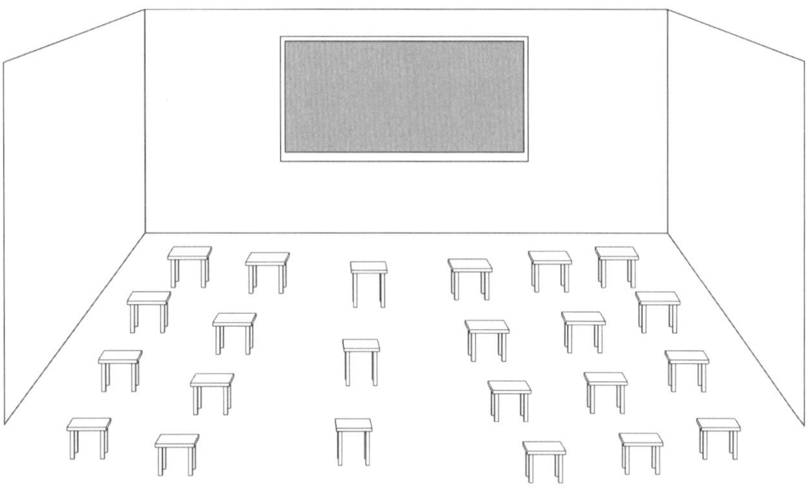

Probefahrt – Beurteilungsbogen

Richtungsbewegungen

_____ alle fünf Schritte rechts abbiegen

_____ alle fünf Schritte links abbiegen

_____ dieser Linie folgen 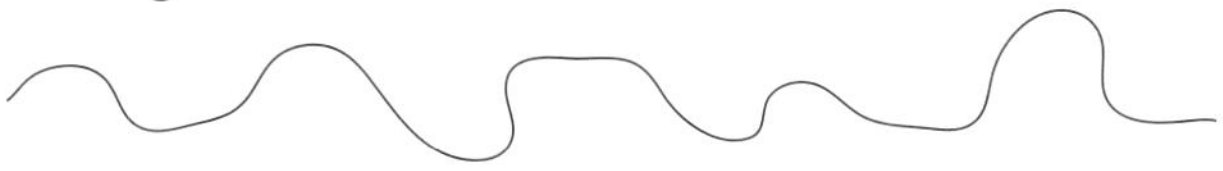

Anhalten

_____ kann bei langsamem Tempo innerhalb von zwei Sekunden anhalten

_____ kann bei mittlerem Tempo innerhalb von drei Sekunden anhalten

Fahren, Überprüfung der Fortbewegungsarten

_____ durch den Raum hopsen (vorderes Bein abwechseln)

_____ durch den Raum hüpfen (auf einem Bein)

_____ durch den Raum galoppieren (vorderes Bein bleibt dasselbe)

_____ durch den Raum springen (mit geschlossenen Beinen)

_____ durch den Raum gleiten (seitwärts bewegen, führendes Bein bleibt dasselbe)

Bewegungsebenen

_____ durch den Tunnel fahren (niedrig)

_____ über eine Brücke fahren (hoch)

Probefahrt

_____ Augen schließen und den Anweisungen des Partners folgen

_____ rücksichtsvoll und vorsichtig

_____ Fahrer war geduldig und rücksichtsvoll, sodass andere Fahrer sicher fahren konnten

_____ Fahrer hatte keinen Unfall

Auswertung

16 Häkchen = hervorragender Fahrer

13–15 Häkchen = guter Fahrer

10–12 Häkchen = mittelmäßiger Fahrer, muss noch üben

9 oder weniger Häkchen = vermeide die Straße, bis du besser fahren kannst

Probefahrt – Bewegung beurteilen (Im Detail)

Ziele: **Die Kinder …**
- ➜ analysieren und beurteilen Fortbewegungsarten bei sich selbst und anderen nach festgesetzten Kriterien.
- ➜ demonstrieren ihre besten körperlichen und geistigen Fähigkeiten.

Aufwärmen: „Übungskarten-Wettbewerb" (S. 22)

Hinweise und Anregungen:

Begleiten Sie die Übungen mit folgenden *Hinweisen*:
- Gebt eurem Probefahrer hilfreiche und aufmunternde Ratschläge, damit er seine Bewegungen verbessern kann und ein besserer Fahrer wird.
- Erfüllt die Kriterien und Anweisungen so gut wie möglich, damit ihr Zusammenstöße und Strafanzeigen vermeidet.

Berücksichtigen Sie folgende *Anregungen*:
- Wenn ihr andere beurteilt, könnt ihr euch auch selbst verbessern.
- Es ist sowohl beim Autofahren als auch sonst im Leben wichtig, rücksichtsvoll, vorsichtig und hilfsbereit zu sein. Die Kinder sollen sich stets so verhalten, wie sie auch von anderen behandelt werden wollen. Wenn sie dies nicht tun, könnte es zu Unfällen oder unangenehmen Situationen kommen.

Sicherheit:

Die Kinder sollen nicht mit Absicht versuchen, zusammenzustoßen. Machen Sie ihnen das vor Beginn des Spieles deutlich.

Beurteilung:

Kategorien

3 = 16 Punkte im Test; zeigte sich hilfreich und aufmunternd bei der Beurteilung anderer

2 = 13–15 Punkte im Test; zeigte sich hilfreich und aufmunternd bei der Beurteilung anderer

1 = 9–12 Punkte im Test; zeigte sich manchmal hilfreich und aufmunternd bei der Beurteilung anderer

0 = 8 oder weniger Punkte im Test; führte die Beurteilung anderer nicht zufriedenstellend durch

Tipps und Variationen:

Erzählen Sie den Kindern lustige Geschichten von schlechten Autofahrern, die nicht genug Abstand gehalten haben. Beschreiben Sie eine Situation, in der sich jemand Ihnen gegenüber im Straßenverkehr rücksichtsvoll verhalten hat.

Für zu Hause:

„Wenn ihr das nächste Mal mit eurer Familie irgendwo hinfahrt, analysiert auf höfliche Weise deren Fahrverhalten. Seid dabei so freundlich und ermutigend, wie ihr es gelernt habt, damit sie sich verbessern können."

Zirkus

Turnen – Rollen, Balancieren, Raumwahrnehmung

Aktionsstufe: Alle machen aktiv mit.

Fähigkeiten: Springen, sicheres Landen, Balancieren, Rollen

Material:
- zwei Turnmatten
- ein Hula-Hoop-Reifen
- 18 Tücher und Reissäckchen
- CD-Player und CD

Motivation: „Der Zirkus ist in der Stadt, bzw. hier bei uns im Klassenzimmer! Stellt euch mal vor, dass wir bei der nächsten Vorstellung mitmachen können! Wenn ihr gut balancieren könnt, bekommt ihr einen eigenen Showteil!"

Intensität: NMH

Aufbau:

Schauen Sie zuerst, ob Sie etwas umstellen müssen. Wenn ja, stellen Sie es zum Schluss wieder so hin, wie es vorher war.

So geht es:

Die Mitspieler tun so, als ob sie in einem Zirkus auftreten würden. Jede Station soll Teil eines Zirkus mit fünf Arenen sein. Spielen Sie dazu z.B. typische Zirkusmusik ein.

- **Station 1: Reifenspringen.** Die Kinder sollen sich vorstellen, dass sie durch einen brennenden Reifen springen. Sie halten sich gegenseitig den Hula-Hoop-Reifen hoch und versuchen, hindurchzuspringen, ohne ihn zu berühren. In jeder Runde können sie die Höhe und den Winkel verändern.
- **Station 2: Zirkustiere.** Wie richtige Zirkustiere sollen die Kinder deren Bewegungen nachmachen, wie z.B. den Gang von Bären oder Enten, einen Bocksprung, einen Wurm oder einen Seehund (Matten benutzen bei Bodenübungen!).
- **Station 3: Akrobaten.** Die Kinder rollen und verlagern dabei ihr Körpergewicht.
  - Eierrolle (Der Körper ist eingerollt, das Gewicht verlagert sich vom Rücken über die linke Seite, den linken Arm und das linke Bein über die Knie, zur rechten Seite, dem rechten Arm und dem rechten Bein wieder zum Rücken).
  - Baumstammrolle (Der Körper ist ausgestreckt, das Gewicht verlagert sich vom Rücken über die linke Seite, den linken Arm und das linke Bein zum Bauch, zur rechten Seite, dem rechten Arm und dem rechten Bein wieder zum Rücken).
  - Rolle vorwärts
  - Rolle rückwärts

Zirkus

- **Station 4: Clowns.** Die Kinder jonglieren mit Tüchern oder Reissäckchen.
- **Station 5: Hochseil.** Die Kinder bewegen sich fließend von einem fünfsekündigen Balanceakt zum nächsten. Sie sollen sich Balanceübungen ausdenken, die schwierig, aber sicher durchzuführen sind. So können sie z.B. aus der Hocke in den einbeinigen Storchenstand überwechseln. Sie sollen alle Positionen sicher und ohne hinzufallen ausführen.
  Jede Position soll fünf Sekunden dauern.

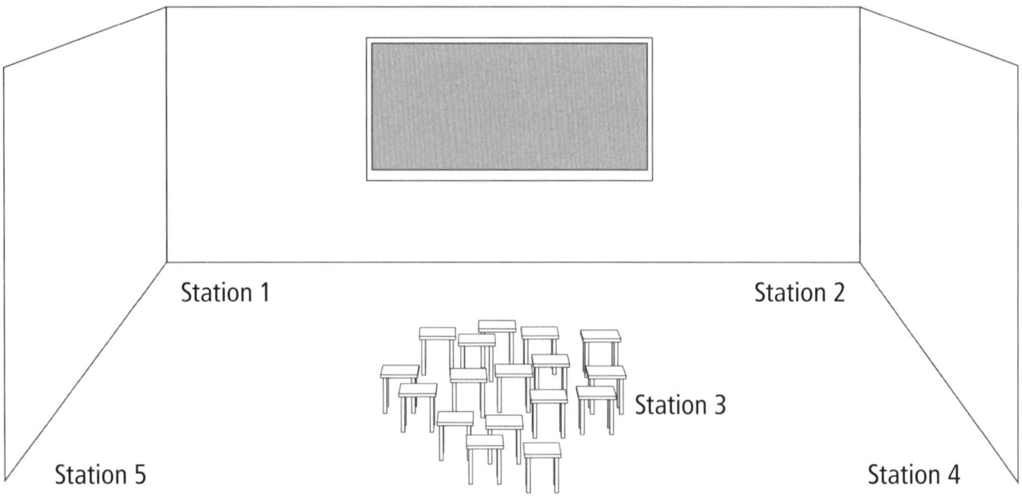

Zirkus (Im Detail)

Ziele: **Die Kinder ...**

- ➜ führen Abfolgen von Turn- und Rollübungen aus und verbinden dabei Fortbewegung, Gewichtsverlagerung, Balancieren und Rollen miteinander.
- ➜ bewegen ihren eigenen Körper in Verbindung mit Jonglagegegenständen.
- ➜ sind bei den Übungen unterschiedlich stark gefordert.
- ➜ benutzen ihre Fantasie, um sich Figuren auszudenken.
- ➜ verlagern sicher ihr Körpergewicht von einem Körperteil auf einen anderen.
- ➜ lernen fließende Übergänge zwischen den einzelnen Abfolgen gymnastischer Übungen.

Aufwärmen: „Richter, rate mal!" (S. 20)

Hinweise und Anregungen:

Begleiten Sie die Übungen mit folgenden *Hinweisen*:

- Ihr könnt bei Sprüngen ruhig mit den Händen die Decke berühren, aber die Landung sollte sanft und weich sein.
- Stellt euch bei der Landung vor, dass ihr langsam in den Boden hineinsinkt, wie in einen Schwamm, der sich langsam mit Wasser voll saugt.
- Gleitet weich und sanft von einer Gleichgewichtsübung zur nächsten über.
- Spannt die Muskeln kräftig an, wenn ihr zur Seite rollt.
- Wenn ihr vorwärts und rückwärts rollt und dabei euer Gewicht verlagert, achtet auf einen runden Körper. Er soll aussehen wie ein Ball.
- Wenn ihr vorwärts und rückwärts rollt, legt euer Kinn auf die Brust.

Berücksichtigen Sie folgende *Anregung*:

Die Kinder sollen ihre Fantasie einsetzen! Zirkusartisten sind so unterhaltsam, dass wir jedes Jahr wieder Geld dafür bezahlen, um uns von ihren Tricks und Bewegungen faszinieren zu lassen. Es soll den Kindern Spaß machen, zu kleinen Zirkuspersönlichkeiten zu werden.

Zirkus (Im Detail)

Sicherheit:

- Stellen Sie sich an der Akrobatenstation auf (Station 3). Die Kinder sollen bei den Vorwärts- und Rückwärtsrollen ihr Kinn auf die Brust legen.
- Sie sollen den Hula-Hoop-Reifen nicht mehr als 30 cm über den Boden halten.
- Die Kinder sollen Bewegungen mit Sturzrisiko bei sich oder anderen vermeiden.

Beurteilung:

Kategorien

3 = hat an allen 5 Stationen sein Bestes gegeben

2 = hat an den meisten Stationen sein Bestes gegeben

1 = hat die Übungen sicher, jedoch nicht mit vollem Engagement ausgeführt

0 = hat nur wenig oder gar nicht mitgespielt

Tipps und Variationen:

- ✖ Wenn Sie ein Clownkostüm besitzen, machen Sie aus dem Unterricht eine tolle Vorführung! Benutzen Sie alles, was die Show aufpeppen könnte. Kündigen Sie die Vorführung durch ein Mikrofon an: „Meine Damen und Herren, hier präsentieren wir Ihnen die tollste Show der Welt!" Lassen Sie die Musik laufen, und beginnen Sie evtl. mit einer kurzen Jongliernummer. Manege frei!
- ✖ Dieses Spiel eignet sich am besten für Kinder der Klasse 2.
- ✖ Sie können die Tiergangübungen auch durch eine andere Übung ersetzen, die interessanter für ältere Kinder wäre (z.B. Bewegungen aus einem Musikvideo nachtanzen).

Für zu Hause:

„Vielleicht habt ihr ja mal die Gelegenheit, in den Zirkus zu gehen. Spielt doch mal mit den Kindern aus eurer Nachbarschaft Zirkus. Auf dem Spielplatz stehen euch Geräte für einige Übungen zur Verfügung."

Springen, Federn und Balancieren

Turnen – Springen, Landen, Balancieren

Aktionsstufe: Alle machen aktiv 90 % der Zeit mit.

Fähigkeiten: Springen, sicheres Landen, Balancieren

Material:
- drei oder vier Maßbänder
- Papier oder Brett (120 cm lang) mit durchgehender Zentimetermarkierung
- Matte oder Teppichfliesen für die Balanceübungen (optional)
- CD-Player und CD

Motivation: „Wir springen direkt in die Übung hinein!"

Intensität: NMH

Aufbau:

Schauen Sie zuerst, ob Sie etwas umstellen müssen. Wenn ja, stellen Sie es zum Schluss wieder so hin, wie es vorher war.

So geht es:

Die Mitspieler üben an den Stationen, zu springen und sicher zu landen. Außerdem führen sie Balanceübungen durch.

Station 1: Hoch springen, sanft landen
- Die Mitspieler springen neben einem Brett (120 cm lang mit Zentimetermarkierung) in die Höhe. Bringen Sie das Brett 45 cm über dem Kopf des kleinsten Mitspielers an einer Wand an.
- Die Kinder strecken den Arm so weit wie möglich nach oben aus. Dann messen sie den Unterschied zwischen diesem Punkt und dem Punkt, den sie beim Springen erreicht haben. Ohne diese Messung wären kleinere Kinder im Nachteil.
- Die Kinder sollen mit gebeugten Gelenken, Knien und Hüften landen, sodass sie ihr Körpergewicht abfangen können und sanft und leise landen.

Station 2: Weitsprung aus dem Stand
- Die Kinder springen mit geschlossenen Beinen aus dem Stand so weit wie möglich.
- Sie müssen sanft und auf beiden Beinen landen.
- Messen Sie die gesprungene Weite mit dem Maßband.

Station 3: Kreativsprung
- Die Kinder machen abwechselnd verschiedene Arten von Sprüngen, wie z.B. Drehsprung, Grätschsprung und Skatersprung (sie beugen sich so weit nach hinten, dass die Fersen fast das Gesäß und die Hände die Füße berühren). Sie können sich aber auch eigene, sichere Sprünge ausdenken.

Springen, Federn und Balancieren

Station 4: Partnerspringen

- Die Kinder sollen einen Sprung ihrer Wahl mit einem Partner durchführen.
- Die beiden Partner führen asymmetrische (unterschiedliche) bzw. symmetrische (beide gleich) Sprünge aus.

Station 5: Gleichgewicht

- Die Mitspieler machen statische Gleichgewichtsübungen und halten sie fünf Sekunden lang, z.B.:
  - Storch (auf einem Bein)
  - drei Stützen (drei Körperteile, mit denen die Kinder den Boden berühren und ihr Gewicht tragen)
  - eine Stütze (Füße dürfen nicht den Boden berühren)
  - Die Kinder balancieren mit einem Partner auf einer bestimmten Anzahl von Stützen.
  - Die Kinder balancieren mit einer Gruppe und dürfen zusammen nur eine bestimmt Anzahl von Stützen haben.
  - Die Kinder sollen bei allen Übungen darauf achten, dass sie nicht hinfallen.

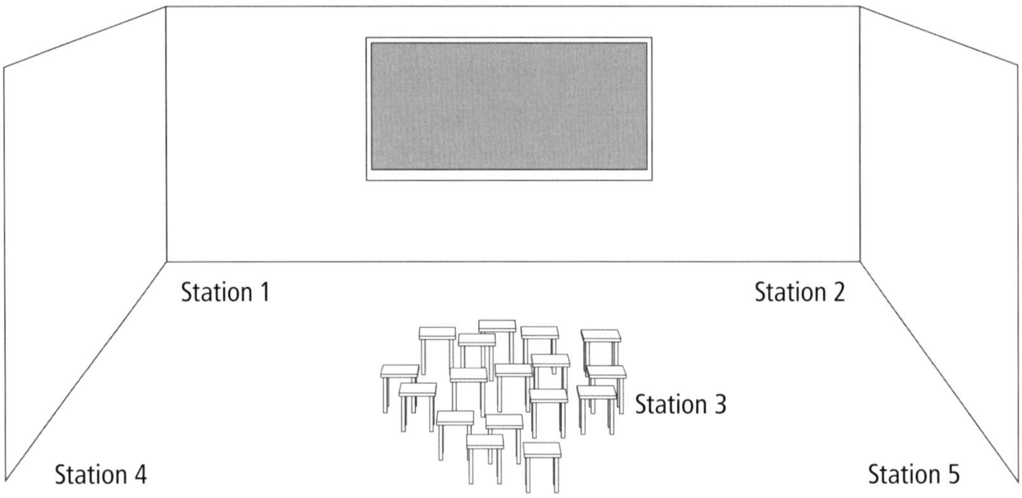

Springen, Federn und Balancieren (Im Detail)

Ziele: **Die Kinder …**
- ➜ können sicher springen und landen.
- ➜ springen mit wechselnder Intensität.
- ➜ springen so hoch und so weit wie möglich.
- ➜ wählen verschiedene Arten des Absprungs und des Landens.

Aufwärmen: „Simon sagt …" (S. 39)

Hinweise und Anregungen:

Begleiten Sie die Übungen mit folgenden *Hinweisen*:
- Holt mit beiden Armen nach oben Schwung und springt dann mit den Beinen ab.
- Holt mit beiden Armen von hinten nach vorne Schwung, und springt dann mit den Beinen ab.
- Springt mit beiden Beinen oder mit einem Bein aus dem Stand in die Luft.
- Kommt nach dem Sprung auf einem Bein oder auf zwei Beinen auf.
- Denkt euch verschiedenen Formen für kreative Sprünge und Balanceübungen aus.

Berücksichtigen Sie folgende *Anregungen*:
- So können die Sprünge sein: weit, eng, rund, gerade, verdreht, umgedreht, symmetrisch, asymmetrisch. Diese Positionen kamen bei den Sprüngen vor: über, unter, auf, ab, vorne, hinten, rundherum, zueinander, auseinander, zwischen, …
- So kannst du die Sprünge ausführen: schnell, langsam, sanft, kraftvoll, leicht, schwer, …
- Die Kinder sollen sanft und mit gebeugten Gelenken landen, damit sie sich nicht verletzen (Knochenbrüche, Verstauchungen).

Beurteilung:

Kategorien

3 = hat die Sprung- und Balanceaufgaben nach Anweisung sicher ausgeführt, war kreativ

2 = hat die Sprung- und Balanceaufgaben nach Anweisung sicher ausgeführt, war wenig kreativ

1 = hat die Sprung- und Balanceaufgaben nicht sicher und nach Anweisung ausgeführt, war nicht kreativ

0 = hat sich nicht richtig an den Sprung- und Balanceaufgaben beteiligt, war unsicher und nicht kreativ

Springen, Federn und Balancieren (Im Detail)

Sicherheit:

Demonstrieren und erklären Sie einen sicher ausgeführten Sprung mit Landung. Lassen Sie keine unsicher ausgeführten Sprünge durchgehen.

Tipps und Variationen:

Sie schaffen wahrscheinlich höhere und weitere Sprünge als die meisten der Kinder unter zehn Jahren. Also rufen Sie bei der Demonstration auch eine gewisse Begeisterung und Herausforderung bei den Kindern hervor. Zeigen Sie bloß keine falsche Bescheidenheit!

Für zu Hause:

„Streckt eure Hände so hoch wie möglich Richtung Zimmerdecke, bis zu einem Punkt an der Wand. Jetzt springt hoch und schaut, wie hoch ihr es schafft. Das könnt ihr jeden Monat messen und daran erstens sehen, wie viel ihr gewachsen seid, und zweitens, um wie vieles stärker und kraftvoller ihr springen könnt. Achtet aber auf eine leise Landung, besonders, wenn unter euch jemand wohnt."

Turnstationen

Turnen – Springen, Rollen und Balancieren

Aktionsstufe: Alle machen an drei von vier Stationen mit.

Fähigkeiten: Springen, sicheres Landen, Balancieren, Rollen

Material:
- ein bis zwei Turnmatten
- Testbogen und Bleistift
- CD-Player und CD
- Maßband zum Messen verschiedener Sprünge

Motivation: „Mal sehen, was wir alles für gymnastische Übungen machen können und was wir schon über Springen, Landen, Balancieren und Rollen gelernt haben."

Intensität: NMH

Aufbau:

Schauen Sie zuerst, ob Sie etwas umstellen müssen. Wenn ja, stellen Sie es zum Schluss wieder so hin, wie es vorher war.

So geht es:

Die Kinder üben an vier Stationen. Hier sollen sie ihr Wissen über das Turnen und ihre Fähigkeiten darin überprüfen.

Station 1: Rollen, Gewichtsverlagerung (akrobatisch)
Die Kinder rollen und verlagern ihr Gewicht.
- Eierrolle (Der Körper ist eingerollt, das Gewicht verlagert sich vom Rücken über die linke Seite, den linken Arm und das linke Bein über die Knie, zur rechten Seite, dem rechten Arm und dem rechten Bein wieder zum Rücken.)
- Baumstammrolle (Der Körper ist ausgestreckt, das Gewicht verlagert sich vom Rücken über die linke Seite, den linken Arm und das linke Bein zum Bauch, zur rechten Seite, dem rechten Arm und dem rechten Bein wieder zum Rücken.)
- Rolle vorwärts
- Rolle rückwärts

Station 2: Springen und Landen
Die Kinder zeigen, dass sie sicher und ruhig landen können, nach …
- Weitsprüngen (so weit wie möglich)
- Strecksprüngen (Jump-and-Reach-Test)
- kreativen Sprüngen

Turnstationen

Station 3: Zirkusakrobatik

Die Kinder bewegen sich fließend von einer Balanceübung zur nächsten, die sie jeweils fünf Sekunden lang halten. Sie sollen sich Gleichgewichtsübungen ausdenken, die sowohl schwierig als auch sicher sind. Sie können z.B. eingerollt aus der Hocke in den einbeinigen Storchenstand überwechseln.

- Jede Balanceübung muss fünf Sekunden lang gehalten werden.
- Die Kinder sollen alle Balanceübungen sicher und ohne zu stürzen ausführen.
- Die Kinder können in der Gruppe arbeiten, aber sollen zuerst für sich selbst Gleichgewichtsübungen durchführen.

Station 4: Wissenstest

1. Beschreibe, wie du eine Rolle vorwärts machen sollst.
2. Male, wie du eine Rolle machst.
3. Solltest du besser hart oder besser sanft landen? (Dritt- und Viertklässler sollen auch noch erklären, warum.)
4. Welche Balanceübung ist statisch?
   a. Wenn du dich dabei hin und her wiegst.
   b. Wenn du dabei still stehst.
   c. Wenn du dabei federst.
5. Die älteren Kinder sollen sich eine Abfolge von Sprüngen, Gewichtsverlagerungen und Balancieren ausdenken. Zeichnet sie auf und arbeitet die Details hier aus.

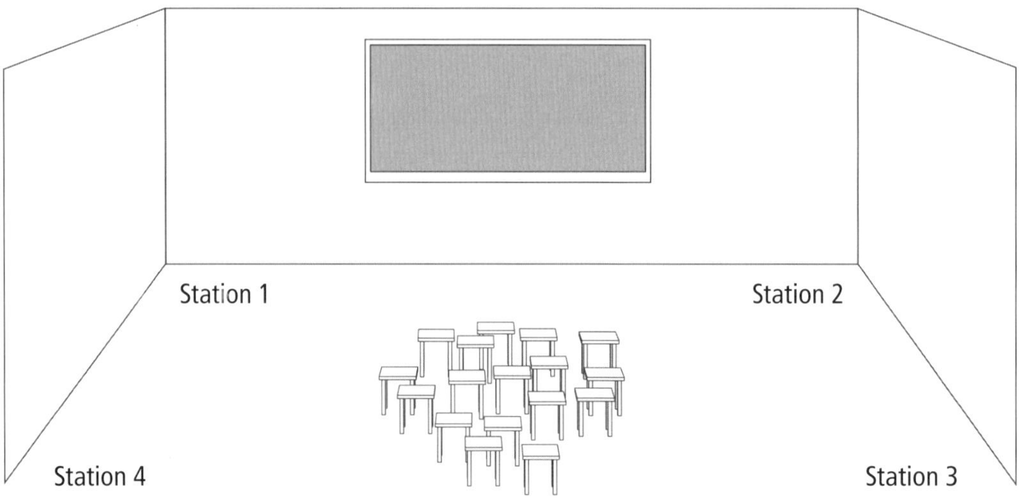

Turnstationen (Im Detail)

Ziele: **Die Kinder ...**

- ➜ zeigen an verschiedenen Stationen ihre turnerischen Fähigkeiten.
- ➜ testen ihr turnspezifisches Wissen anhand eines Tests mit fünf Aufgaben.

Aufwärmen: „Wer gibt den Ton an?" (S. 25)

Hinweise und Anregungen:

Gehen Sie auf jeden Fall vor dem Wissenstest alle Anregungen und Hinweise zu den Turnstationen (S. 105/106) durch.

Beurteilung:

Kategorien

3 = hat alle Testfragen richtig beantwortet

2 = hat alle Testfragen beantwortet, höchstens zwei falsche Antworten

1 = hat alle Testfragen beantwortet, mehr als zwei falsche Antworten

0 = hat die Testfragen falsch oder gar nicht beantwortet

Sicherheit:

- Bei den Vor- und Rückwärtsrollen sollen die Kinder „rund" bleiben und das Kinn auf die Brust legen.
- Sie sollen bei der Landung nach den Sprüngen die Gelenke, Knie und Hüften beugen und die Landung so abfedern.
- Alle Tische und alle scharfen Gegenstände müssen aus dem Landebereich der springenden Kinder entfernt werden.

Tipps und Variationen:

Zeigen Sie den Kindern, wie gerne Sie wissen möchten, was sie schon alles über das Thema Turnen wissen. Regen Sie mit Ihrer Begeisterung die Kinder dazu an, sich bei ihren Antworten Mühe zu geben. Zögern Sie nicht lange mit der entsprechenden Rückmeldung, und geben Sie sobald wie möglich die korrigierten Tests zurück.

Für zu Hause:

„Zeigt eurer Familie den Test, sobald ihr ihn zurückbekommen habt. Oder lasst sie selbst zuerst den Test machen. Führt eurer Familie die Übungen aus dem Test vor."

4 Rhythmus und Tanz

Drücke dich durch Bewegungen aus. Du kannst dich durch Bewegung und Tanzen mit oder ohne Extraeinlagen wunderbar ausdrücken.

Wenn Sie sich den Film „Singin' in the Rain" anschauen, können Sie sehen, dass der Hauptdarsteller Gene Kelly glücklich ist, ohne, dass er es sagt. Sie sehen es schon an der Art, wie er tanzt und sich bewegt. Wer sich rhythmisch bewegt, kann sich mit Handlungen statt mit Worten ausdrücken.

Rhythmus- und Tanz-Superstars

Rhythmus

Aktionsstufe: Alle treten auf oder sehen zu.

Fähigkeiten: Rhythmus umsetzen, Zusammenarbeit, Tanz, Turnen

Material:
- Die Kinder wählen ihre eigene Ausrüstung. Dies können z.B. Hula-Hoop-Reifen, Springseile, Tücher, Zimbeln, Turnmatten und Basketbälle sein.
- CD-Player und Musik. Stellen Sie den Kindern eine Auswahl an Liedern zur Verfügung. Hören Sie sich die Lieder auf jeden Fall vorher an. Wählen Sie am besten instrumentale Musik aus.
- Freiwillig: Videokamera, die Sie eventuell mit einem Fernsehgerät aufbauen – dadurch werden die Kinder sofort für ihre Bemühungen belohnt. Sie können sich selbst bei der Vorführung zusehen.

Motivation: „Habt ihr schon mal ‚Deutschland sucht den Superstar' oder ‚Popstars' im Fernsehen gesehen? Bei diesen Sendungen versuchen ganz normale Leute, im Showgeschäft groß rauszukommen, indem sie ihre Gesangsleistung unter Beweis stellen. Heute macht ihr alle beim Wettbewerb der ‚Rhythmus-Superstars im Klassenzimmer' mit. Drückt euch durch Rhythmus aus. Ihr könnt tanzen oder euch zum Takt bewegen, wie ihr es z.B. bei MTV sehen könnt. Erfüllt ihr die Bedingungen, um es in die nächste Runde zu schaffen? Wir wollen mal sehen, ob ihr die Bedingungen erfüllt und mit rhythmischen Übungen zu Gewinnern werdet. Jeder kann bei ‚Rhythmus-Superstars im Klassenzimmer' gewinnen!"

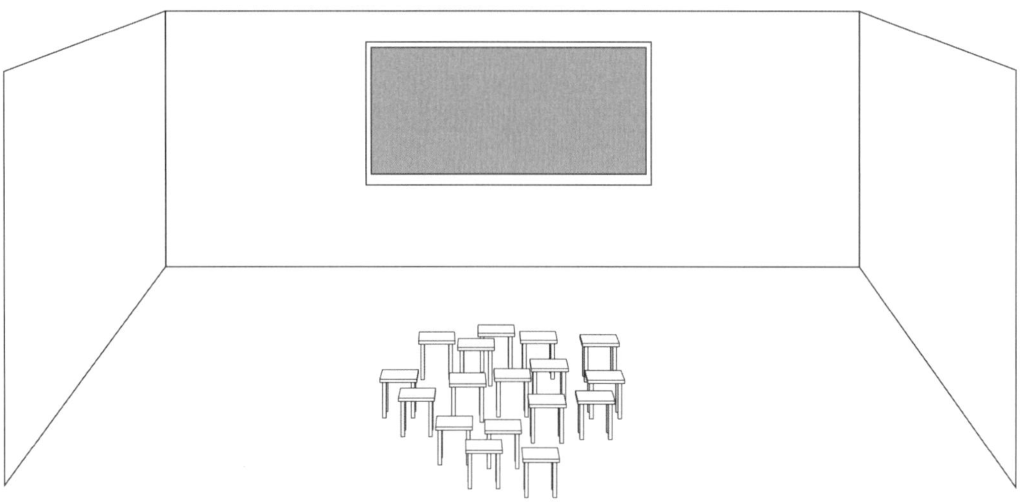

Rhythmus- und Tanz-Superstars

Intensität: NMH

Aufbau:

Schauen Sie zuerst, ob Sie etwas umstellen müssen. Wenn ja, stellen Sie es zum Schluss wieder so hin, wie es vorher war.

Anordnung 1: Stellen Sie während der Probe die Tische und Stühle in die Mitte des Raumes. So stehen den Kindern die vier Zimmerecken und der vordere und hintere Teil des Klassenzimmers zum Proben und Diskutieren zur Verfügung.

Anordnung 2: Stellen Sie für die Vorführung die Tische und Stühle im hinteren Teil auf, ähnlich wie in einem Kino. Bauen Sie einen Bühnenbereich auf.

So geht es:

Ausdruck! Die Kinder stellen in einer zwei Minuten langen Vorführung ihre rhythmischen Fähigkeiten zur Schau. Dabei stellen sie sich vor, dass sie an einer Casting-Show teilnehmen. Folgende Kriterien müssen die Kinder erfüllen, um weiterzukommen.

1. Leistung
2. Zusammenarbeit mit anderen
3. Rhythmus (zeitliche Koordinierung, Takt, Tanz, Bewegung nach Musik)
4. Originalität
5. Wohlwollen und Akzeptanz gegenüber den Anregungen und Fähigkeiten der anderen

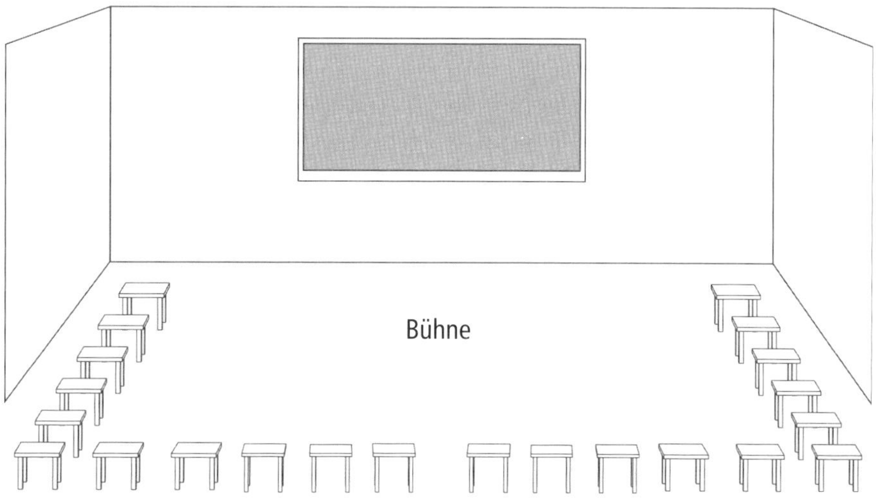

Rhythmus- und Tanz-Superstars (Im Detail)

Ziele: **Die Kinder …**
- ➜ können sich durch eine rhythmische Darbietung ausdrücken, die sie sich selbst ausdenken, vorbereiten, proben, koordinieren und aufführen.
- ➜ versuchen, fünf Bedingungen zu erfüllen, indem sie zusammenarbeiten und rhythmische Übungen schätzen lernen.
- ➜ sind in der Lage, Tanz unter ästhetischen Gesichtspunkten zu beurteilen und diese zu verstehen.

Aufwärmen: „Tonleiter" (S. 21)

Hinweise und Anregungen:

Begleiten Sie die Übungen mit folgenden *Hinweisen*:
- Tanzt so, dass wir verstehen können, was ihr ausdrücken wollt.
- Zeigt beim Tanzen, wie individuell ihr seid. Beweist, dass der Tanz euch ganz alleine gehört!

Berücksichtigen Sie folgende *Anregungen*:
- Die Kinder sollen die Kriterien entweder in der Gruppe oder alleine erfüllen. Es macht Kindern Spaß, einen Namen für ihre Gruppe zu finden!
- Geben Sie den Kindern genug Zeit zum Ausdenken und Proben. Je nachdem, wie oft Sie in der Woche Sportunterricht haben, stellen Sie ihnen entweder einen oder mehrere Tage für die Vorbereitungen zur Verfügung. Geben Sie den Kindern zu verstehen, dass niemand ausgeschlossen wird, sondern jeder sein Bestes geben soll.
- Reif für die Bühne! Kündigen Sie jeden Auftritt mit Begeisterung an. Die Kinder dürfen Ihnen und ihren Mitschülern etwas vorführen. Sprechen Sie anschließend über die Rhythmusdarbietung. Sagen Sie etwa: „Die Gruppe von Tim hat ihre Tanzkoordination, Zusammenarbeit und Dribbelfähigkeiten zu dem Lied ‚Who let the dogs out' unter Beweis gestellt. Gut gemacht!"

Sicherheit:

Beschreiben und zeigen Sie, wie groß die Bühne ist, bevor Sie mit dem Proben beginnen. Weisen Sie auf Einschränkungen durch Tische und einzelne Einrichtungsgegenstände oder den Aufbau des Klassenzimmers hin.

Rhythmus- und Tanz-Superstar (Im Detail)

Beurteilung: ....

Kategorien

3 = hat alle fünf Kriterien erfüllt

2 = hat vier von fünf Kriterien erfüllt

1 = hat mindestens zwei von fünf Kriterien erfüllt

0 = hat nicht oder kaum versucht, die Kriterien zu erfüllen

Tipps und Variationen:

- Wecken Sie Begeisterung: Zeigen Sie einen Ausschnitt aus „Deutschland sucht den Superstar“ oder einer anderen Sendung, in der Rhythmus dargestellt wird.
- Fordern Sie angemessenes Benehmen für die Aktivitäten im schulischen Rahmen.
- Kinder sehen sich gerne selbst im Fernsehen. Zeigen Sie ihnen anschließend die Videoaufnahme.
- Machen Sie etwas Besonderes daraus: Hängen Sie ein Plakat mit dem Schriftzug „Rhythmus-Superstars im Klassenzimmer 2007“ oder „Rhythmus 2007“ auf.
- Wenn jemand zu schüchtern oder nicht selbstbewusst genug für eine Vorführung vor den anderen ist, darf er in der Klasse üben und den anderen unterstützend zuschauen. Er muss aber nicht unbedingt vor den anderen Kindern vorführen.
- Dieses Kind darf Ihnen alleine während der Pause seine Rhythmusvorführung zwei Minuten lang zeigen.

Für zu Hause:

„Veranstaltet zu Hause ‚Superstars der Nachbarschaft‘ oder ‚Superstars der Familie‘. Könnt ihr die Bedingungen bei eurem eigenen Wettbewerb erfüllen?“

Club-Tanz

Rhythmus - Tanzen, Ausdruck

Aktionsstufe: Alle machen aktiv mit.

Fähigkeiten: Tanzen, Bewegungen zu verschiedenen Arten von Musik ausführen, um sich auszudrücken

Material: CD-Player und CD

Motivation: „Euer erster Auftritt im Rampenlicht! Stellt euch vor, Mitarbeiter des Senders MTV sind angereist, um nachzusehen, wie es hier mit euren Tanz- und Rhythmusfähigkeiten aussieht. Wir wollen uns so bewegen, als ob das Fernsehen unsere Produktion in der ganzen Welt sendet. Also: Zeigt Ausdruck, und tanzt für die Kamera!"

Intensität: NMH

Aufbau:

Schauen Sie zuerst, ob Sie etwas umstellen müssen. Wenn ja, stellen Sie es zum Schluss wieder so hin, wie es vorher war.

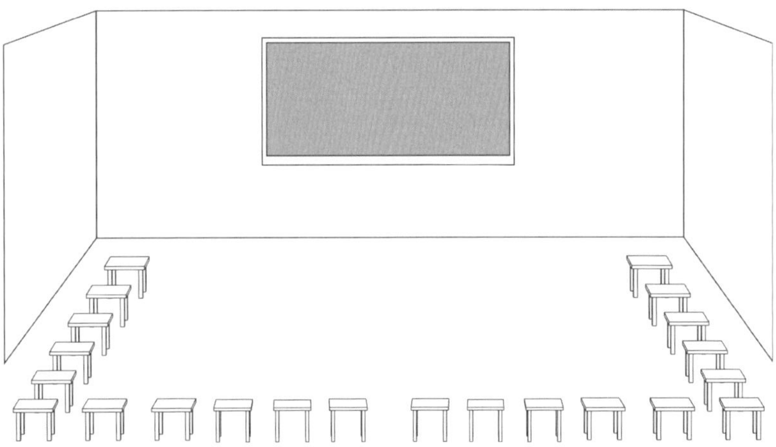

So geht es:

Die Kinder nehmen jeder für sich teil, indem sie sich zum Rhythmus bewegen und sich darüber ausdrücken. Spielen Sie jedes Mal eine neue Musik ein, wenn sie einen anderen Schauplatz oder eine andere Disco betreten. Wenn Sie genug Zeit haben, stellen Sie eine Kamera und einen Fernseher auf, sodass den Tänzern direkt beim Tanzen zugesehen werden kann.

- Spielen Sie ein Lied ein, und achten Sie darauf, ob jedes Kind sich einen eigenen Rhythmus ausdenken kann.
- Spielen Sie ein neues Lied ab. Die Kinder sollen mit einem Partner zusammen die Choreografie zu einem Musikvideo entwerfen.
- Bilden Sie zwei Reihen, die einander gegenüberstehen.
  - Die beiden Kinder am Reihenende tanzen zwischen den Reihen entlang, bis sie vorne angekommen sind. Dort stellen sie sich wieder in die Reihe und rücken jedes Mal zur Seite, wenn ein weiteres Kind durch die Reihen kommt. Schließlich befinden sie sich wieder am Ende usw.
  - Die seitlichen Tänzer tanzen zurückhaltender und klatschen für die, die zwischen den Reihen tanzen.

Club-Tanz (Im Detail)

Ziele: **Die Kinder …**

→ lernen das Tanzen als kreative Ausdrucksweise kennen.

→ können durch das Tanzen den Ausdruck und die Interpretationen der anderen anerkennen.

Aufwärmen: „Macarena“ (S. 32)

Hinweise und Anregungen:

Begleiten Sie die Übungen mit folgenden *Hinweisen*:
Bewegt euch zum Takt der Schläge und Rhythmen.

Berücksichtigen Sie folgende *Anregungen*:
Die Kinder sollen ihre Gefühle beim Tanzen darstellen: Glück, Trauer, Freude, Wut.

Beurteilung:

Kategorien

3 = hat mit Begeisterung zu jedem Rhythmus getanzt und die Darstellungen der anderen anerkannt

2 = hat zu jedem Rhythmus getanzt und die Darstellungen der anderen anerkannt

1 = hat zögerlich zu den meisten Rhythmen getanzt und die Darstellungen der anderen anerkannt

0 = hat zu fast keinem Rhythmus getanzt und die Darstellungen der anderen nicht anerkannt

Sicherheit:

Tische und Stühle haben auf der Tanzfläche nichts zu suchen. Machen Sie die Abgrenzungen deutlich.

Tipps und Variationen:

- ✖ Verfolgen Sie Ihr Ziel von Anfang an, und motivieren Sie die Kinder zum Tanzen. Vermitteln Sie ihnen Ihre Freude und Begeisterung an der Sache.
- ✖ Motivieren Sie auch schüchterne Kinder zum Tanzen, und sei es nur für den Side-Step (mit dem linken Fuß einen Schritt nach links machen und mit dem rechten Fuß bis an den linken heran nachsetzen; mit dem rechten Fuß einen Schritt nach rechts und mit dem linken Fuß bis an den rechten heran nachsetzen usw.).
- ✖ Die Kinder können alternativ auch zur Musik Gymnastik machen, wenn sie kein Taktgefühl haben.

Für zu Hause:

„Drückt eure Gefühle beim Tanzen aus, und lasst eure Familie raten, was ihr sagen wollt.“

Tanz durch die Jahrzehnte

Rhythmus - Tanzen

Aktionsstufe: Alle sind aktiv.

Fähigkeiten: Tanzen, Tanzschritte nachmachen, die mehrere Jahrzehnte lang beliebt waren

Material:
- CD-Player und CD
- Musikvorschläge: „Cha-Cha Slide" von Mr. C; den Soundtrack zu „Like Mike" mit Lil' Bow Wow; „Macarena" von Los del Mar; den Soundtrack zu „Saturday Night Fever"; „Rock it" von Herbie Hancock; Lieder von The Romantics, The Go-Gos, Billy Idol, C&C Musik Factory und MC Hammer.

Motivation: „In den 1970er-Jahren gab es die Discofieber-Welle. In weiteren Jahrzehnten waren die Leute verrückt nach anderen Tanzneuheiten. Wir nehmen die Tänze der letzten Jahrzehnte einmal genauer unter die Lupe."

Intensität: NMH

Aufbau:

Schauen Sie zuerst, ob Sie etwas umstellen müssen. Wenn ja, stellen Sie es zum Schluss wieder so hin, wie es vorher war.

So geht es:

Die Kinder folgen als Gruppe Ihren Anweisungen.

Tänze aus den 1960ern

Pony
- Macht mit rechts einen Schritt nach vorne.
- Macht mit links einen Schritt zurück, tretet wieder auf das rechte Bein, dann wieder auf das linke.
- Macht mit links einen Schritt nach vorne.
- Macht mit rechts einen Schritt zurück, tretet wieder auf das linke Bein, dann wieder auf das rechte.
- Wiederholt das Ganze.
- Dies ist ein Wiegeschritt vor und zurück.
- Musikvorschläge: „Mony Mony", „Louie Louie", „Wooly Bully".

Schwimmen
- Macht mit den Beinen die gleichen Schritte wie beim „Pony".
- Bewegt dazu die Arme wie beim Schwimmen (Kraulen, Brustschwimmen, Rückenschwimmen, Tauchen).

Tanz durch die Jahrzehnte

Tänze aus den 1970ern

Discofieber

- Macht mit den Beinen im Vierer- oder Achterrhythmus den Side-Step oder folgende Schritte: Geht mit dem linken Bein einen Schritt nach links, überkreuzt das linke Bein mit dem rechten Bein, macht mit dem linken Bein einen Schritt nach links, macht mit dem rechten Bein einen Schritt nach links und wiederholt dann das Ganze nach rechts.
- Bei jedem Refrain eines beliebigen Discosongs macht bitte Folgendes:
  – Eure beiden Hände sollen einander umkreisen: Die rechte Hand und der rechte Arm kreisen zum Körper hin, während die linke Hand und der linke Arm entgegengesetzt kreisen (als wenn sie in einer Röhre umeinanderrollen würden).
  Führt die Umkreisungen zweimal aus.
  – Stellt euch mit gespreizten Beinen hin, streckt den rechten Arm mit ausgestrecktem Zeigefinger in die Höhe, während der andere Arm mit ausgestrecktem Zeigefinger unten bleibt, und bewegt euch nicht.
- Musikvorschläge: die meisten Lieder vom „Saturday Night Fever" – Soundtrack, Bee Gees, KC and the Sunshine Band.

Tänze aus den 1970ern

Roboter

- Energische Bewegungen, bei denen sogar diejenigen eine gute Figur machen, die kein Taktgefühl haben.
- Die Kinder geben vor, Roboter zu sein, und machen isolierte und steife Bewegungen.
- Musikvorschläge: Herbie Hancock, Zapp, Gap Band

Tänze aus den 1980ern

Breakdance

- Tanzen am Boden, wobei die Kinder herumwirbeln und sich ruckartig bewegen.
- Der Wurm: Die Kinder rollen ihren Körper von den Füßen ausgehend über die Knie und Oberschenkel zum Bauch, und weiter über die Brust zu den Händen ab; anschließend zurück zu den Füßen. Dann wiederholen sie das Ganze. Dabei bewegen sich die Kinder vorwärts.
- Musikvorschläge: Herbie Hancock oder andere Lieder mit viel Rhythmus

Tänze aus den 1990ern

Running Man

- Macht mit links einen Schritt nach vorne; der rechte bleibt hinten.
- Schiebt den linken Fuß in die Mitte; das rechte Knie ist gebeugt, und der Fuß berührt nicht den Boden.
- Macht mit rechts einen Schritt nach vorne; der linke bleibt hinten.
- Schiebt den rechten Fuß in die Mitte; das linke Knie ist gebeugt, und der Fuß berührt nicht den Boden.
- Wiederholt das Ganze.
- Musikvorschläge: „Gonna Make You Sweat" von C&C Music Factory, MC Hammer und viele schnelle Lieder

Macarena

Die Schritte zu „Macarena" werden in Kapitel 1 erklärt (siehe S. 32)

Tanz durch die Jahrzehnte

Tänze aus den 2000ern

Harlem Shake

- Ruckartige Schulterbewegungen mit schnellen, spontanen Haltungsänderungen
- Tut ab und zu so, als ob ihr etwas von den Schultern wegbürstet. Streicht dazu zweimal mit der Hand darüber.
- Musikvorschläge: Lil' Bow Wow in dem Like Mike-Soundtrack, Rap, Hip-Hop-Musik.

Cha-Cha-Slide

- Dieser Tanz muss mit dem Lied „Cha-Cha-Slide" von Mr. C. getanzt werden. Er gibt hier die Anweisungen.
- Die Anweisungen sind sehr einfach. Sie bestehen aus Gleitbewegungen und Sprüngen, die in einem Tempo vorgenommen werden, bei dem jeder mithalten kann.

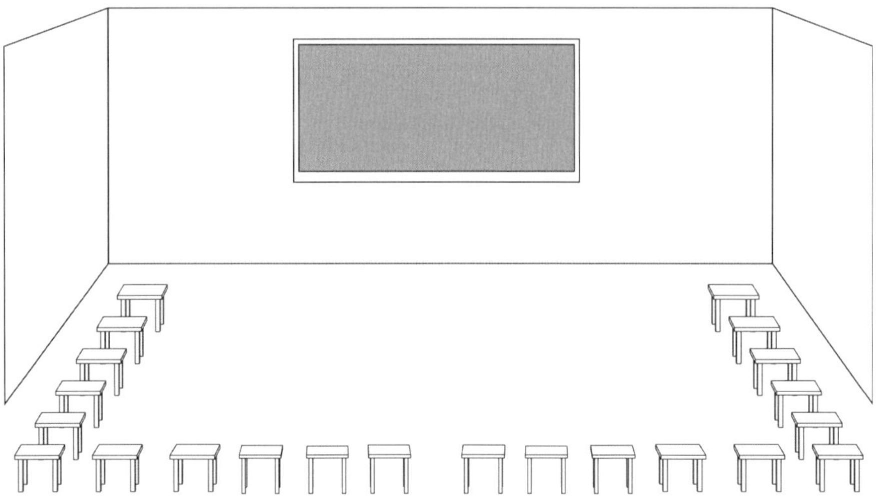

Tanz durch die Jahrzehnte (Im Detail)

Ziele: **Die Kinder ...**
- ➜ zeigen, dass sie die verschiedenen Tänze aus unserer jüngsten Vergangenheit kennengelernt haben.
- ➜ führen verschiedene Bewegungen und Abfolgen vor, die die Anregungen und Typen der Tänze aus verschiedenen Jahrzehnten beschreiben.

Aufwärmen: „Flinke Füße“ (S. 36)

Hinweise und Anregungen:

Begleiten Sie die Übungen mit den folgenden *Hinweisen*:
Seht einfach zu, und macht nach, was ich vormache.

Berücksichtigen Sie folgende *Anregungen*:
- Wer die Tanzschritte anderer nachmacht, kann ein guter Tänzer werden.
- Wenn niemand die Tanzschritte der anderen nachgemacht hätte, wären diese Tänze nicht so bekannt geworden.

Beurteilung:

Kategorien
3 = hat mit Begeisterung alle Tänze ausprobiert
2 = hat alle Tänze ausprobiert
1 = hat die meisten Tänze ausprobiert
0 = hat kaum oder keine Tänze ausprobiert

Sicherheit:

Machen Sie Bewegungsgrenzen deutlich. Jedes Kind sollte an seinem eigenen Platz bleiben.

Tipps und Variationen:

Geben Sie eine kurze Kostprobe der Tanzbewegungen Ihrer Schulzeit. Zunächst werden die Kinder darüber lachen, sich jedoch später darüber unterhalten und die Bewegungen sogar nachahmen.

Für zu Hause:

„Bittet eure Eltern, euch Tänze aus ihrer Jugend zu zeigen. Vielleicht habt ihr schon welche davon kennengelernt. Dann könnt ihr zusammen tanzen. Zeigt ihnen auch einen aktuellen Tanz.“

Rhythmischer Stopp-Tanz

Rhythmen – Tanzen, kreatives Bewegen

Aktionsstufe: Alle sind 90 % der Zeit über aktiv.

Fähigkeiten: Tanzen, sich rhythmisch zu Takt oder Musik bewegen

Material:
- CD-Player und CD (die Musik soll aus verschiedenen Genres kommen, damit die Kinder Erfahrungen mit unterschiedlichen Musikarten und Rhythmen sammeln können)
- Klangstäbe
- Bälle
- Tücher

Motivation: „Tanzt oder überlegt euch ein rhythmisches Programm mit Stöcken, Bällen oder Tüchern, die ihr zu einem Lied, Takt oder Rhythmus bewegt. Plötzlich seid ihr wie gelähmt und müsst sofort innehalten."

Intensität: NMH

Aufbau:

Schauen Sie zuerst, ob Sie etwas umstellen müssen. Wenn ja, stellen Sie es zum Schluss wieder so hin, wie es vorher war.

So geht es:

Die Kinder führen die Übung individuell durch. Sie bewegen sich zu einem Rhythmus. Wenn die Musik oder der Takt verstummt, müssen sie in der Bewegung „einfrieren".

- Die Kinder können ausprobieren, wer am stillsten stehen kann.
- Verteilen Sie bei jedem Stopp Punkte an denjenigen, der am stillsten stehen kann.
- Die Kinder müssen bei jedem Bewegungsdurchgang sowohl Arme als auch Beine bewegen.

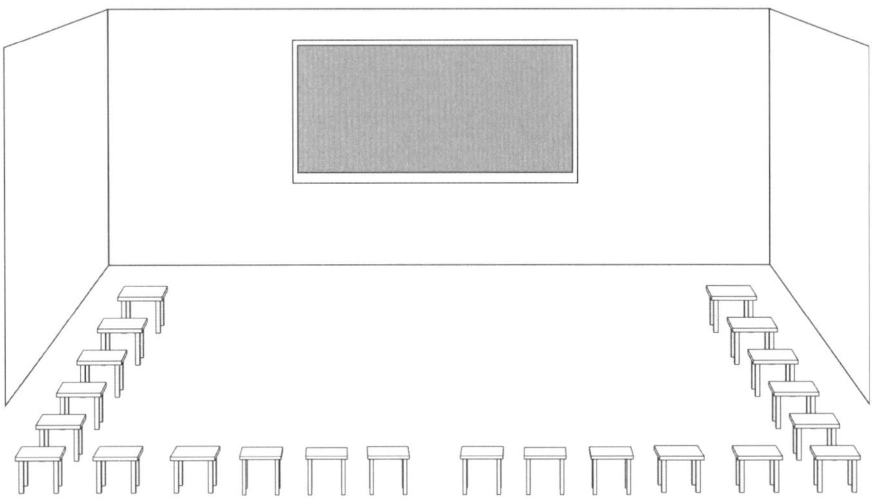

Rhythmischer Stopp-Tanz (Im Detail)

Ziele: **Die Kinder …**

➜ drücken sich aus, indem sie mit Hilfsmitteln kreative Bewegungen und Rhythmen durchführen.

➜ benutzen ihre Beobachtungsgabe, während sie etwas vorführen und damit auf Musik, Tanz, Signale und Rhythmus reagieren.

Aufwärmen: „Tanz der Hände" (S. 29)

Hinweise und Anregungen:

Begleiten Sie die Übungen mit folgenden *Hinweisen*:

- Wenn ihr tanzt und euch bewegt, drückt eure Gefühle mit Hilfe von Rhythmus aus.
- Friert sofort ein, wenn ihr das entsprechende Signal hört.

Berücksichtigen Sie folgende *Anregungen*:
Erklären Sie, dass die meisten Tänze mit Ausdruck zusammenhängen, damit der Tänzer anderen deutlich machen kann, was er ihnen mitteilen möchte: laute Schläge, um mehr Leidenschaft zu zeigen; fließende Bewegungen, um anzudeuten, dass alles friedlich ist; abrupte, steife Bewegungen, um zu zeigen, dass Unruhe herrscht; schnelle Schläge, um Angst oder Aufregung anzudeuten.

Beurteilung:

Kategorien

3 = hat sich originelle Rhythmen ausgedacht und prompt auf Signale reagiert

2 = hat sich einige Rhythmen ausgedacht, andere nachgemacht und prompt auf Signale reagiert

1 = hat Rhythmen der anderen nachgemacht und auf Signale reagiert

0 = hat sich weder selbst Rhythmen ausgedacht, noch andere nachgemacht und auch nicht auf Signale reagiert

Sicherheit:

Die Kinder sollen die Materialien wie vorgesehen benutzen. Geben Sie eine kurze Einführung darüber, wie man die einzelnen Materialien behandelt.

Tipps und Variationen:

✖ Klatschen Sie zehn Sekunden lang leicht und langsam in die Hände. Dann klatschen Sie zehn Sekunden lang laut und schnell. Die Kinder sollen den Unterschied der beiden Folgen herausfinden. Bei welchem Beispiel ist ihnen langweilig geworden und bei welchem waren sie begeistert?

✖ Wenn Sie nicht genügend Materialien zur Verfügung haben, sollen die Kinder Hände und Füße benutzen. Zeigen Sie, wie es funktioniert, indem Sie so tun, als hätten Sie einen Gegenstand in der Hand, und schlagen und bewegen Sie Ihre Hände dementsprechend. Zeigen Sie, wie auch die Füße sich rhythmisch im Takt bewegen und darin einfließen können.

Für zu Hause:

„Ihr könnt euch mit ein paar Freunden Rhythmen und Tänze ausdenken. Ihr könnt sogar eine dynamische Show daraus machen, die voll von Energie und Rhythmen ist. Dabei könnt ihr verschiedene Gegenstände von zu Hause benutzen, um Geräusche und Rhythmen zu erzeugen."

Tinikling – philippinischer Volkstanz

Rhythmen - Rhythmisches Bewegen

Aktionsstufe: Alle können sofort mitmachen.

Fähigkeiten: Bewegung nach Rhythmus und im Takt ausführen, Gegenstände oder Hilfsmittel im Takt bewegen

Material:
- CD-Player und CD
- zwölf Tinikling-Stöcke oder Plastikröhren (mindestens 1,80 m lang)

Motivation: „Dieser Tanz heißt Tinikling, und dabei schlägt jemand große, lange Stöcke auf den Boden, während jemand anderes darüber hinein- und hinausspringen muss. Die Tänzer können ihren Rhythmus und Tanzstil verändern, während sie über die Stöcke springen."

Intensität: NMH

Aufbau:

Schauen Sie zuerst, ob Sie etwas umstellen müssen. Wenn ja, stellen Sie es zum Schluss wieder so hin, wie es vorher war.

So geht es:

Die Mitspieler bilden Dreier- bis Sechsergruppen. Zwei Mitspieler sitzen auf dem Fußboden, die Stöcke liegen flach auf der Erde. Die beiden Kinder klopfen zweimal mit den Enden der Stöcke auf den Boden. Dann heben sie die Stöcke etwa zehn Zentimeter hoch und schlagen sie zweimal gegeneinander.
Dann schlagen sie damit in einem Abstand von 50 cm zueinander wieder auf den Boden. Sie sollten daraus einen Rhythmus entstehen lassen. Die **Originalversion** geht folgendermaßen:

- Schlag auf den Boden
- Schlag gegeneinander
- Schlag gegeneinander
- Schlag auf den Boden
- Schlag gegeneinander
- Schlag gegeneinander und Wiederholung.

Ein einfacher Rhythmus könnte z.B. so aussehen:
- erster Schlag auf den Boden, zweiter Schlag auf den Boden
- erster Schlag gegeneinander, zweiter Schlag gegeneinander
- Sobald der Rhythmus steht, versucht der Tänzer, in die Mitte zu springen, während die Stöcke gerade auf den Boden schlagen.
- Wenn die Stöcke wieder gegeneinanderschlagen, hüpft der Tänzer darüber hinweg.

Tinikling – philippinischer Volkstanz

- Die Mitspieler wechseln jede Minute die Rollen.
- Ältere Kinder mit besserer Koordinationsfähigkeit können den Rhythmus der Stöcke verändern, sodass der Tänzer lustige Sprünge, Wendungen und Drehungen machen muss. Es können auch mehrere Tänzer mitmachen.
- Die passende Musik: philippinische Musik, karibische Musik, „Volcano" von Jimmy Buffet.

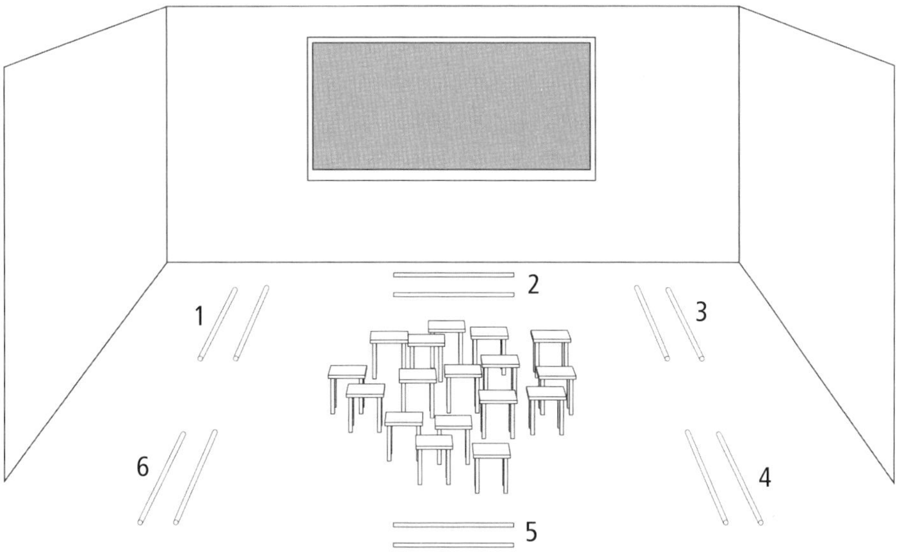

Tinikling – philippinischer Volkstanz (Im Detail)

Ziele: **Die Kinder …**
- ➜ lernen Tänze aus anderen Ländern und Kulturen zu schätzen.
- ➜ bewegen geschickt Gegenstände im rhythmischen Takt.
- ➜ denken sich eigene Rhythmen und Bewegungen aus.
- ➜ führen den Grundschritt des Tinikling-Tanzes aus.

Aufwärmen: „Tanz der Hände" (S. 29)

Hinweise und Anregungen:

Begleiten Sie die Übungen mit folgenden *Hinweisen*:
- Bewegt euch gleichzeitig mit eurem Partner.
- Passt auf, und zählt mit, damit eure Sprünge und Schläge im Takt sind.

Berücksichtigen Sie folgende *Anregungen*:
- Bringen Sie den Kindern bei, wie man das Rhythmustempo variiert. Sie sollen langsam anfangen und sich von einfachen zu komplexeren Schlägen und Bewegungen steigern.
- Die Kinder sollen einen Rhythmus mit den passenden Tanzschritten dazu erstellen. Sie können die Anzahl der Schläge und die Taktzahl verändern und sich ausdenken, wie man sich geschickt über die Stöcke hinwegbewegt.

Beurteilung:

Kategorien

3 = war in der Gruppe kreativ; hat sich geschickt zum Rhythmus bewegt, hat die Schwierigkeitsstufe gesteigert

2 = war in der Gruppe kreativ; hat sich zum Rhythmus bewegt

1 = war kaum in der Gruppe kreativ; hat versucht, sich zum Rhythmus zu bewegen

0 = war nicht in der Gruppe aktiv; hat sich nicht zum Rhythmus bewegt

Sicherheit:

Die Kinder sollen die Stöcke nicht mehr als 15 cm über den Boden bringen. Sie sollen darauf achten, dass sie nicht aus Versehen die Finger anderer treffen, wenn sie die Stöcke schlagen. Wenn sich noch ein Kind in der Mitte befindet, müssen sie darauf achten, dass sie ihm nicht an die Beine schlagen. Ein Stück Teppich unter den Stöcken kann versehentlichen Schlägen auf die Finger vorbeugen. Überprüfen Sie, dass sich keine Splitter lösen, falls die Stöcke aus Bambus bestehen.

Tipps und Variationen:

- ✖ Mit Gummitwistbändern sind die Tinikling-Bewegungen leichter zu lernen.
- ✖ Eine Idee für ein Projekt: Ältere Kinder können die Schritte auf dem Papier ausarbeiten und so die Choreografie für ihre Tanzvorführung beschreiben.
- ✖ Die Kinder können ihre Herzfrequenz während des Tanzens beobachten und sie mit derjenigen vergleichen, die sie beim rhythmischen Bewegen der Stöcke haben.

Für zu Hause:

„Sucht euch zwei Stöcke, und denkt euch einen Rhythmus oder Takt aus. Dann erfindet passende Tänze dazu. Wenn eure Stöcke stabil genug sind, springt und tanzt damit."

Mit den Armen tanzen!

Rhythmus – Tanzen, Fitness des Oberkörpers

Aktionsstufe: Alle machen sofort mit.

Fähigkeiten: Tanzen, Oberkörperbewegungen ausführen

Material:
- CD-Player und CD
- Lieder mit viel Rhythmus, wie z.B. „Lollipop", „My Sharona" von The Knack, „We will rock you" von Queen
- zwei Trommelstöcke pro Kind

Motivation: „Nur weil wir keine Turnhalle oder ein Tanzstudio zur Verfügung haben, heißt das noch lange nicht, dass wir nicht tanzen können! Wir wollen unsere Arme und Klangstäbe benutzen, um uns beim Tanzen auszudrücken."

Intensität: NMH

Aufbau:

Schauen Sie zuerst, ob Sie etwas umstellen müssen. Wenn ja, stellen Sie es zum Schluss wieder so hin, wie es vorher war.

So geht es:

Die Kinder nehmen als Gruppe teil und folgen Ihren Anweisungen wie folgt:

- „Hand-Jive" (Beschreibung siehe Kapitel 1 unter „Tanz der Hände", S. 29)
- „Macarena" (Beschreibung siehe Kapitel 1, S. 32)
- Trommelstöckentanz:
  - Schlagt einfach zum Takt oder Rhythmus der Lieder mit den Trommelstöcken auf die Tische oder den Boden.
  - Jedes Kind darf sich einen kurzen Teil eines Programms ausdenken.
  - Alle sollen im Takt anfangen, z.B.: zwei Schläge nach unten, zwei Schläge zusammen.
  - Während die Gruppe im selben Takt fortfährt, gehen Sie umher zu den einzelnen Kindern, die dann vormachen dürfen, was sie sich ausgedacht haben.

Mit den Armen tanzen! (Im Detail)

Ziele: **Die Kinder …**

- ➜ bewegen ihre Oberkörper, um Tanzbewegungen auszuführen.
- ➜ denken sich selbst einen Rhythmus aus und machen auch die der anderen nach.
- ➜ benutzen ihren Körper, um sich auszudrücken.
- ➜ lernen, die Vorteile des Tanzens zu schätzen: Spaß und Fitness für den Oberkörper.

Aufwärmen: Die Kinder laufen auf der Stelle zur Musik (bei langsamer Musik laufen sie langsam; bei schneller Musik laufen sie schnell). Bei dieser Unterrichtsidee werden die Beine kaum beansprucht, aber beim Aufwärmen kommen die großen Beinmuskeln zum Einsatz. Sie sorgen dafür, dass das Herz Blut durch den ganzen Körper pumpt, um ihn auf das Tanzen vorzubereiten.

Hinweise und Anregungen:

Begleiten Sie die Übungen mit folgenden *Hinweisen*:

- Beobachtet und wiederholt, was die anderen machen.
- Denkt euch einen Rhythmus aus und erstellt eine Taktfolge.

Berücksichtigen Sie folgende *Anregungen*:

- Training für den Oberkörper: Bei den Tänzen wird die Oberkörpermuskulatur beansprucht, u.a. der Deltamuskel, der Trapezmuskel, Bizeps, Trizeps und der große Rückenmuskel.
- Bei manchen Tänzen kommen die geraden Bauchmuskeln und die Hüftbeuger zum Einsatz, aber nur minimal.
- Erklären Sie, wie man beim Tanzen die Arme als Kommunikationsmittel einsetzt.

Beurteilung:

Kategorien

3 = hat alle Tänze und Rhythmen ausprobiert und sie schätzen gelernt

2 = hat alle Tänze und Rhythmen ausprobiert, sich aber nicht bei allen Mühe gegeben

1 = hat einige, aber nicht alle Tänze und Rhythmen ausprobiert

0 = hat kaum oder gar keine Tänze und Rhythmen ausprobiert

Mit den Armen tanzen! (Im Detail)

Sicherheit:

- Die Kinder sollen ihre Trommelstöcke gut festhalten und sie so einsetzen, dass sie damit keine anderen Kinder stechen oder schlagen.
- Die Kinder sollen an ihrem eigenen Platz bleiben, damit die Trommelstöcke nicht in die Bereiche der anderen kommen.

Tipps und Variationen:

- Zeigen Sie deutlich Ihren Spaß bei der Sache. Ihre Begeisterung wird ansteckend sein. Die Kinder werden Ihre Bewegungen beobachten und sie nachahmen. Tanzen Sie auch einmal, ohne die Arme zu benutzen, und zeigen Sie, dass es nicht so viel Spaß macht, wie das Tanzen mit Armbewegungen. Dann sollen die Kinder es ausprobieren.
- Verändern Sie das Tempo beim „Tanz der Hände".
  Werden Sie schneller, solange die Kinder mithalten können, und fordern Sie sie heraus.
- Fordern Sie die Kinder mit dem „Liegestütz-Tanz" (in Kapitel 2, S. 46–48) heraus.

Für zu Hause:

„Zeigt allen zu Hause, was ihr heute für Tänze und Rhythmen gelernt habt. Schaffen die anderen das auch, und können sie sich auch dadurch ausdrücken? Tanzt zu einem Lied im Radio, Fernsehen oder von einer CD."

Rhythmus-Stationen

Rhythmus - Rhythmische Bewegungen

Aktionsstufe: Alle machen mit.

Fähigkeiten: Bewegungen zu einem Rhythmus ausführen, Takt halten, Gegenstände zu einem rhythmischen Takt bewegen

Material:
- CD-Player und CD
- vier Plastikröhren/Tinikling-Stöcke, mindestens 180 cm lang
- zwei Trommelstöcke pro Kind

Motivation: „Wir machen verschiedene rhythmische Übungen und schauen, was wir schon darüber wissen."

Intensität: NMH

Aufbau:

Schauen Sie zuerst, ob Sie etwas umstellen müssen. Wenn ja, stellen Sie es zum Schluss wieder so hin, wie es vorher war.

So geht es:

Die Kinder üben an Stationen und führen dort unterschiedliche rhythmische Übungen durch. Die vierte Station, an der die Kinder kreativ in der Gruppe tanzen, ist eine Teststation.

Station 1: Tinikling
Die Kinder beginnen mit zwei Schlägen auf den Boden und zwei Schlägen gegeneinander. Wenn sie dies können, dürfen sie den Rhythmus ändern (siehe „Tinikling – philippinischer Volkstanz" S. 122ff).

Station 2: Tanz mit Trommelstöcken
Die Kinder bauen zusammen in der Gruppe einen Rhythmus auf. Dabei sollte die Idee eines jeden berücksichtigt werden (siehe auch Übung unter „Mit den Armen tanzen!" auf S. 125).

Station 3: Freies Tanzen
Alle tanzen, entweder in der Gruppe oder alleine. Jeder darf so tanzen, wie er möchte.

Station 4: Kreatives Tanzen mit Test
Gruppen von mindestens drei Kindern denken sich Tänze und rhythmische Bewegungen zur Musik aus.

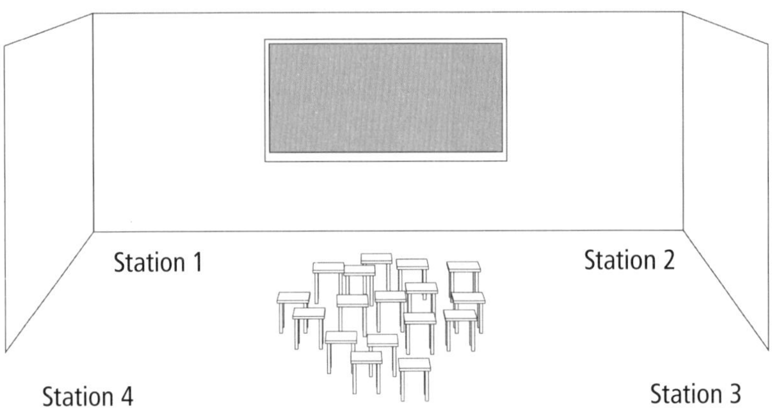

4

Testbogen
für Zweitklässler

Zeichne auf, was ihr in der Gruppe für Tänze gemacht habt.

Vergiss dabei nicht die einzelnen Tanzschritte.

 ISBN 978-3-8346-0255-8

Testbogen
für Dritt- und Viertklässler

1. Beschreibe den Tanz.

Schritte: a. Erstens ____________________

b. Zweitens ____________________

c. Drittens ____________________

d. Viertens ____________________

2. Wie bist du auf diese Idee gekommen?

____

____

____

3. Welche Bewegungen hast du dem Tanz hinzugefügt, um dich auszudrücken?

____

____

____

4. Steigt deine Herzfrequenz bei diesem Tanz?

____

____

____

5. Welche Muskelgruppen werden bei diesem Tanz trainiert?

____

____

____

Rhythmus-Stationen (Im Detail)

Ziele: Die Kinder stellen ihr tänzerisches Können anhand eines körperlichen und schriftlichen Tests unter Beweis.

Aufwärmen: Alle führen die Aufwärmübung „So beweglich bin ich" (S. 27) an ihrer ersten Station vor Beginn der Übung durch.

Hinweise und Anregungen:

Begleiten Sie die Übungen mit folgenden *Hinweisen*:

- Denkt euch Tänze aus, die Ausdruck zeigen.
- Bewegt euch nach dem Gefühl oder dem Takt des Rhythmus.
- Arbeitet als Team zusammen: Jede Gruppe soll sich einen Tanz ausdenken, in dem die Anregungen von allen anderen vorkommen.

Berücksichtigen Sie folgende *Anregungen*:

- Suchen Sie nach dem kreativen Anteil bei den selbst ausgedachten Tänzen. Fragen Sie die Kinder, warum sie bestimmte Bewegungen machen.
- Tanzen ist ein toller Sport. Beim Tanzen werden sowohl kleine als auch große Muskeln beansprucht. Außerdem kann, je nach Tanz, die Herzfrequenz stark erhöht werden. Die Kinder sollen sich über den Fitnessaspekt beim Tanzen bewusst sein.

Beurteilung:

Kategorien

3 = hat den Test vollständig ausgeführt und Begeisterung an allen Stationen gezeigt

2 = hat den Test vollständig ausgeführt und an allen Stationen teilgenommen

1 = hat den Test nicht vollständig ausgeführt, aber an allen Stationen teilgenommen

0 = hat den Test nicht vollständig ausgeführt und nicht an allen Stationen teilgenommen

Option:

Sie können die Kinder auch selbst mit dem Testbogen bewerten, anstatt ihn lediglich für die Hände der Kinder zu nutzen.

Rhythmus-Stationen (Im Detail)

Sicherheit:

- Die Tinikling-Stöcke/Plastikröhren dürfen nicht mehr als 15 cm über den Boden angehoben werden. Wenn sich der Springer noch zwischen den Stöcken/Röhren befindet, müssen die Mitspieler aufpassen, dass sie den Springer nicht am Bein treffen. Ein Stück Teppich unter den Stöcken kann verhindern, dass sich die Kinder versehentlich auf die Finger schlagen.
- Achten Sie auch auf Splitter, falls die Stöcke aus Bambus sind.
- Die Kinder sollen mit den Trommelstöcken auf den Boden schlagen und sie so halten, dass niemand damit gestochen oder geschlagen wird.
- Die Kinder sollen an ihrem eigenen Platz bleiben, sodass die Trommelstöcke nicht in den Bereich der anderen gelangen.

Tipps und Variationen:

- Gehen Sie während des Spiels umher, und machen Sie bei ein oder zwei Tänzen mit, die die Kinder ausführen. Sie freuen sich, wenn Sie Interesse zeigen. Ihre Anwesenheit lässt sie kreativ sein, und sie wollen ihnen zeigen, wie gut sie mit Rhythmus umgehen können.
- Wenn Sie irgendeine der Übungen noch nicht gemacht haben, wählen Sie stattdessen solche, die Sie bereits kennen.
- Bei Zweitklässlern müssen Sie eventuell eine zeitliche Begrenzung für das Ausdenken und den Test an Station 4 setzen.

Für zu Hause:

„Denkt euch mit eurer Familie einen familieneigenen Tanz aus. Jeder soll etwas dazu beitragen. Den Tanz könnt ihr dann bei Hochzeiten in der Familie, Picknicks und Feiern präsentieren."

5 Werfen und Fangen

Werfen und Fangen sind die Grundvoraussetzungen für viele Sport- und Spielarten. Jedem kann Werfen Spaß machen; egal, ob er Anfänger oder Profi ist. Die folgenden Übungen bieten Grundlagen für Basketball, Handball, Baseball, u.v.m. Außerdem dürfen wir natürlich Sportarten wie Tennis, Volleyball und sogar Fußball nicht vergessen. Auch dabei ist Werfen wichtig.

500-mal fangen

Werfen und Gegenstände fangen

Aktionsstufe: Alle machen mit.

Fähigkeiten: Fangen (alleine und mit Partner), Werfen

Material:
- ein Reissäckchen pro Kind
- ein zerknülltes Blatt Papier pro Kind

Motivation: „Mal sehen, ob wir es heute schaffen, 500 Dinge zu fangen. Das hört sich ziemlich viel an. Aber könnt ihr euch vorstellen, wie sehr ihr euch beim Fangen verbessern werdet, wenn ihr das schafft?"

Intensität: NMH

Aufbau:

Schauen Sie zuerst, ob Sie etwas umstellen müssen. Wenn ja, stellen Sie es zum Schluss wieder so hin, wie es vorher war.

So geht es:

Die Kinder nehmen ein **Reissäckchen**, werfen es vor sich in die Luft und fangen es …

- mit den Handflächen nach oben gedreht wieder auf: 50-mal (ältere Kinder: 50-mal, ohne es fallen zu lassen).
- mit der anderen Hand als die, mit der sie geworfen haben, wieder 50-mal auf.
- mit der linken Hand auf, danach werfen sie es direkt in die rechte Hand: 50-mal (jüngere Kinder reichen es von der linken an die rechte Hand).
- mit beiden Händen auf. Zwischen dem Werfen und dem Fangen klatschen sie einmal in die Hände.

Anschließend werfen die Kinder ein zerknülltes Blatt **Papier** vor sich in die Luft und fangen es …

- mit beiden Händen auf. Zwischen dem Werfen und dem Fangen klatschen sie 2-mal in die Hände, danach 3-mal usw.
- mit beiden Händen auf. Vor dem Fangen drehen sie sich einmal herum.
- mit beiden Händen auf. Vor dem Fangen klatschen sie 2-mal, drehen sich einmal herum und schlagen sich auf die Knie.

Danach setzen sich jeweils zwei Kinder einander in geringem Abstand gegenüber und werfen sich ein Reissäckchen zu. Schaffen sie dies 25-mal, ohne es fallen zu lassen, dürfen sie den Abstand zueinander vergrößern. Schaffen sie es nicht, bleiben sie an derselben Stelle. Wenn genug Platz vorhanden ist, werfen sich die Kinder im Stehen die Reissäckchen zu. Schaffen sie dies 50-mal, ohne es fallen zu lassen, dürfen sie den Abstand zueinander vergrößern.

500-mal fangen (Im Detail)

Ziele: **Die Kinder …**

- ➜ werfen einander einen Gegenstand zu und fangen ihn wiederholt auf.
- ➜ verbessern ihre Auge-Hand-Koordination, die zeitliche Koordinierung und ihre Wurffähigkeit, indem sie die Übung mehrmals wiederholen.
- ➜ sind herausgefordert, dass sie selbst und ihr Partner so gut wie möglich werfen und fangen.

Aufwärmen: „Fitness-Tic Tac Toe" (S. 26)

Hinweise und Anregungen:

Begleiten Sie die Übungen mit folgenden *Hinweisen*:

- Macht mit dem Gegenbein zum Wurfarm einen Schritt nach vorne.
- Werft den Gegenstand so eurem Partner zu, dass er sich nicht von der Stelle bewegen muss, um ihn zu fangen.

Berücksichtigen Sie folgende *Anregung*:

Übung macht den Meister! Die Kinder werfen so oft, dass die Koordination zwischen Händen und Augen und ihre Wurf- und Fangfähigkeiten sich verbessern. 500 Wiederholungen stellen einen guten Übungsrichtwert dar.

Beurteilung:

Kategorien

3 = hat die meisten Übungen mit gutem Erfolg absolviert
2 = hat alle Übungen absolviert, sich dabei aber nicht immer Mühe gegeben
1 = hat einige, aber nicht alle Übungen absolviert
0 = hat kaum eine Übung absolviert

Sicherheit:

Alle Würfe sollen kontrolliert ausgeführt werden. Die Kinder sollen in ihrem eigenen Bereich bleiben und so viel Platz haben, dass sie nicht mit anderen zusammenstoßen, wenn sie ihre Arme ausstrecken. Geben Sie den Kindern Grenzen vor, und legen Sie Regeln darüber fest, was passieren wird, wenn sie etwas im Klassenzimmer umwerfen. Halten Sie sich an diese Regeln.

500-mal fangen (Im Detail)

Tipps und Variationen:

- Üben auch Sie ein wenig werfen und fangen, während Sie umhergehen. Machen Sie den Kindern deutlich, dass Sie das immer noch weiterbringt, obwohl Sie schon einige Jahre lang geübt haben.
- Kinder der dritten bis vierten Klassen sollen sich eine anspruchsvolle Aufgabe ausdenken, die ihr Interesse wach hält und gleichzeitig das wiederholte Werfen von unten und von oben fördert. Ein Beispiel wäre etwa: „Mit wie vielen von fünf Würfen trefft ihr den Schuh eures Partners?"

Für zu Hause:

„Wie oft könnt ihr zwischen dem Zeitpunkt, wo ihr von der Schule nach Hause kommt und dem Zeitpunkt, wo ihr ins Bett geht, werfen? Schafft ihr genauso viel, wie im heutigen Unterricht?"

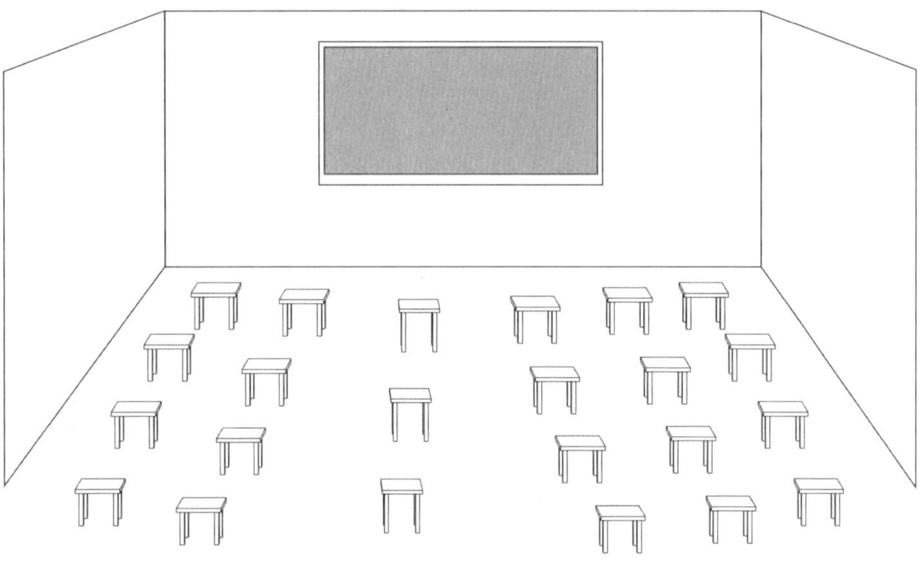

Flummi und Steinchen

Fallen lassen und auffangen

Aktionsstufe: Die Partner wechseln sich gegenseitig ab.

Fähigkeiten: einen Flummi wieder auffangen können, Auge und Hand beim Werfen koordinieren

Material:
- acht kleine Steinchen pro Spielerpaar; alternativ acht kleine Papierkügelchen aus zerknülltem Papier
- ein kleiner Flummi (ca. 2,5 cm Durchmesser) pro Spielerpaar

Motivation: „Wie schnell könnt ihr acht kleine Steinchen aufheben? ‚Flummi und Steinchen' ist ein altes Spiel, das Spaß macht. Ihr könnt es alleine oder mit mehreren spielen. Es sieht auf den ersten Blick einfach aus, aber wenn ihr den Flummi fallen lasst und gleichzeitig versucht, die Steinchen aufzuheben, ist es plötzlich gar nicht mehr so einfach. Mal sehen, wie gut eure Hände und Augen aufeinander eingespielt sind."

Intensität: NMH

Aufbau:

Schauen Sie zuerst, ob Sie etwas umstellen müssen. Wenn ja, stellen Sie es zum Schluss wieder so hin, wie es vorher war. In diesem Fall ist kein Umbau nötig.

So geht es:

Wie schnell kann man einen Flummi fallen lassen und anschließend Steinchen aufheben? Um diese Frage geht es hier. Die Kinder spielen zu zweit zusammen.

- Die Partner sitzen einander auf dem Boden gegenüber. Ein kleiner Flummi und acht Steinchen (oder Papierkügelchen) liegen zwischen ihnen.
- Einer der beiden Partner nimmt den Flummi, lässt ihn fallen und versucht, ein Steinchen aufzuheben und den Flummi wieder aufzufangen, bevor er das zweite Mal aufspringt.
- Wenn der Partner dies geschafft hat, ist er noch mal an der Reihe. Nun muss er zwei Steinchen aufheben, bevor der Flummi ein zweites Mal aufspringt. Als Nächstes fährt er mit drei Steinchen fort, danach muss er vier aufheben usw.
- Nach jeder Runde darf der andere Partner die acht Steinchen aufnehmen und neu auf dem Boden verteilen. Auf diese Weise bleiben beide an dem Spiel beteiligt.
- Der Partner, der angefangen hat, macht weiter, bis er es geschafft hat, acht Steinchen aufzunehmen.
- Nach jeder Runde muss der Partner, der an der Reihe war, so viele Hampelmänner machen, wie er Steinchen aufheben konnte.

Flummi und Steinchen (Im Detail)

Ziele: **Die Kinder ...**
- ➜ lassen einen kleinen Flummi so fallen, dass sie ihn immer im Blickfeld haben, ohne den Kopf bewegen zu müssen.
- ➜ setzen Geschwindigkeit und Tastsinn in dem Maße ein, dass sie mit derselben Hand den Flummi fangen können.

Aufwärmen: „Wer gibt den Ton an?" (S. 25)

Hinweise und Anregungen:

Begleiten Sie die Übungen mit folgenden *Hinweisen*:
- Lasst den Flummi so fallen, dass er genau wieder in eure Hand zurückspringt.
- Lasst ihn so fallen, dass ihr nicht den Kopf bewegen müsst und ihn immer im Blick habt.

Berücksichtigen Sie folgende *Anregung*:
Erklären Sie, wie die Kinder ihr peripheres Sehen einsetzen können.

Beurteilung:

Kategorien

3 = ließ den Flummi fallen und fing ihn fast immer wieder auf
2 = ließ den Flummi fallen und fing ihn häufig wieder auf
1 = ließ den Flummi fallen und fing ihn manchmal wieder auf
0 = ließ den Flummi schlecht fallen und fing ihn fast nie wieder auf

Sicherheit:

Die Kinder sollen die Flummis nicht über ihren Kopf hinaus springen lassen. Sie dürfen damit auch nicht auf andere Mitspieler zielen.

Flummi und Steinchen (Im Detail)

Tipps und Variationen:

- Während Sie den Kindern das Spiel erklären, werfen und fangen sie permanent den Flummi. So motivieren Sie die Kinder dazu, selbst mit dem Flummi zu spielen.
- Kleinere Kinder oder Kinder mit weniger Übung dürfen beide Hände zum Einfangen und Aufsammeln benutzen.

Für zu Hause:

„Macht euch ein Spielset mit Flummi und Steinchen, sodass ihr zu Hause weiterüben könnt. Spielt z.B. damit, wenn ihr fernseht und besonders immer dann, wenn ihr auf etwas wartet."

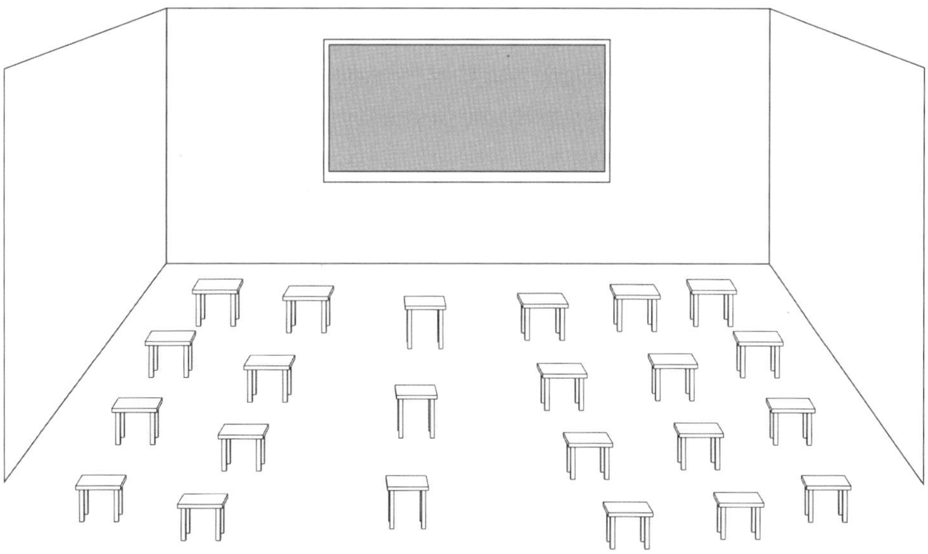

Wurftechniken

Zielend werfen

Aktionsstufe: Alle machen mit.

Fähigkeiten: auf ein Ziel werfen, ein Ziel anpeilen, Schlagwürfe und Unterarmwürfe und den Brustpass ausführen, lupfen

Material:
- 15 zerknüllte Papierkugeln
- 15 Reissäckchen
- drei Schaumstoffbälle in der Größe eines Basketballs
- drei Kegel
- Gummiringe

Motivation: „Es gibt viele verschiedene Wurftechniken. Fallen euch irgendwelche Spiele ein, bei denen ihr werfen müsst? Wie wäre es z.B. mit Basketball, Tennis, Volleyball und sogar Fußball. Wir wollen üben, wie man bei einigen davon werfen muss."

Intensität: NMH

Aufbau:

Schauen Sie zuerst, ob Sie etwas umstellen müssen. Wenn ja, stellen Sie es zum Schluss wieder so hin, wie es vorher war.

So geht es:

Die Spieler durchlaufen jede Station und entdecken eine neue Wurftechnik oder verbessern ihre schon vorhandenen Wurffähigkeiten. Ältere Kinder können sich z.B. eine bestimmte Anzahl an gelungenen Würfen vornehmen, bevor sie an der nächsten Station fortfahren. Zweiergruppen sind gut geeignet.

1. **Ringwurfstation/Säckchenwurf:**
   Stellen Sie einen Kegel auf, den die Kinder treffen sollen. Sie führen mit einem Reissäckchen/einem Ring einen Unterarmwurf aus und versuchen, damit den Kegel umzuwerfen.
2. **Tenniswurfstation:**
   Die Kinder werfen im Stehen ein Reissäckchen, und zwar mit der linken (bei Linkshändern: rechten) Hand 30 cm über ihrem Kopf. Das Reissäckchen soll 15 cm vor dem linken (bei Linkshändern: rechten) Fuß aufkommen.
3. **Brustpass/Basketballstation:**
   Zwei Partner stehen 1,80 m auseinander und werfen sich einen basketballgroßen Schaumstoffball zu.
4. **Fußballeinwurfstation**
   Zwei Partner stehen 1,80 m auseinander und werfen sich über Kopf einen basketballgroßen Schaumstoffball zu.

Wurftechniken (Im Detail)

Ziele: **Die Kinder ...**
- ➜ werfen einen Ball auf ein bestimmtes Ziel und wenden dabei verschiedene Wurftechniken an.
- ➜ achten beim Werfen auf Haltung und Ablauf.

Aufwärmen: Zeigen Sie den Kindern, wie sie ihre Schultermuskulatur lockern können. Erläutern Sie, warum es wichtig ist, die Schultermuskulatur (Deltamuskeln) zu lockern, und lassen Sie die Kinder ihre Arme langsam vorwärts und rückwärts kreisen. Vergrößern Sie allmählich die Armkreise.

Hinweise und Anregungen:

Begleiten Sie die Übungen mit folgenden *Hinweisen*:
Zeigt zur Vorbereitung des Wurfes und beim Werfen selbst mit der Hand auf das Ziel.

Berücksichtigen Sie folgende *Anregungen*:
- Bei Schlagwürfen müsst ihr das Ziel anpeilen, mit dem Arm nach hinten (am Ohr vorbei) ausholen, mit dem gegenüberliegenden Fuß einen Schritt nach vorne machen, den Ball werfen, dabei den Arm nach vorne durchziehen und gleichzeitig auf das Ziel zeigen.
- Bei Unterarmwürfen müsst ihr das Ziel anpeilen, mit dem Arm hinter der Hüfte ausholen, mit dem gegenüberliegenden Fuß einen Schritt nach vorne machen, den Ball werfen, den Arm durchziehen und auf das Ziel zeigen.
- Bei Unterarmwürfen im Bogen müsst ihr das Ziel anpeilen, mit dem Arm hinter der Hüfte ausholen, mit dem gegenüberliegenden Fuß einen Schritt nach vorne machen, den Ball höher als die Spitze eures Ziels werfen und den Ball so stark beschleunigen, dass er im Bereich eures Zieles herunterfällt (dies erfordert einige Übung). Zieht den Arm durch, und zeigt auf das Ziel.
- Bei seitlichen Würfen müsst ihr das Ziel anpeilen, mit dem Arm seitlich auf Schulterhöhe ausholen, mit dem gegenüberliegenden Fuß einen Schritt nach vorne machen, den Ball werfen, den Arm durchziehen und auf das Ziel zeigen.

Beurteilung:

Kategorien

3 = hat verschiedene Wurfarten ausgeführt und das Ziel meistens getroffen

2 = hat verschiedene Wurfarten ausgeführt und das Ziel manchmal getroffen

1 = hat verschiedene Wurfarten ausgeführt und das Ziel kaum getroffen

0 = hat nur eine einzige Wurfart ausgeführt und kaum oder nie das Ziel getroffen

Wurftechniken (Im Detail)

Sicherheit:

Die Kinder sollen kontrolliert werfen, sodass sie ihrem Ball oder dem Reissäckchen nicht hinterherlaufen müssen. Erklären Sie, welche Grenzen und Beschränkungen für einen sicheren Wurf notwendig sind. Mit Bällen oder Reissäckchen darf nichts von Tischen und Wänden geworfen werden.

Tipps und Variationen:

- Während Sie die Kinder beurteilen, achten Sie darauf, welche Kinder sich die Zeit nehmen und zielen, einen Schritt vorwärts machen und nach dem Wurf noch auf das Ziel zeigen. Bestärken Sie richtige Wurfausführungen, damit sich diejenigen weiterhin darauf konzentrieren. Kinder, die werfen, ohne nachzudenken, sollen langsamer vorgehen und den Wurf erst einmal in Zeitlupe ausführen.
- Verwenden Sie Papierkugeln statt Reissäckchen, wenn nötig.

Für zu Hause:

„Sucht euch zum Spaß jemanden, mit dem ihr eine andere Wurftechnik ausprobieren könnt, als die, mit der ihr sonst am besten werfen könnt. Lupft z.B. mal den Ball in den Korb. Dann werft wieder mit der richtigen Technik. Beobachtet, ob euer Partner den Unterschied merkt, und erklärt ihm dann, welches die richtige Technik ist."

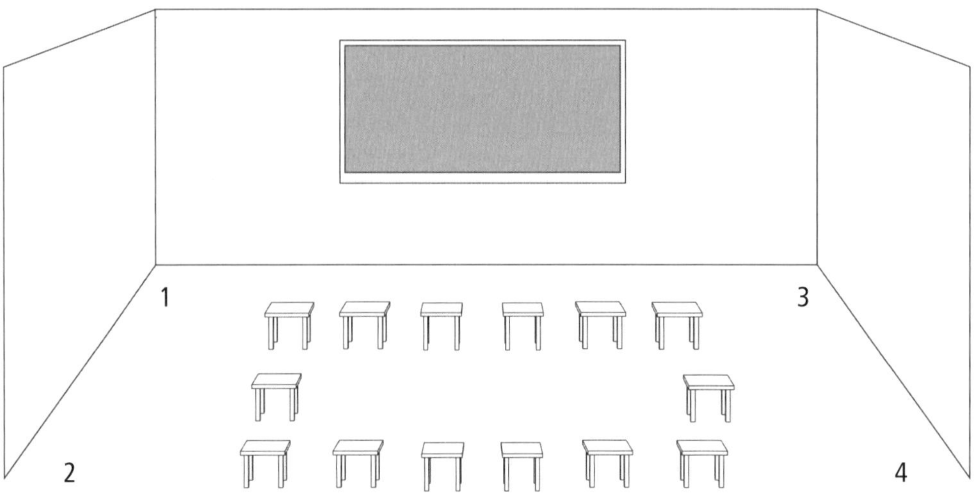

5

Basketballturnier

Zielend werfen

Aktionsstufe: Alle machen mit.

Fähigkeiten: auf ein Ziel werfen, ein Ziel anpeilen, im Bogen werfen, einen Ball in einen Behälter werfen

Material:
- 12 Schaumstoffbälle
- sechs Platzmarkierungen aus Gummi oder Hütchen, um die Foullinie zu kennzeichnen
- fünf Kisten oder Eimer

Motivation: „Heute werdet ihr an einem Basketballturnier teilnehmen."

Intensität: NMH

Aufbau:

Schauen Sie zuerst, ob Sie etwas umstellen müssen. Wenn ja, stellen Sie es zum Schluss wieder so hin, wie es vorher war.

- ✖ Sie brauchen sechs Bereiche, die als Basketballplätze dienen.
- ✖ Sie brauchen etwa 1,80 m Platz zum Werfen zwischen Wand und den Spielern.
- ✖ An jeder Kiste bzw. an jedem Eimer spielen vier Kinder.

So geht es:

Die Kinder spielen in einem Team gegen andere Teams. Sie werfen, fangen und zielen (Kisten, Eimer). Alle Teams erfahren, wie es ist, an einem Turnier teilzunehmen, indem sie gegen mehrere verschiedene Teams antreten (geben Sie den Teams Namen). Jedes Zweierteam nimmt teil, indem sich die beiden Partner gegenseitig mindestens einmal zuwerfen und dann in das Ziel werfen. Die Angriffsspieler können sich hinknien oder hinsetzen. Das andere Team spielt die Verteidigung, indem sie sitzend eine Minute lang Würfe abwehren. Erzielt ein Team einen „Korb", tauschen Angreifer und Verteidiger die Rollen, wie im echten Spiel. Die neuen Angreifer starten von der 1,80-m-Linie ihren Spielzug. Nach jeder Minute spielt ein Team gegen einen neuen Gegner.
Schreiben Sie eine Liste der Teams, wie auf S. 144 aufgeführt, an die Tafel, und halten Sie den Punktestand fest.

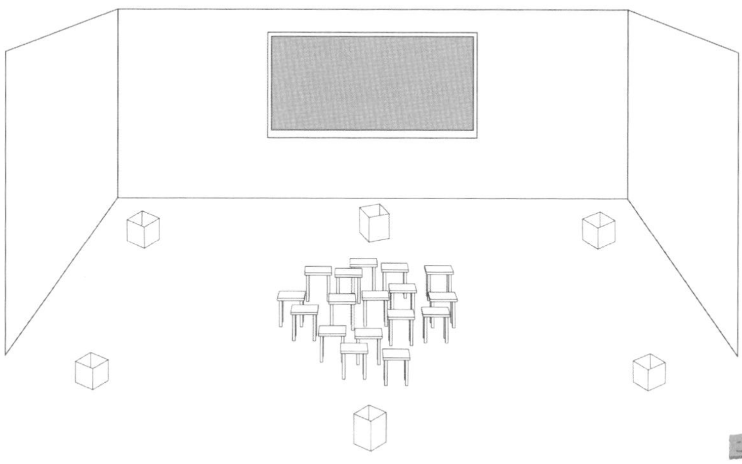

Basketballturnier

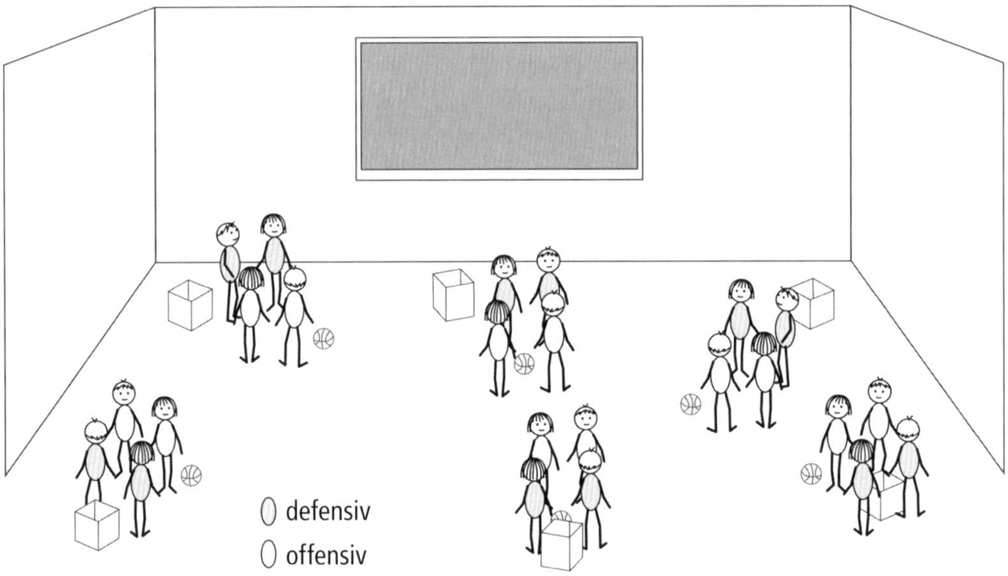

Punkteschema

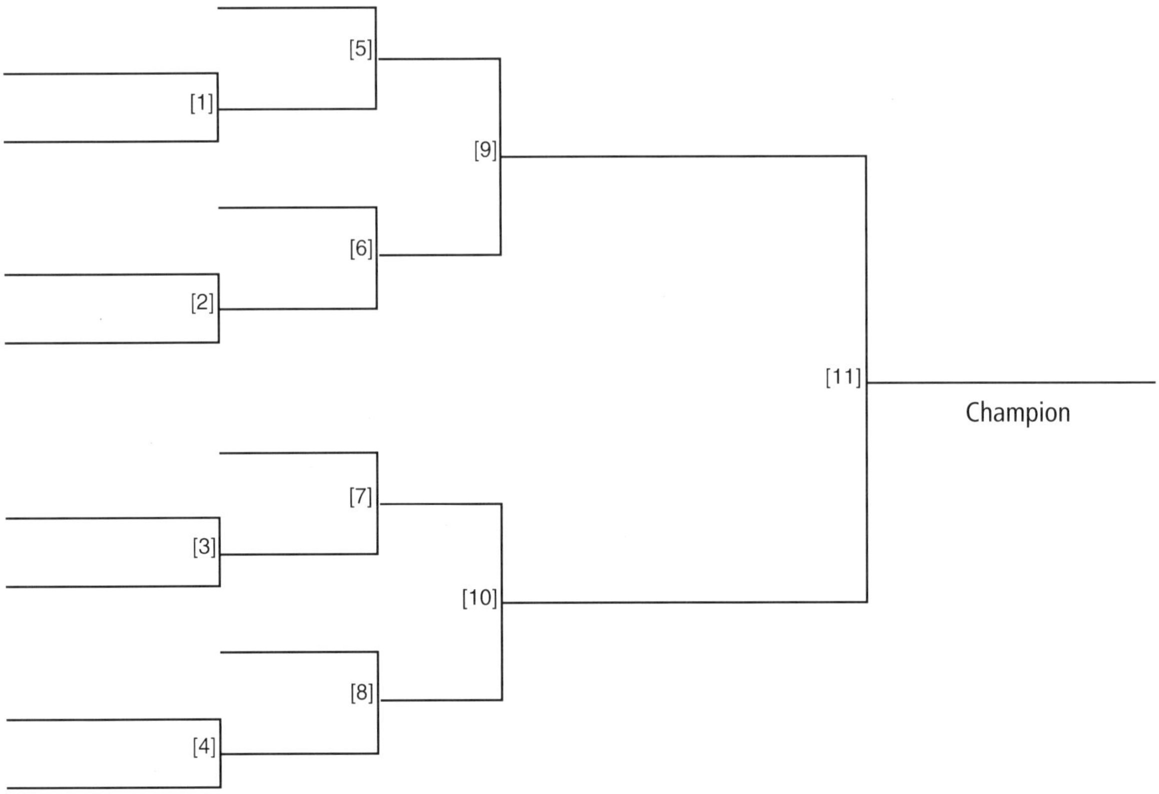

Basketballturnier (Im Detail)

Ziele: **Die Kinder …**
- ➜ werfen einen Ball im Bogen auf ein Ziel.
- ➜ achten beim Werfen auf Haltung und Technik.
- ➜ identifizieren sich als Teilnehmer des Turniers.
- ➜ entwickeln kooperatives und faires Verhalten, das sie beim Ausüben, Ansehen oder Teilnehmen an Sport, Bewegung und Freizeitaktivitäten benötigen.

Aufwärmen: „4-mal schießen“ (S. 36). Dies sollen die Kinder so lange spielen, bis Sie die „Körbe“ (Eimer oder Kisten) im Raum verteilt haben.

Hinweise und Anregungen:

Begleiten Sie die Übungen mit folgenden *Hinweisen*:

- Wendet euren Körper dem Ziel zu, während ihr es anpeilt und darauf werft.
- Tut so, als ob euer Wurfarm mit dem Ball durchs Ziel hindurchstößt.

Berücksichtigen Sie folgende *Anregungen*:

- Gehen Sie den Ablauf des Korbwurfes durch, und führen Sie ihn vor:
  - Der Körper ist dem Ziel zugewandt.
  - Haltet den Ball in der „schwachen“ Hand vor dem Kinn.
  - „Stoßt“ den Ball mit der „starken“ Hand nach oben und in die Kiste/in den Eimer (Zweitklässler dürfen beide Hände benutzen).
  - Streckt den Arm der „starken“ Hand in einer Linie zum Ziel aus, nachdem ihr den Ball abgeworfen habt.
- Die beiden Spieler eines Teams müssen einander den Ball einmal zuwerfen, bevor sie den Ball abwerfen.
  - Es ist wichtig, einander schnell zuzuwerfen, denn ein weiteres Ziel des Spiels ist es, am Ende die meisten Punkte zu haben.
  - Sie können jedes Spiel als Gewinn werten, aber nehmen Sie dadurch nicht die Spannung heraus, und sorgen Sie dafür, dass die Kinder nicht aufgeben, indem sie einen laufenden Punktestand halten.
  - Vergeben Sie Fairnesspunkte, um faires Verhalten der Teams zu fördern, wenn Sie ein solches beobachten. So können die Kinder während des Spiels faires Verhalten im Sport üben.
- Wechseln Sie nach jeder Minute die Rollen.
- Nehmen Sie sich nach jedem Wechsel kurz Zeit, um den Spielstand und die Hinweise zu aktualisieren.

Bezug zu anderen Fächern:

- Die Kinder üben Rechnen beim Addieren und Subtrahieren der Punkte.
- Kinder der Klassen 3–4 entwickeln mit dem Punkteschema ein gewisses Verständnis für Chancen und Wahrscheinlichkeiten.

Sicherheit:

Die Kinder müssen im Bereich ihres Teams bleiben. Die Angreifer dürfen knien oder sitzen. Die Verteidiger dürfen nur auf dem Gesäß sitzen.

Basketballturnier (Im Detail)

Beurteilung: ....

Kategorien

3 = hat im Bogen geworfen, dabei die richtige Technik angewendet und ist dem richtigen Ablauf gefolgt

2 = hat im Bogen geworfen, dabei meistens die richtige Technik angewendet und ist dem richtigen Ablauf gefolgt

1 = hat im Bogen auf das Ziel geworfen, dabei die richtige Technik angewendet, ist aber nicht dem richtigen Ablauf gefolgt

0 = hat nicht wie vorgeschlagen im Bogen oder mit der richtigen Technik geworfen und ist nicht dem richtigen Ablauf gefolgt

Tipps und Variationen:

- Die Kinder können die Namen der einzelnen Teams auf Papierschilder schreiben, die sie zu jeder Station mitnehmen können.
- Passen Sie die Wurftechnik den kleineren Händen der jüngeren Kinder an.
- Erklären Sie Ihren Viertklässlern das Punkteschema und Wahrscheinlichkeiten. Bei Ihrem Turnier machen nur zwölf Teams mit. Sie können einen Bezug zur Mathematik herstellen:
  - Wie hoch sind die Gewinnchancen?
  - Wer spielt gegen wen? Wie oft?
  - Welche Platzierungen gibt es?
  - Was ist ein Achtelfinale, Viertelfinale, Halbfinale, Finale?

Für zu Hause:

„Vervollständigt zu Hause das Punkteschema. (Geben Sie jedem Kind ein Punkteschema mit.) Tragt diejenigen Teams darin ein, von denen ihr meint, dass sie die jeweiligen Spiele gewinnen. Seht euch die Platzierung und bisherigen Ergebnisse der Teams an, bevor ihr entscheidet."

Wurfrunden

Aktionsstufe: Alle machen in der Gruppe mit.

Fähigkeiten: einen geworfenen oder aufgesprungenen Ball auffangen

Material: drei Schaumstoffbälle oder andere leichte Bälle pro Gruppe

Motivation: „Könnt ihr euch in der Gruppe einen Ball zuwerfen? Schafft ihr das auch mit einem großen Ball statt mit Tüchern? Das Zuwerfen in der Gruppe ist viel schwerer als alleine, weil es davon abhängt, ob die anderen Spieler gut werfen und fangen."

Intensität: NMH

Aufbau:

Schauen Sie zuerst, ob Sie etwas umstellen müssen. Wenn ja, stellen Sie es zum Schluss wieder so hin, wie es vorher war.

So geht es:

Bilden Sie Fünfer- oder Sechsergruppen. Jede Gruppe stellt sich in einem Kreis auf, wobei sich alle gegenüberstehen. Die Kinder sollen möglichst genau werfen, damit die anderen Gruppenmitglieder den Ball jedes Mal fangen, wenn er zu ihnen kommt. Wenn ein Team gut zurechtkommt, steigert es die Anzahl der Bälle und fährt in der gleichen Wurfreihenfolge fort.

- Die Kinder beginnen mit einem einzigen Ball. Der erste Werfer (1) wirft einem zweiten Werfer (2) den Ball in Brusthöhe zu, sodass dieser ihn leicht fangen kann.
- Das Team fängt und wirft wiederholt, bis der Ball 2-mal die Runde gemacht hat. Lässt ein Spieler den Ball fallen, muss das Team von vorne beginnen. Die Reihenfolge des Zuwerfens bleibt dieselbe: Werfer 1 zu Werfer 2, Werfer 2 zu Werfer 3 usw. Auch wenn jemand zum falschen Mitspieler wirft, muss das Team von vorne beginnen.
- Nach jeweils zwei erfolgreichen Runden nimmt die Gruppe einen weiteren Ball hinzu.
- Die Kinder zählen mit, wie oft sie sich einander den Ball zuwerfen können.

Wurfrunden (Im Detail)

Ziele: **Die Kinder ...**
- ➜ nehmen sich vor, so zu werfen, dass der Fänger den Ball leicht fangen kann.
- ➜ arbeiten mit ihren Teammitgliedern zusammen auf ein Ziel hin (hier: jeden Wurf aufzufangen).
- ➜ ermuntern einander, vernünftig zu werfen und zu fangen, und konzentrieren sich darauf.

Aufwärmen: „Übungswürfel 100" (S. 23/24)

Hinweise und Anregungen:

Begleiten Sie die Übungen mit folgenden *Hinweisen*:
- Werft den Ball, indem ihr dabei auf die Brust eures Partners zielt.
- Werft sanft, damit eure Teammitglieder den Ball nicht fallen lassen.
- Achtet darauf, dass ihr jedes Mal demselben Kind zuwerft.

Berücksichtigen Sie folgende *Anregungen*:
- Zeigen Sie den Kindern, wie man mit weniger Kraft, aber mit derselben Genauigkeit wirft, damit die Teammitglieder den Ball leichter fangen können.
- Bringen Sie den Kindern bei, wie sie zu guten Teamspielern werden: Sie sollen ihre Teammitglieder auf den Wurf vorbereiten, indem sie vorher ihre Namen rufen.

Beurteilung:

Kategorien

3 = hat Würfe ausgeführt, die die Teammitglieder gut fangen konnten

2 = hat meistens Würfe ausgeführt, die die Teammitglieder gut fangen konnten

1 = hat manchmal Würfe ausgeführt, die die Teammitglieder nicht gut fangen konnten

0 = hat kaum Würfe ausgeführt, die die Teammitglieder fangen konnten

Sicherheit:

Der Wurf muss leicht und kontrolliert sein. Erlauben Sie keine unkontrollierten Würfe.

Tipps und Variationen:

- ✖ Die Kinder sollen sich vorstellen, dass sie mit einem Ei werfen. Spielen Sie durch, wie es wäre, wenn drei Kinder sich ein Ei zuwerfen. Wenn das Ei herunterfällt, hätte das Team nichts mehr, womit es werfen könnte. Setzen Sie ihre ganze Schauspielkunst ein, um deutlich zu machen, wie wichtig es ist, dass das Ei nicht herunterfällt.
- ✖ Im Sitzen können die Kinder kontrollierter werfen.
- ✖ Benutzen Sie Papierkugeln.

Für zu Hause:

„Wie viele Wurfrunden schafft ihr mit euren Nachbarskindern zusammen? Versucht, eure Rundenzahl zu verbessern."

Baseballtraining

Aktionsstufe: Alle machen mit.

Fähigkeiten: auf ein Ziel werfen, ein Ziel anpeilen, Unterarm- und Schlagwürfe ausführen

Material:
- fünf baseballgroße Schaumstoffbälle
- fünf Platzmarkierungen aus Gummi oder Pylonen als Werfermal
- fünf Stationsmarkierungen, an denen Wurf- und Pitch-Techniken erklärt werden

Motivation: „Wärt ihr in der Lage, ein Profi-Baseballspieler zu sein? Könntet ihr mich durchs Pitchen rauswerfen? Mal sehen, wie gut ihr pitchen könnt – wie beim Baseball oder Softball (abgeschwächte Version von Baseball für Mädchen)."

Intensität: NMH

Aufbau:

Schauen Sie zuerst, ob Sie etwas umstellen müssen. Wenn ja, stellen Sie es zum Schluss wieder so hin, wie es vorher war.

So geht es:

Die Mitspieler nehmen an einem Trainingslager für Pitcher teil und trainieren dabei an fünf Stationen ihre Wurf- und Zielfähigkeiten. An den Stationen übernehmen die Spieler eine der folgenden Rollen. Machen Sie jeden Pitch und jede Rolle vor.

Schlagmann:
Er steht mit der Schultern zur Wand, dem Pitcher zugewandt, und nimmt die Haltung eines Schlagmannes ein (ein Baseballschläger wird weder benötigt noch empfohlen).

Pitcher:
Er steht an einer Stelle in der Mitte des Raumes, dem Schlagmann zugewandt und drei Meter von ihm entfernt.

Schiedsrichter 1:
Er kontrolliert, ob der Pitcher seine Würfe korrekt ausführt.

Schiedsrichter 2:
Er kontrolliert den Schlagmann. Wenn der Pitcher einen Ball in den gültigen Bereich zwischen Schultern und Knien des Schlagmannes wirft, ruft er einen „Strike" aus, wenn nicht, einen „Ball". Der Schiedsrichter soll dabei, genau wie in richtigen Spielen, „Striiiiike" rufen.

Fänger:
Er hebt den Ball auf und gibt ihn dem Pitcher zurück.

Baseballtraining

Jeder hat zwei Pitch-Versuche, bevor er weiterzieht. Die Kinder können auch an den anderen Stationen die Rolle des Pitchers üben. Nach jedem „Strike", den der Pitcher geworfen hat, machen alle außer dem Schlagmann (der gerade den „Strike" bekommen hat) zwei Hampelmänner.

1. Baseball-Pitcher: Pitchen Sie dem Schlagmann zwei Schlagwürfe zu.
2. Langsamer Softball-Pitcher: Pitchen Sie zwei Unterarmwürfe im Bogen. Der Bogen sollte zwischen ein und drei Meter hoch sein.
3. Schneller Softball-Pitcher: Pitchen Sie zwei Unterarmwürfe, indem Sie das Bein wie beim typischen Baseballwurf („windup") anziehen.
4. Der Baseball-Pitcher führt einen seitlichen Wurf oder eine andere Wurfart aus, die abgewandelt, aber gültig ist und die Sie oder ein Kind vormachen können.
5. Freie Auswahl des Pitchers: Der Pitcher wirft zwei Würfe im Wurfstil seiner Wahl.

Machen Sie aus dem Spiel einen richtigen Wettbewerb:

- Wenn der Pitcher 2-mal hintereinander einen Wurf in den gültigen Bereich wirft = 1 Punkt für den Pitcher.
- Der Schlagmann erhält zwei ungültige Würfe hintereinander = 1 Punkt für den Schläger.
- Der Schlagmann wird vom Ball getroffen = 1 Punkt für den Schlagmann und 1 Punkt Abzug für den Pitcher.

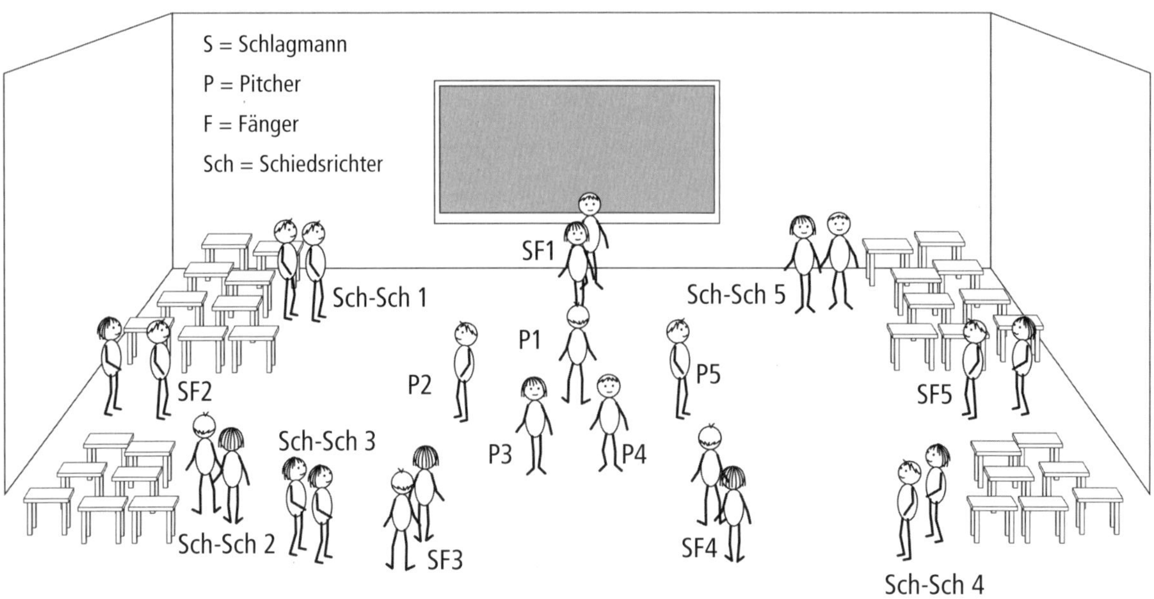

Baseballtraining (Im Detail)

Ziele: **Die Kinder …**

➜ werfen mit verschiedenen Wurfarten einen Ball auf ein Ziel.

➜ achten beim Werfen auf Haltung und Ablauf.

Aufwärmen: Die Kinder sollen ihre Schultermuskulatur lockern. Erläutern Sie, wie wichtig eine lockere Schultermuskulatur (Deltamuskeln) ist, und führen Sie dabei einfache Armkreise vorwärts und rückwärts aus. Steigern Sie sich dabei von kleinen zu größeren Kreisen.

Hinweise und Anregungen:

Begleiten Sie die Übungen mit folgenden *Hinweisen*:

- Bevor ihr schneller oder stärker werft, achtet zuerst auf die Zielgenauigkeit.
- Statten Sie jede Station mit den jeweiligen Anweisungen, einem Bild und der Nummer aus.

Berücksichtigen Sie folgende *Anregungen*:

- Beschreiben Sie Pitching als eine Wurfart. Die Kinder können Schlagwürfe und Unterarmwürfe sowie seitliche, schnelle und langsame Würfe pitchen.
- Erläutern Sie die verschiedenen Bewegungsabläufe beim Pitchen:
  - Beim Schlagwurf-Pitchen müsst ihr das Ziel anpeilen, mit dem Arm nach hinten am Ohr vorbei ausholen, mit dem gegenüberliegenden Fuß einen Schritt nach vorne machen, den Ball werfen, den Arm durchziehen und auf das Ziel zeigen.
  - Beim Unterarm-Pitchen müsst ihr das Ziel anpeilen, mit dem Arm hinter der Hüfte ausholen, mit dem gegenüberliegenden Fuß einen Schritt nach vorne machen, den Ball werfen, den Arm durchziehen und auf das Ziel zeigen.
  - Beim Unterarm-Pitchen im Bogen müsst ihr das Ziel anpeilen, mit dem Arm hinter der Hüfte ausholen, mit dem gegenüberliegenden Fuß einen Schritt nach vorne machen, den Ball höher als die Spitze eures Ziels werfen und ihn in den Treffbereich eures Zieles herunterfallen lassen (dies erfordert einige Übung). Zieht den Arm durch, und zeigt auf das Ziel.
  - Beim seitlichen Pitchen müsst ihr das Ziel anpeilen, mit dem Arm seitlich auf Schulterhöhe ausholen, mit dem gegenüberliegenden Fuß einen Schritt nach vorne machen, den Ball werfen, den Arm durchziehen und auf das Ziel zeigen.
  - Bei einem schnellen Unterarm-Pitch müsst ihr das Ziel anpeilen, den Arm vorstrecken, ihn dann in einer Drehbewegung nach hinten führen, mit dem gegenüberliegenden Fuß einen Schritt nach vorne machen, den Ball werfen, den Arm durchziehen und auf das Ziel zeigen.
  - Die Kinder können evtl. Trickwürfe pitchen. Legen Sie jedoch keinen besonderen Wert auf solche Würfe, und beurteilen Sie sie auch nicht. Stellen Sie sie nur vor, um das Wissen und die Neugier der Kinder am Werfen zu steigern.
- Wenn Sie die Kinder in Gruppen aufteilen, gehen Sie dabei nach deren Fähigkeiten vor.

Baseballtraining (Im Detail)

Beurteilung:

Kategorien

3 = hat die Aufgaben befolgt, war ein fairer Schiedsrichter und hat eine geeignete Rückmeldung gegeben

2 = hat die Aufgaben befolgt, war ein fairer Schiedsrichter und hat Rückmeldung gegeben

1 = hat die Aufgaben überwiegend befolgt, war zum Teil ein fairer Schiedsrichter, hat aber keine Rückmeldung gegeben

0 = hat die meisten Aufgaben nicht befolgt, war kein fairer Schiedsrichter und hat keine Rückmeldung gegeben

Beurteilung durch die Gruppe:

- In der Schiedsrichterposition überprüfen die Kinder, ob ihre Mitspieler ...
  - ... Schritte mit dem gegenüberliegenden Fuß machen,
  - ... den richtigen Ablauf des Pitches verfolgen und
  - ... das Ziel treffen.
- Die Schiedsrichter geben dem Pitcher unmittelbar nach dem Wurf Rückmeldung.
- Der Schiedsrichter des Schlagmannes ruft laut, ob der Wurf ein „Ball" (außerhalb des gültigen Schlagbereichs) oder ein „Strike" (innerhalb des gültigen Schlagbereichs) war.

Sicherheit:

Während des Pitchens soll jeder in seinem eigenen Bereich bleiben. Nur der Pitcher wirft, und nur der Fänger holt den Ball zurück!

Tipps und Variationen:

- ✖ Die Kinder dürfen auch selbst ihren Punktestand nachhalten. Verzichten Sie bei kleineren Kindern auf das Punktezählen.
- ✖ Um den Wettbewerb spannender zu gestalten, vergeben Sie Punkte (s.o.).

Für zu Hause:

„Welches ist die Lieblingsbaseballmannschaft eurer Familie? Schafft ihr es, euren Eltern 3-mal hintereinander einen „Strike" zuzuwerfen?"

Ziel-Zeit

Zielend werfen

Aktionsstufe: Alle machen mit.

Fähigkeiten: Werfen, Zielen, Genauigkeit

Material:
- zwei Gummiringe
- Zielscheibe mit einer schwarzen Mitte. Zeichnen Sie eine Zielscheibe an die Tafel oder auf ein Blatt Papier
- Hula-Hoop-Reifen
- ein Trikot, ein Wäschekorb
- ein Papierkorb aus dem Klassenzimmer
- eine zerknüllte Papierkugel
- ein Strohhalm
- Getränkebecher (für 1 Liter)
- ein Cent-Stück
- zwei kleine, leichte Bälle (in der Größe eines Golfballes)
- ein Blatt Papier, in Viertel aufgeteilt und zusammengerollt
- eine Papiertüte
- ein Schaumstoffball

Motivation: „Habt ihr schon mal darüber nachgedacht, wie oft ihr am Tag auf etwas zielen müsst? Das kann der Mülleimer, der Wäschekorb oder das Glas sein, in das ihr etwas zu trinken einschenken wollt. Ihr müsst zielen und euch über den richtigen Zeitpunkt und die Genauigkeit Gedanken machen. Was würde mit eurem Getränk passieren, wenn ihr nicht präzise vorgeht? Das gäbe eine ganz schöne Schweinerei! Deshalb wollen wir heute ein bisschen zielen üben."

Ziel-Zeit

Intensität: NMH

Aufbau:

Schauen Sie zuerst, ob Sie etwas umstellen müssen. Wenn ja, stellen Sie es zum Schluss wieder so hin, wie es vorher war. Hier ist kaum ein Umbau nötig. Die Mitspieler benötigen nur genug Platz, um von ihrem Standpunkt aus auf das Ziel zu werfen. Derjenige, der wirft, steht in der Raummitte, der Partner steht an der Wand.

So geht es:

Die Kinder werfen auf unterschiedliche Ziele. Dabei konzentrieren sie sich darauf, das Ziel anzupeilen und es genau zu treffen.
Die Kinder spielen zu zweit zusammen. Einer von beiden wirft, der andere hilft am Ziel. Danach wird gewechselt. Die Kinder sollen aus einem Abstand von ungefähr drei Metern auf das Ziel werfen. Verändern Sie, je nach Leistungsfähigkeit der Mitspieler, den Abstand: Zweitklässler dürfen bei einer Entfernung von 1,50 m beginnen.

Bauen Sie folgende Stationen auf:

- Die Kinder werfen eine Papierkugel in einen Papierkorb (Wurfstil: von oben nach unten).
- Die Kinder werfen ein Trikot in einen Wäschekorb (Wurfstil: von unten nach oben).
- Die Kinder werfen einen Ring (dieser soll einen Rettungsring symbolisieren, mit dem man im Schwimmbad oder am Strand einen Ertrinkenden rettet) seitlich über den Arm des Partners. Sie können auch einen Frisbee verwenden.
- Die Kinder werfen auf die Mitte einer Zielscheibe (Wurfstil: von oben nach unten).
- Die Kinder stoßen einen Schaumstoffball in die Arme des Partners (dieser bildet mit den Armen einen Kreis).
- Die Kinder werfen einen Strohhalm in einen Pappbecher (Wurfstil: von oben nach unten).
- Die Kinder werfen ein Cent-Stück in den Schuh des Partners.
- Die Kinder werfen einen leichten Gegenstand durch einen kleinen Gummiring (15 cm groß).
- Die Kinder werfen durch einen großen Reifen.
- Die Kinder werfen kleine Gegenstände (z.B. kleine Papierkugeln) wie Popcorn in eine Tüte.

Ziel-Zeit (Im Detail)

Ziele: **Die Kinder …**
- ➜ werfen wohlüberlegt auf ein Ziel.
- ➜ erkennen, wann sie einen sicheren Wurf ausführen können, indem sie nur dann werfen, wenn niemand in ihrer Wurflinie steht.
- ➜ gehen sorgfältig mit Wurfmaterial und Zielobjekten um.
- ➜ freuen sich über ihren Lernerfolg, für den sie sich angestrengt und geübt haben.

Aufwärmen: „Hampelmann und Hampelfrau" (S. 30)

Hinweise und Anregungen:

Begleiten Sie die Übungen mit folgenden *Hinweisen*:
- Bei Wurfstilen „von oben nach unten" müsst ihr zuerst mit dem Arm am Ohr vorbei ausholen.
- Macht mit dem gegenseitigen Fuß eures Wurfarms einen Schritt nach vorne (außer bei Würfen mit dem Frisbee oder dem Gummiring).
- Nach dem Wurf zeigt ihr auf das Ziel.

Berücksichtigen Sie folgende *Anregungen*:
- Erklären Sie, wie man wohlüberlegt wirft, und führen Sie dies für jede der Aufgaben vor.
- Erläutern Sie, was für Unterschiede sich beim Wurf mit dem Frisbee bzw. dem Gummiring ergeben.
- Erklären Sie, wie wichtig es ist, ein Ziel zu haben:
  - Damit können wir unsere Würfe verbessern.
  - Ziele stellen Anhaltspunkte dar, auf die hin wir unsere Würfe richten können.
  - Anhand von Zielen können wir die Kraft und die Leistung messen, mit der wir werfen.
- Die Partner helfen beim sicheren Aufbauen der Ziele.

Beurteilung:

Kategorien

3 = hat die meisten Ziele gut angepeilt und sicher getroffen
2 = hat einige Ziele angepeilt und gut getroffen
1 = hat versucht, Ziele anzupeilen, hat aber nur selten getroffen und zeigte eine schlechte Wurfausführung
0 = hat kaum ein Ziel angepeilt oder getroffen

Ziel-Zeit (Im Detail)

Sicherheit:

Die Kinder sollen erst werfen, wenn der Weg frei ist. Nachdem sie sich mit einer Entschuldigung bemerkbar gemacht haben, sollen sie auf eine geeignete Gelegenheit warten, bis sie ein abgedriftetes Wurfobjekt sicher zurückholen können.

Tipps und Variationen:

- Forschungen im Bereich der Hirnforschung zufolge benötigen wir ca. 3000 Wiederholungen, bevor sich unsere Wurffähigkeit verbessert. Schauen Sie einmal selbst, ob Sie am Ende des heutigen Unterrichtstages bei allen Klassen zusammen auf 3000 Würfe kommen. Es spricht nichts dagegen, dass Sie sich nicht auch verbessern können und mitspielen.
- Benutzen Sie Wurfziele, die sich in Ihrem Klassenraum am besten eignen. Wenn Sie die Stationen zusammenstellen, bedenken Sie sowohl die Wünsche der Kinder als auch den Platz im Klassenzimmer.

Für zu Hause:

„Baut euch zu Hause ein paar Wurfziele auf. Versucht, jedes 10-mal zu treffen, und erhöht dann den Schwierigkeitsgrad. Sagt mir Bescheid, wenn ihr die 3000 erreicht."

Wurfstationen

Aktionsstufe: Alle machen aktiv mit.

Fähigkeiten: verschiedene Würfe (von oben nach unten, von unten nach oben) und Brustpässe ausführen, zuwerfen, Augen und Händen koordinieren

Material:
- 25 Tücher (am besten in drei verschiedenen Farben)
- zwölf Reissäckchen
- drei Schaumstoffbälle
- drei Behälter (Eimer, Kiste, Korb)
- Gummimatten zur Markierung und Markierungen, auf denen die Kinder stehen sollen, wenn sie Ziele treffen wollen
- drei Papierkugeln
- drei Wurfziele
- Testbogen zum Wurf- und Fangtest (S. 160)

Motivation: „Kann jemand von euch mit brennenden Gegenständen jonglieren, wie die Jongleure im Zirkus? Bestimmt nicht, ohne dass ihr etwas in Brand steckt oder euch eure Hände verbrennt! Beim Jonglieren muss man sich konzentrieren, die Augen und Hände aufeinander abstimmen, werfen, fangen und geduldig sein. Heute wollen wir Werfen und Fangen üben und herausfinden, was ihr schon könnt."

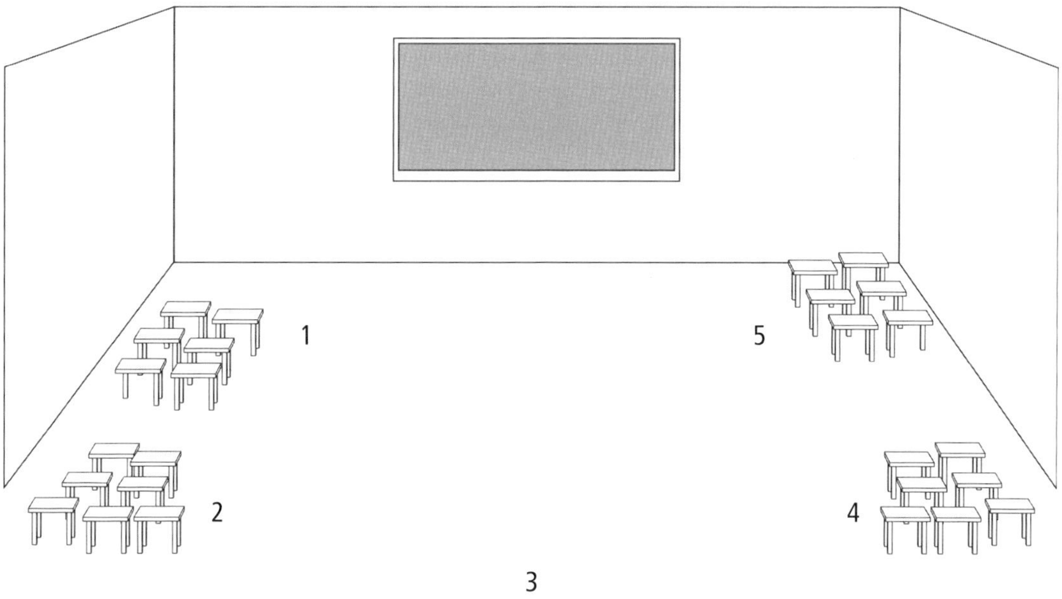

Wurfstationen

Intensität: NMH

Aufbau:

Schauen Sie zuerst, ob Sie etwas umstellen müssen. Wenn ja, stellen Sie es zum Schluss wieder so hin, wie es vorher war.

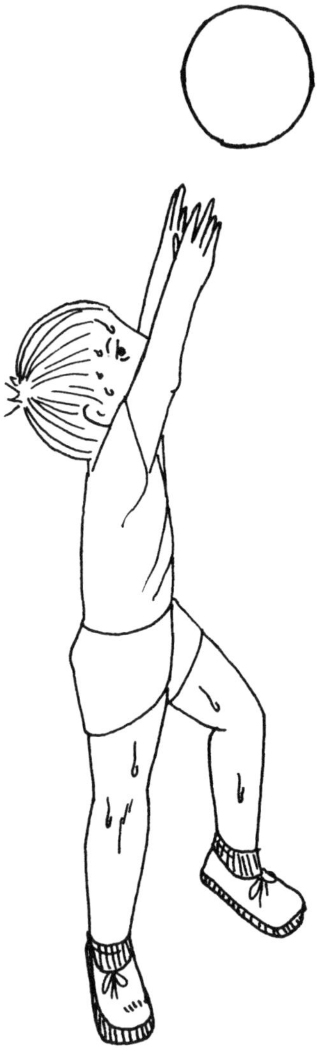

So geht es:

Die Mitspieler durchlaufen verschiedene Stationen und werden dort getestet. Die Kinder trainieren in Fünfergruppen drei Minuten lang an einer Station und füllen dann die Testbögen aus.

1. **Brustpässe:**
   Werft auf Brusthöhe eurem Gegner zu. Beantwortet die Testfrage auf dem Zettel.
2. **Zuwerfen:**
   Werft dem Partner in eurer Lieblingswurfart den Ball zu. Beantwortet die Testfrage auf dem Zettel.
3. **Korbwürfe:**
   Werft einen Schaumstoffball im Bogen in einen Eimer, Korb oder auf ein anderes Ziel. Beantwortet die Testfrage auf dem Zettel.
4. **Ziel-Zeit:**
   Werft einen Gegenstand auf ein Ziel. Wie oft schafft ihr es, zu treffen? Beantwortet die Testfrage auf dem Zettel.
5. **Jonglieren:**
   Jongliert zwei Sekunden lang mit zwei Tüchern. Probiert danach vier Sekunden, dann sechs und so weiter. Wie lange schafft ihr es, ohne die Tücher fallen zu lassen? Versucht es auch mit drei, vier oder fünf Tüchern. Beantwortet die Testfrage auf dem Zettel.

Wurfstationen (Im Detail)

Ziele: Die Kinder stellen beim Werfen ihre körperlichen und geistigen Fähigkeiten unter Beweis.

Aufwärmen: „Übungswürfel 100" (S. 23/24)

Hinweise und Anregungen:

Begleiten Sie die Übungen mit folgenden *Hinweisen*:

- Ausholen, zielen, Schritt nach vorne, werfen, durchziehen: Beim Schlagballwurf müsst ihr zuerst ausholen, dann zielen, mit dem gegenseitigen Bein einen Schritt nach vorne machen, den Ball loslassen und den Arm durchziehen.
- Stoßt den Wurfgegenstand mit euren Armen von der Brust weg auf die Brust des Partners zu.
- Verfolgt den Wurfgegenstand so lange wie möglich mit eurem Blick.

Berücksichtigen Sie folgende *Anregungen*:
Werfen ist in vielen Sportarten nützlich. Wenn die Kinder verschiedene Wurfarten kennen und wissen, wie sie die einzelnen Abläufe durchführen müssen, bieten sich ihnen mehr Spielmöglichkeiten.

Beurteilung:

Kategorien

3 = hat alle Aufgaben gut erfüllt
2 = hat alle Aufgaben erfüllt, jedoch nicht immer mit voller Leistung
1 = hat einige, aber nicht alle Aufgaben erfüllt
0 = hat die meisten Aufgaben nicht erfüllt

Sicherheit:

Die Kinder sollen darauf achten, wohin sie werfen und die Wurflinien anderer Kinder meiden.

- **Brustpass:** Die Kinder sollen nicht zu hart werfen und darauf achten, dass niemand im Weg ist.
- **Zuwerfen:** Die Kinder sollen nur dann werfen, wenn sie freie Bahn haben.
- **Korbwürfe:** Da die Kinder den Schaumstoffball im Bogen werfen, müssen sie aufpassen, dass sie damit nicht die Decke berühren. Außerdem dürfen sie nur dann werfen, wenn sie freie Bahn haben.
- **Ziel-Zeit:** Die Kinder sollen darauf achten, dass niemand im Weg steht, wenn sie den Gegenstand werfen.
- **Jonglieren:** Die Kinder sollen darauf achten, dass sie genug Abstand zu den anderen halten, sodass sie nicht versehentlich jemanden treffen.

Tipps und Variationen:

- ✖ Fragen Sie die Kinder, wie sie die Würfe, z.B. für ein Basketballspiel, trainieren würden. Die Kinder sollen die Abläufe beschreiben, während Sie sie ihnen vormachen. So haben die Kinder genau das vor Augen, was sie sich gerade vorstellen.
- ✖ Nehmen Sie noch einen weiteren Wurf in ihr Programm auf (z.B. Frisbee, Diskus, Kugelstoßen), und wählen Sie dafür einen Wurfgegenstand, den sie statt eines richtigen Balles sicher im Klassenzimmer benutzen können (z.B. Reissäckchen, Schaumstoffball, Papierkugel)

Für zu Hause:

„Schaut doch mal bei einem Vereinsspiel zu, bei dem die Spieler werfen müssen. Achtet darauf, wie die Spieler trainieren. Ihr könnt euch auch im Fernsehen Profispiele anschauen und darauf achten, wie sich die Spieler aufwärmen."

Wurf- und Fangtest

1. Brustpässe:

a) Von wo aus wirft man den Ball beim Brustpass?

___

b) Wie viele Pässe hast du deinem Partner erfolgreich in Brusthöhe zugeworfen?

___

2. Zuwerfen:

Beschreibe zwei verschiedene Wurfarten:

a) ___

b) ___

3. Korbwürfe:

a) Was ist ein Bogen? Wobei benutzt man ihn?

___

b) Zeichne auf, wie ein Ball einen Bogen macht.

4. Ziel-Zeit:

Beschreibe die einzelnen Schritte, die du beim Werfen machen musst, um ein Ziel zu treffen.

a) ___

b) ___

c) ___

d) ___

5. Wie lange kannst du mit den jeweiligen Gegenständen jonglieren? Kreise die entsprechende Sekundenzahl ein.

a) zwei Tücher:	5 Sek.	10 Sek.	15 Sek.
b) drei Tücher:	5 Sek.	10 Sek.	15 Sek.
c) vier Tücher:	5 Sek.	10 Sek.	15 Sek.
d) fünf Tücher:	5 Sek.	10 Sek.	15 Sek.

6 Dribbeln und Schießen

Wir können mit unseren Füßen schießen und dribbeln. Auch mit unseren Händen oder mit Schlägern können wir dribbeln, wenn wir sie geschickt bewegen. Unentbehrlich ist Dribbeln beim Basketball, Feldhockey, Hockey und Fußball. Ein leichtes, sanftes Antippen des Balles mit dem Fuß beschreibt das Dribbeln beim Fußball. Dagegen macht eine feste, explosionsartige Bewegung von Fuß und Bein einen Schuss aus. Schießen ist nützlich für Fußball- und Footballspieler. Sie können damit wichtige Aktionen auslösen.

Dribbeln wie ein Fußballstar

Dribbeln

Aktionsstufe: Alle bewegen und beteiligen sich.

Fähigkeiten: mit den Füßen dribbeln

Material:
- Jeder stellt sich einen Ball aus drei Blättern Papier her, die mit Tesafilm zusammengeklebt werden (Papierkugel).
- Musik oder Trillerpfeife

Motivation: „Was würden die außergewöhnlichen Profifußballer Beckham, Pelé oder Ronaldo tun, wenn sie trainieren wollten, aber keinen Platz zur Verfügung hätten? Wenn wir hier drinnen mit einem Fußball ein Tor schießen wollten, ginge vermutlich ein Fenster zu Bruch. Wenn wir alle mit richtigen Fußbällen dribbeln würden, prallten wir alle zusammen und stießen die Möbel um. Wir müssen uns also einen gefahrlosen Fußball aus drei Blättern Papier basteln und vorsichtig schießen."

Intensität: NMH

Aufbau:

Schauen Sie zuerst, ob Sie etwas umstellen müssen. Wenn ja, stellen Sie es zum Schluss wieder so hin, wie es vorher war. In diesem Fall ist kein Umbau nötig.

So geht es:

Alle Kinder haben einen Ball und dribbeln damit nach einem bestimmten Muster im Raum. So können sie dribbeln üben:

Menschen-Team gegen Tisch-Team

Bauen Sie eine Strecke auf, die zwischen den Tischen hindurch führt und die Kurven und andere Herausforderungen bietet. Die Kinder sollen zwischen den Tischen mit der Fußinnen- und der Fußaußenseite hin- und herdribbeln und dabei weder andere Kinder noch die Tische berühren. Das Tisch-Team bekommt jedes Mal einen Punkt, wenn ein Tisch getroffen wird. Jedes Mitglied des Menschen-Teams bekommt einen Punkt, wenn es die Strecke schafft, ohne irgendwelche Hindernisse zu berühren.

Dribbel-Stopp

Als nächste Herausforderung müssen die Kinder die Strecke entlangdribbeln und auf Kommando anhalten. Spielen Sie Musik ab und halten sie diese in unregelmäßigen Abständen von etwa 10–20 Sekunden an. Die Mitspieler sollten dann den Ball stoppen und innehalten können.

Dribbeln wie ein Fußballstar

Dribbel-Stopp und Flucht

Dieses Spiel geht wie Dribbel-Stopp, nur, dass jemand, der nicht auf Kommando anhält, zum Abwehrspieler wird. Er setzt sich auf einen Tisch, streckt seine Beine aus und versucht auf diese Weise, den Ball eines anderen Kindes zu berühren. Schafft er das, wird das andere Kind auch zum Abwehrspieler. Spielen Sie so lange weiter, bis die Hälfte der Klasse zur Abwehr gehört. Machen Sie eine kurze Pause, in der alle Kinder wieder zu Angriffsspielern werden.

Dribbeln wie ein Fußballstar (Im Detail)

Ziele: **Die Kinder ...**

- ➜ dribbeln mit den Füßen einen Ball.
- ➜ dribbeln und vermeiden dabei, Gegenstände und Gegner zu berühren.
- ➜ schießen mit unterschiedlichem Kraftaufwand.
- ➜ wenden defensive und offensive Strategien an, um einen Ball zu ergattern und ihn zu dribbeln, während er sich auf dem Boden befindet.

Aufwärmen: „Neben, über, hin und her" (S. 33) oder „Flinke Füße" (S. 36)

Hinweise und Anregungen:

Begleiten Sie die Übungen mit folgenden *Hinweisen*:

- Stoßt den Ball leicht mit der Innenseite, Außenseite oder einer anderen Stelle eures Schuhs an.
- Dribbelt den Ball kontrolliert, sodass er nie mehr als 60 cm von eurem Schuh entfernt ist.
- Guckt nach oben, und achtet darauf, ob jemand in der Nähe ist. Seht euch in alle Richtungen um, ob irgendwelche Schreibtische, Stühle oder andere Tische im Weg stehen.

Berücksichtigen Sie folgende *Anregungen*:

- Dribbeln heißt, dass man einen Ball leicht anstößt und nah bei sich hält.
- Wenn ein Ball mehr als 1,20 m von jemandem entfernt ist, nennt man das „Schießen" und nicht „Dribbeln".
- Jemand ist ein Angriffsspieler, wenn er im Besitz des Balles ist.
- Jemand ist ein Abwehrspieler, wenn er versucht, den Ball zu bekommen.

Sicherheit:

Die Kinder sollen darauf achten, dass nichts und niemand im Weg steht. Sie sollen andere Kinder und Gegenstände meiden.

Dribbeln wie ein Fußballstar (Im Detail)

Beurteilung: ....

Kategorien

3 = hat gedribbelt und den Ball die ganze Zeit über nah bei sich behalten, traf kaum andere Gegenstände

2 = hat gedribbelt und den Ball die meiste Zeit über bei sich behalten, traf kaum andere Gegenstände

1 = hat gedribbelt, aber den Ball die meiste Zeit über nicht bei sich behalten, traf einige Gegenstände

0 = hat geschossen, statt zu dribbeln und traf viele Gegenstände

Die Kinder sollen sich selbst anhand der aufgeführten Kriterien beurteilen.

Tipps und Variationen:

- ✖ Feuern Sie zum Spaß das Tisch-Team an. So konzentrieren sich die Kinder noch mehr darauf, die Tische zu meiden. Schreiben Sie den Punktestand an die Tafel.
- ✖ Erläutern Sie für Kinder der Klasse 4, was Abwehr und Angriff bedeutet. Beschreiben Sie für beides eine mögliche Erfolgsstrategie.
- ✖ Kleinere Kinder sollen sich auf den Wettbewerb zwischen Tisch- und Menschen-Team konzentrieren, weil sie sonst dazu neigen, intuitiv zu schießen, statt zu dribbeln, damit ihnen niemand den Ball abnimmt.

Für zu Hause:

„Spielt auch zu Hause mit eurem Papierfußball. Ihr könnt damit durchs ganze Haus dribbeln, ohne viel Lärm zu machen oder etwas umzustoßen. Fordert euch selbst heraus, und denkt euch eine Strecke mit vielen Hindernissen aus. Stoppt bei jedem Durchgang, wie lange ihr braucht."

Basketballprofis beim Training

Dribbeln

Aktionsstufe: Die Hälfte der Gruppe bewegt sich ein oder zwei Minuten lang, dann ist die andere Hälfte an der Reihe.

Fähigkeiten: mit den Händen dribbeln, einen Ball prellen, mit dem Ball umgehen, Hände und Augen koordinieren

Material:
- ein gut springender Ball pro Paar
- CD-Player und CD

Motivation: „Die Spieler der Bundesligamannschaft ALBA Berlin sind wahre Zauberkünstler mit dem Basketball. Sie dribbeln ganz selbstverständlich, und es sieht so einfach aus. Aber sie haben angefangen wie ihr – mit Training, Fehlern und Verbesserung und Freude."

Intensität: NMH

Aufbau:

Schauen Sie zuerst, ob Sie etwas umstellen müssen. Wenn ja, stellen Sie es zum Schluss wieder so hin, wie es vorher war. Schaffen Sie so viel freien Platz wie möglich.

So geht es:

Jeder arbeitet mit einem Partner zusammen, der die Dribbeltechnik analysieren soll. Zuerst hat Partner 1 den Ball. Auf Kommando tauscht er mit Partner 2 die Rollen.

Die Kinder sehen zu, wie Sie die einzelnen Dribbelübungen vormachen.

- Aus dem Sitzen heraus: Lasst den Ball fallen, und fangt ihn wieder auf.
- Aus dem Sitzen heraus: Prellt wiederholt den Ball mit den Fingerspitzen.
- Aus dem Sitzen heraus: Prellt den Ball mit der linken Hand.
- Aus dem Sitzen heraus: Prellt den Ball mit der rechten Hand.
- Kniet euch hin, und wiederholt die letzte Übung.
- Stellt euch hin, und wiederholt die letzte Übung.
- Dribbelt mit der rechten Hand.
- Dribbelt mit der linken Hand.
- Dribbelt von der linken in die rechte Hand.
- Dribbelt ganz niedrig.
- Dribbelt in Hüfthöhe.
- Dribbelt aus dem Sitzen heraus, dann weiter aus dem Kniestand, danach weiter aus dem Stand und setzt euch anschließend wieder hin.
- Nun übt ein paar Dribbelkunststücke.
- Übergebt schnell den Ball von der rechten in die linke Hand.
- Rollt den Ball um den Bauch herum.

Basketballprofis beim Training

- Führt den Ball um den Bauch herum, ohne ihn zu berühren.
- Führt den Ball um ein Bein herum (kleinere Kinder dürfen ihn rollen).
- Führt den Ball in einer „8" um die Beine herum (kleinere Kinder dürfen ihn auf dem Boden oder um die Beine herumrollen).
- Dreht im Sitzen den Ball auf der Handfläche.
- Dreht im Sitzen den Ball auf einem Finger.

Denken Sie sich eine ansprechende Reihenfolge aus, die die Kinder nachmachen sollen. Passen Sie dabei die Schwierigkeitsstufe den Fähigkeiten der Kinder an. Sie sollen die Reihenfolge nachmachen.

- Dribbelt 4-mal mit der rechten Hand.
- Dribbelt 4-mal mit der linken Hand.
- Führt den Ball um den Bauch herum.
- Werft den Ball von der rechten in die linke Hand.
- Dribbelt von der rechten in die linke Hand.
- Dribbelt 2-mal niedrig und dann 2-mal in Hüfthöhe.

Die Kinder dürfen sich danach eine eigene Reihenfolge ausdenken, während die Musik läuft. Dann sollen sie sich schwierige Reihenfolgen für den Partner ausdenken, die dieser nachmachen muss.

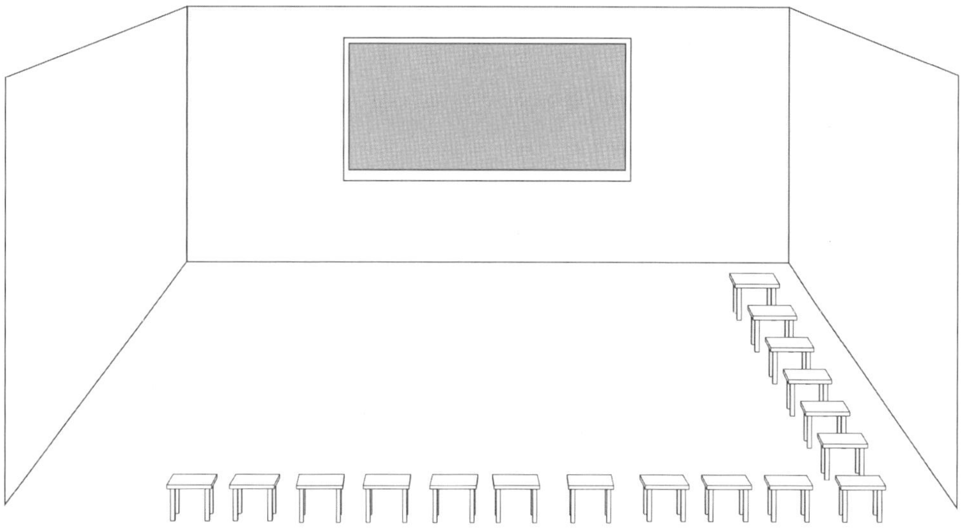

Basketballprofis beim Training (Im Detail)

Ziele: **Die Kinder ...**
- ➜ dribbeln mit der Hand.
- ➜ prellen und fangen einen Ball (kleinere Kinder).
- ➜ sind gefordert und fordern sich gegenseitig beim Dribbeln und beim geschickten Umgang mit dem Ball.
- ➜ der Klassen 3–4 entwickeln eine Reihenfolge aus Dribbelübungen und Übungen im Umgang mit dem Ball.

Aufwärmen: „So beweglich bin ich" (S. 27)

Hinweise und Anregungen:

Begleiten Sie die Übungen mit folgenden *Hinweisen*:
- „Drückt" den Ball, anstatt auf ihn einzuschlagen.
- Mit gebeugten Knien könnt ihr besser dribbeln.
- Dribbelt den Ball in Hüfthöhe, damit ihr bequem Wiederholungen ausführen könnt.
- Behaltet den Ball im Auge, damit ihr genau wisst, wo er sich befindet.

Berücksichtigen Sie folgende *Anregungen*:
- Zeigen Sie den Kindern, dass sie automatisch zuerst wiederholt prellen und fangen. Plötzlich wird daraus Dribbeln.
- Erklären Sie, dass die Kinder analysieren sollen, indem sie dem anderen nach Beobachtung der Übung freundlich sagen, was ihnen aufgefallen ist. Dadurch hilft man dem Partner, sich zu verbessern.
- Kinder der Klassen 3–4 sollen sich einen individuellen Bewegungsablauf ausdenken, in dem Dribbeltricks und Geschicklichkeitsübungen mit dem Ball vorkommen. Sie können einen bestimmten Rhythmus zu Grunde legen.
- Die Kinder können sich beim Ausdenken der Übungsabläufe und Tricks vorstellen, dass sie einer der „ALBA Berlins" seien.

Sicherheit:

Die Kinder fahren, je nach Erfolg bei ihrer letzten Übung, mit dem Ablauf fort. Gehen Sie nicht zu schnell vor, denn sonst verlieren die Kinder die Kontrolle über den Ball. Dann würde er weghüpfen und ein anderes Kind stören oder gegen etwas stoßen.

Basketballprofis beim Training (Im Detail)

Beurteilung: ....

Kategorien

3 = hat Dribbel- und Geschicklichkeitsübungen mit dem Ball nach Anweisung ausgeführt und dabei die Fingerkuppen eingesetzt

2 = hat Dribbel- und Geschicklichkeitsübungen mit dem Ball nach Anweisung ausgeführt, jedoch nicht immer mit Erfolg, hat meistens die Fingerkuppen eingesetzt

1 = hat den Ball gedribbelt und Übungen damit ausgeführt, jedoch nicht nach Anweisung, hat manchmal die Fingerkuppen eingesetzt

0 = hat weder gedribbelt, noch ist er den Anweisungen gefolgt, hat andere Partien der Hände zum Dribbeln eingesetzt

Nach jedem Durchgang soll jedes Kind seinen Partner analysieren und Rückmeldung geben.

Tipps und Variationen:

Tun Sie so, als seien Sie einer der ALBA Berlin-Spieler. Geben Sie eine Kurzvorstellung zu poppiger Musik. Ihr Ablauf ruft entweder Begeisterungsrufe hervor oder regt die Kinder dazu an, ihren eigenen Ablauf so gut oder besser als Sie durchzuführen (das wäre das oberste Ziel).

Für zu Hause:

„Kennt eure Familie eine Bundesliga-Basketballmannschaft? Wenn ja, macht vor, wie ihr heute trainiert habt. Wenn nicht, führt vor, was die ALBA Berlins machen, und erklärt, dass das Training hilft, euch zu verbessern – genau wie bei den Basketballspielern."

Hockey-Flipper

Dribbeln

Aktionsstufe: Alle machen die ganze Zeit über mit.

Fähigkeiten: mit Hilfe eines Schlägers dribbeln

Material:
- 15 Platzmarkierungen aus Gummi
- 15 Reissäckchen
- 15 Hockeyschläger

Motivation: „Flipperautomaten stoßen einen Ball auf der Spielfläche hin und her. Der Ball schießt über das Spielfeld und prallt dabei von allen möglichen Hindernissen ab. Jedes Mal, wenn er einen Gegenstand berührt, bekommt man Punkte. Ein Spiel dauert so lange, wie der Ball auf der Flipperspielfläche zu sehen ist. Heute wollen wir Hockey-Flipper mit Menschen spielen."

Intensität: NMH

Aufbau:

Schauen Sie zuerst, ob Sie etwas umstellen müssen. Wenn ja, stellen Sie es zum Schluss wieder so hin, wie es vorher war.

So geht es:

Die eine Hälfte der Klasse wird zu Zielgegenständen, während die andere Hälfte mit einem Hockeyschläger ein Reissäckchen den Streckenverlauf entlangschießt. Dabei versuchen sie, Punkte zu bekommen.

Legen Sie zuerst die Platzmarkierungen u-förmig aus, wobei drei davon in dessen Mitte kommen. Die eine Hälfte der Gruppe stellt sich auf die Markierungen. Verteilen Sie die Rollen als Springer und Schwinger; zwei Kinder sind die Flipper. Die restlichen Kinder schießen und versuchen, den Ball über die Strecke zu bringen. Tauschen Sie nach drei Minuten die Rollen, sodass die Stürmer nun zu Teilen des Automaten werden und die Hindernisse den Ball vorwärtsschlagen.

- **Springer:** Diese Spieler machen Hampelmänner. Das Reissäckchen muss zwischen ihren Beinen hindurchgeschossen werden, damit es weitergeht.

- **Schwinger:** Diese Spieler schwingen abwechselnd ein Bein nach vorne und ein Bein nach hinten. Dabei schießt das rechte Bein das Reissäckchen in Richtung Flipper, während das linke Bein es in die andere Richtung schießt.

  Die Stürmer versuchen, die Beine dieser Spieler zu treffen. Wenn sie das schaffen, bekommen sie einen Punkt.

Hockey-Flipper

- **Flipper:** Diese beiden Spieler drehen sich um sich selbst und halten das Reissäckchen auf, wenn ein Stürmer genau zum richtigen Zeitpunkt damit vorbeikommt. Wenn die Flipper es richtig abgepasst haben, schießen sie das Reissäckchen wieder ins Spielfeld zurück. Schaffen Sie das nicht, rutscht das Reissäckchen zwischen den Flippern hindurch und das Spiel für den dazugehörigen Stürmer ist beendet.
- **Stürmer:** Etwa die Hälfte der Klasse sind Springer, Schwinger und Flipper, die andere Hälfte sind Stürmer. Die Stürmer beginnen bei den Flippern und führen mit einem Hockeyschläger ein Reissäckchen über das Spielfeld. Dabei sammeln sie Punkte.

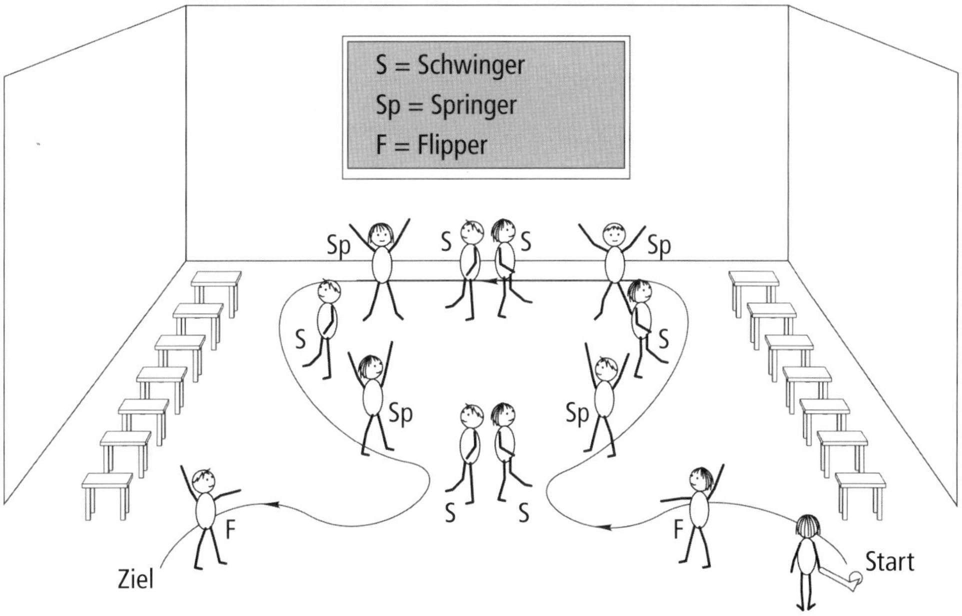

Hockey-Flipper (Im Detail)

Ziele: **Die Kinder ...**

- ➜ führen mit einem Schläger einen Gegenstand auf ein Ziel zu.
- ➜ versuchen, Ziele zu treffen, die still stehen, sich bewegen oder reagieren, wenn sie getroffen wurden.
- ➜ erkennen, wie notwendig Sicherheit ist und dass sie mit einem Schläger kontrolliert schießen müssen.
- ➜ handeln interaktiv und benutzen ihre Fantasie genau so, als wären sie mechanische Teile eines Spielautomaten.

Aufwärmen: „Neben, über, hin und her mit Schlägern" (S. 33)

Hinweise und Anregungen:

Begleiten Sie die Übungen mit folgenden *Hinweisen*:

- Folgt dem Reissäckchen mit eurem Blick, bis euer Schläger es berührt.
- Fixiert euer Ziel, und haltet euren Schläger so, dass er darauf ausgerichtet ist.
- Wenn ihr vermeiden wollt, dass das Reissäckchen versehentlich etwas berührt, stoßt ihn nur leicht an bzw. schlagt ihn nur leicht.
- Nachdem ihr das Reissäckchen getroffen habt, schwingt den Schläger durch, sodass er auf das Ziel zeigt.

Berücksichtigen Sie folgende *Anregungen*:

- Die Kinder müssen die Spitze ihres Schlägers stets am Boden halten.
- Sie sollen die Schläger nicht vom Boden abheben, sondern nur schiebende Bewegungen ausführen.
- Genau wie bei einem Automaten sollen die Kinder, die nicht das Reissäckchen bewegen, stets in Bewegung oder bereit sein, ihre Funktion auszuüben. Dieses Spiel kann sehr anstrengend werden und lässt die Herzfrequenz der Kinder ansteigen.
- Die Kinder müssen sich Gedanken über den richtigen Winkel machen, in dem sie das Reissäckchen wegstoßen, um das Ziel zu treffen.
- Die Kinder müssen den richtigen Zeitpunkt für den Schlag abpassen, um weit genug zu schießen oder eines der Hindernisse zu treffen.

Bezug zu anderen Fächern:

- Mathematik: Geometrie, Winkel, Zeitpunkt bestimmen
- Physik: Zeitpunkt bestimmen, Kraft

Sicherheit:

Wenn die Kinder einen Schläger benutzen, müssen sie besonders vorsichtig sein. Damit niemand von einem Schläger getroffen wird, darf die Schlägerspitze nicht vom Boden abgehoben werden. Alle Schläger müssen geschoben werden.

Hockey-Flipper (Im Detail)

Beurteilung:

Kategorien

3 = hat sicher getroffen und die Strecke erfolgreich durchlaufen, hat stets die Turnübungen im Spielverlauf ausgeführt
2 = hat sicher getroffen und die Strecke erfolgreich durchlaufen, hat während des Spielverlaufes meistens die Turnübungen ausgeführt
1 = hat meistens sicher getroffen und einige Turnübungen während des Spiels ausgeführt
0 = hat nicht sicher getroffen und nur selten oder gar keine Turnübungen während des Spiels ausgeführt

Tipps und Variationen:

- ✖ Stellen Sie sich vor, wie lustig es wäre, wenn alle Spiele zum Leben erweckt würden! Nennen Sie den Film „Toy Story" als Beispiel (darin wird Spielzeug lebendig), um die Kinder noch mehr zu begeistern.
- ✖ Wenn die Stürmer es nicht über die ganze Flipperstrecke schaffen, reduzieren Sie die Anzahl der Hindernisse, die durch die Kinder dargestellt werden. Variationen können sein:
  - Die Springer verharren in der Hampelmannhaltung, bis sie bis vier gezählt haben. So sind die Beine länger gegrätscht.
  - Die Schwinger sollen ihre Beine schwingen und dann bis zehn zählen, bevor sie erneut schwingen.
  - Wenn der Boden mit Teppich bedeckt ist, benutzen sie einen Puck oder Papierkugeln.
  - Wir empfehlen dieses Spiel für Kinder ab Klasse 3.

Für zu Hause:

„Wenn ihr noch nie Flipper gespielt habt, fragt mal eure Familie und eure Freunde danach. Ich wette, die haben noch nie Flipper mit Menschen gespielt! Erzählt ihnen, wie ihr mit euren Schlägen das Spiel wieder habt aufleben lassen. Vielleicht dürft ihr ja einmal an einem richtigen Flipperautomaten spielen."

Dribbelstationen

Dribbeln

Aktionsstufe: Jeder beteiligt sich aktiv, außer während der Beurteilung.

Fähigkeiten: Dribbeln mit Schlägern, Händen und Füßen

Material:
- sechs Platzmarkierungen aus Plastik
- sechs Reissäckchen
- sechs Hockeyschläger
- sechs Basketbälle oder andere springende Bälle
- drei Papierkugeln aus je drei Blättern Papier
- CD-Player und schnelle Musik

Motivation: „Mal sehen, wie gut ihr über das Dribbeln Bescheid wisst, während ihr an mehreren Stationen trainiert und zum Schluss einen kleinen Test macht."

Intensität: NMH

Aufbau:

Schauen Sie zuerst, ob Sie etwas umstellen müssen. Wenn ja, stellen Sie es zum Schluss wieder so hin, wie es vorher war.

So geht es:

Denken Sie sich vier Stationen mit Dribbelübungen aus und eine Teststation. Planen Sie so viel Zeit ein, dass jeder alle **Stationen** durchlaufen kann. Spielen Sie zu Beginn und am Ende schnelle Musik:

1. Dribbeln zwischen den Stühlen mit den Händen und einem springenden Ball
2. Dribbeln zwischen den Stühlen und Abwehrspielern mit den Füßen und mit Papierkugeln
3. Dribbeln zwischen den Stühlen mit einem Hockeyschläger und einem Reissäckchen
4. Dribbeln mit den Füßen und dabei möglichst Abwehrspieler meiden, die auf Platzmarkierungen stehen und ihre Beine ausstrecken, um den Ball aufzuhalten

Bei dem Test überprüfen die Kinder ihr Wissen, indem sie ein paar kurze **Fragen** beantworten:

1. Welchen Teil der Hände benutzt man am besten zum Dribbeln? (Zweitklässler sollen die Umrisse ihrer Hände aufzeichnen und den Teil markieren, der beim Dribbeln den Ball berührt.)
2. Beschreibt, wie stark ihr schießt, wenn ihr mit den Füßen dribbelt.

Dribbelstationen

3. Wie würdet ihr beim Dribbeln einem Gegner aus dem Weg gehen? (Diese Frage ist für ältere Kinder gedacht.) Beschreibt, wie ihr vorgeht, wenn ihr …
a) mit den Händen dribbelt.
b) mit den Füßen dribbelt.
c) mit einem Schläger dribbelt.

4. Zeichnet euch selbst als Angriffsspieler auf und einen anderen Spieler als Abwehrspieler.

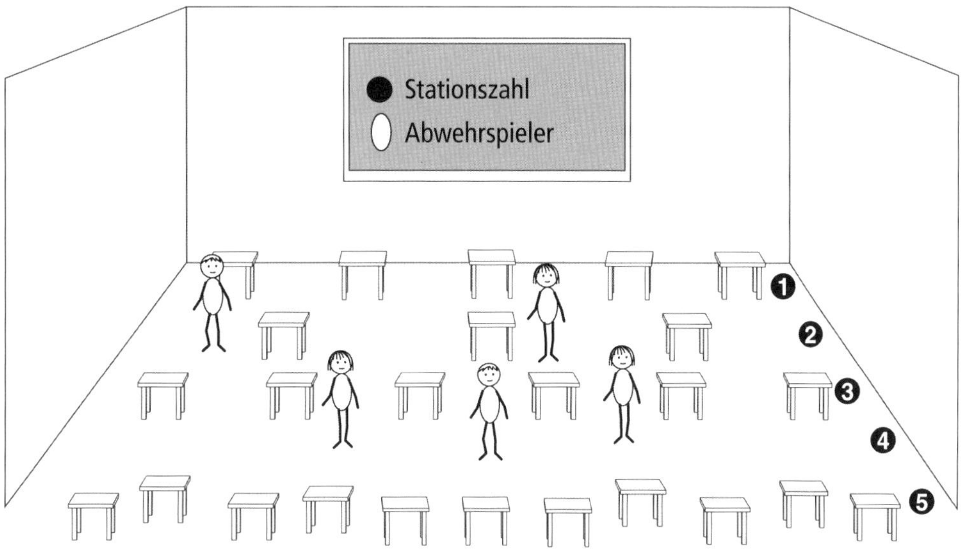

Dribbelstationen (Im Detail)

Ziele: **Die Kinder ...**
➜ zeigen, dass sie mit den Händen, Füßen und mit einem Schläger dribbeln können.
➜ stellen in schriftlicher Form ihre Dribbelkenntnisse unter Beweis.

Aufwärmen: „Flinke Füße" (S. 36)

Hinweise und Anregungen:

Begleiten Sie die Übungen mit folgenden *Hinweisen*:

- Regen Sie die Kinder dazu an, zu zeigen, was sie können.
- Erinnern Sie die Kinder zu Beginn des Unterrichtes daran, dass sie
  - den Ball, den Puck oder das Papier stets im Auge behalten,
  - einen Basketball mit den Fingerspitzen dribbeln,
  - die Knie gebeugt halten,
  - einen Basketball in Hüfthöhe dribbeln,
  - den Schläger am Boden halten,
  - den Ball verfolgen, sofern sie zur Abwehr gehören.

Berücksichtigen Sie folgende *Anregungen*: Dribbeln erfordert ständige Bewegung. Um gute Leistungen darin zu erzielen, müssen die Kinder stets den Ball im Blick haben und wissen, was um sie herum vorgeht.

Sicherheit:

Erinnern Sie die Kinder an ihren begrenzten Raum. Alle Schläger müssen am Boden bleiben. Die Abwehrspieler sollen nur den Gegenstand treffen und nicht ein anderes Kind.

Beurteilung:

Kategorien

3 = bewies altersgemäße Dribbelfähigkeiten, beantwortete beim Test vier von vier Fragen richtig

2 = bewies altersgemäße Dribbelfähigkeiten, beantwortete beim Test zwei oder drei Fragen richtig

1 = hat zwar gedribbelt, jedoch nicht altersgemäß, beantwortete beim Test eine Frage richtig

0 = hat weder gedribbelt noch eine Testfrage richtig beantwortet

Tipps und Variationen:

- ✖ Beobachten Sie, was Ihre Kinder schon können. Sie dürfen ihr eigenes Programm durchziehen, nachdem Sie ihnen die Anregungen dazu gegeben haben. Nun dürfen Sie zusehen, was Sie den Kindern beigebracht haben.
- ✖ Berücksichtigen Sie die verschiedenen Altersklassen der Kinder, wenn Sie den Test erstellen. Einige der Testfragen bieten verschiedene Möglichkeiten für die einzelnen Klassen.

Für zu Hause:

„Setzt euren Spielerfolg auch auf dem Spielfeld um. Werdet Mitglied in einem Sportverein, und nutzt eure Fähigkeiten. Wenn ihr keinem Verein beitreten könnt, setzt euer Können beim Spielen auf der Straße oder in der Pause ein."

Fußball virtuell

Schießen

Aktionsstufe: Alle machen aktiv mit.

Fähigkeiten: Schießtechniken ausführen, Dribbeln, Köpfen, Passen, Einwerfen

Material:
- Fernseher, Videorekorder/DVD-Player und ein Videofilm/DVD-Film
- eine Papierkugel (aus drei oder vier zerknüllten Blättern Papier) oder ein Reissäckchen pro Paar

Motivation: „Spielt jemand von euch Fußball? Manche von euch bestimmt, andere nicht. Heute nehmen wir uns den Ball vor und sehen uns einen Videofilm an. Dabei machen wir genau das nach, was die Spieler darin tun. Wenn sie den Ball schießen, schießen wir auch. Wenn sie den Ball passen, passen wir auch. Tooooor!"

Intensität: NMH

Aufbau:

Schauen Sie zuerst, ob Sie etwas umstellen müssen. Wenn ja, stellen Sie es zum Schluss wieder so hin, wie es vorher war. Stellen Sie die Tische an die Wände des Klassenzimmers.

So geht es:

Filmen Sie sich selbst oder eine Mannschaft beim Fußballspielen, oder verwenden Sie einen Profifußball-Videofilm. Teilen Sie die Gruppe in Paare auf, die sich einander gegenüberstellen sollen. Stellen Sie den Fernseher vorne im Raum auf. Jedes Paar hat einen Ball und verfolgt die Bewegungen des Spielers im Film, der gerade den Ball besitzt.

- Dribbelt der Spieler im Film, so dribbeln die Kinder an einer imaginären Linie zwischen ihnen auf und ab.
- Passt der Spieler den Ball im Film, so passt das Kind, das gerade im Ballbesitz ist, den Ball seinem Partner zu.
- Schießt der Spieler im Film den Ball auf ein Tor, so schießt das Kind, das gerade im Ballbesitz ist, den Ball seinem Partner zu.
- Immer dann, wenn der Spieler im Film eine Bewegung vollführt, macht das Kind, das im Ballbesitz ist, das Gleiche.

Fußball virtuell (Im Detail)

Ziele: **Die Kinder ...**

- ➔ schießen einen Ball auf der Stelle ihrem Partner zu.
- ➔ fangen einen Ball ab, der sich bewegt, und schießen ihn wieder weg.
- ➔ machen geschickte Schießübungen.
- ➔ dribbeln einen Ball.
- ➔ behalten den Ball beim Schießen unter Kontrolle (d.h. er befindet sich in einem Umkreis von 60 cm um den Fuß herum).
- ➔ peilen ein Ziel an.
- ➔ nehmen Rücksicht auf den Platz, den die anderen benötigen, und halten sich in ihrem eigenen Bereich auf. Dabei helfen sie denjenigen, die den Ball nicht so gut kontrollieren können.

Aufwärmen: „Laufen und Schreien" (S. 38)

Hinweise und Anregungen:

Begleiten Sie die Übungen mit folgenden *Hinweisen*:

- Wenn ihr schießt, berührt mit dem Ball die Schuhbänder oder die äußere Schuhspitze.
- Wenn ihr dribbelt, schießt den Ball leicht und sanft mit der Außenseite, Innenseite, Ferse oder Schuhspitze.
- Stoppt den Ball mit der Schuhsohle.
- Richtet euren Fuß so aus, dass die Spitze beim Durchziehen des Beines auf das Ziel zeigt.

Berücksichtigen Sie folgende *Anregungen*:

- Erklären Sie, was Kontrolle über den Ball bedeutet: Die Kinder halten den Ball nah bei ihren Füßen, sodass sie ihn unmittelbar bewegen können. Bei dieser Übung sollte die Entfernung des Balles nicht mehr als 60 cm betragen.
- Raumwahrnehmung ist wichtig, denn die Kinder sollen stets auf der gleichen Höhe mit ihren Partnern stehen. Sie sollen auf die anderen Kinder um sie herum achten.
- Wenn die Kinder das, was Sie oder die Spieler im Film zeigen, nachmachen, können sie gleichzeitig ihre Dribbel- und Schießfähigkeiten verbessern und dabei Spaß haben.

Fußball virtuell (Im Detail)

Beurteilung:

Kategorien

3 = hat sich die Schieß- und Dribbelvorführungen gut angesehen und das Beste für seine eigenen Fähigkeiten herausgeholt

2 = hat sich meistens die Schieß- und Dribbelübungen angesehen und einiges für seine eigenen Fähigkeiten herausgeholt

1 = hat nur einige Male geschossen und gedribbelt, ohne auf die Anweisungen zu achten, und hat die Übungen schlecht ausgeführt

0 = hat nie oder nur selten geschossen, gedribbelt und Anweisungen befolgt, schien unkontrolliert

Beurteilung durch die anderen Kinder:

- Hat euer Partner euch den Ball meistens optimal zugespielt? – Gut gezielt?
- Hat euer Partner gedribbelt, indem er den Ball nur leicht angestoßen hat? – Kontrolliert gedribbelt?
- Hat euer Partner geschossen, indem er den Ball mit den Schuhbändern berührt hat? – Ging er hinter und unter den Ball?

Sicherheit:

Die Kinder müssen auf gleicher Höhe mit ihrem Partner stehen. Wenn die Kinder ihren Ball aus dem Bereich eines anderen Paares wiederholen müssen, sollen sie besonders aufpassen. Sie sollen laut „Achtung!" rufen und darauf warten, dass das andere Paar sie dazu auffordert, in ihren Bereich zu gehen. Wenn zu wenig Platz zur Verfügung steht, spielen Sie in mehreren Schichten: die einen Kinder warten 30 Sekunden lang, dann sind sie 30 Sekunden lang mit dem Spielen an der Reihe.

Fußball virtuell (Im Detail)

Tipps und Variationen:

- Stellen Sie die Kinder so auf, dass jeder den Fernseher gut sehen kann. So machen die kleineren Kinder die Übungen z.B. vorne und die Größeren in den hinteren Reihen.
- Wenn Sie keinen Videorekorder oder DVD-Player zur Verfügung haben, geben Sie Ihre Anweisungen mündlich.

Für zu Hause:

„Schießt zu Hause einen Ball umher. Nehmt ihn eine Stunde lang überall hin mit. Benutzt eine Papierkugel, und verliert nicht die Kontrolle darüber."

Schießstationen

Schießen

Aktionsstufe: Alle machen mit, außer beim schriftlichen Test.

Fähigkeiten: Schießtechniken ausführen, Dribbeln, Passen

Material:
- Fernseher, Videorekorder/DVD-Player und ein Videofilm/DVD-Film
- CD-Player und Musik
- sechs Papierkugeln (aus je drei zusammengeknüllten Blättern Papier) oder Reissäckchen
- sechs Gummiringe oder Reissäckchen
- Stifte, Testbogen (S. 182)

Motivation: „Mal sehen, was ihr schon über das Schießen wisst und woran ihr euch erinnern könnt. Dazu macht ihr an mehreren Stationen Schießübungen und einen kurzen Test."

Intensität: NMH

Aufbau:

Schauen Sie zuerst, ob Sie etwas umstellen müssen. Wenn ja, stellen Sie es zum Schluss wieder so hin, wie es vorher war. Stellen Sie die Tische an die Wände des Klassenzimmers.

So geht es:

Teilen Sie die Kinder in vier Gruppen auf. Jede Gruppe soll eine gerade Anzahl an Mitspielern aufweisen. Die Kinder rotieren von einer Station zur nächsten. Jedes Kind soll genug Zeit für jede Station bekommen. Spielen Sie zu Beginn und am Ende der Übung Musik ein.

Station 1: Fußball virtuell
Die Mitspieler sehen sich einen Film an und stellen sich vor, sie seien die Sportler, die auf der Leinwand schießen und andere Übungen vormachen. Siehe auch S. 177 ff für weitere Informationen.

Station 2: Hin- und herschießen und passen
Die Kinder schießen und passen sich mit ihrem Partner gegenseitig einen Gummiring, einen Ball oder ein Reissäckchen zu.

Station 3: Tore schießen
- Die beiden Partner stehen sich in einem Abstand von drei Metern einander gegenüber und versuchen, ein Tor zwischen den Beinen des anderen zu schießen.
- Wenn ein Spieler ein Tor schießt, macht er vor Freude fünf Hampelmänner.
- Nach jedem Torversuch tauschen die Partner die Rollen.
- Als zusätzliche Herausforderung: Wenn die Partner oder Gruppen gegeneinander antreten wollen, zählen sie die Punkte für die erzielten Tore.

Station 4: Wissenstest

Dribbel- und Schießtest

1. Markiere mit einem X alle Teile des Fußes, die der Ball beim Dribbeln berührt.

2. Markiere mit einem X alle Teile des Fußes, die du beim Schießen benutzen sollst.

3. Kreuze an, wie man dribbeln soll:

❏ Tapp, tapp

❏ Bumm, bumm

❏ Klatsch, klatsch

4. Beschreibe mit ein paar Wörtern, was es bedeutet, wenn man beim Dribbeln den Ball unter Kontrolle hat. (Klassen 3/4)

____

____

Zeichnet jemanden, der kontrolliert dribbelt.	Zeichnet jemanden, der unkontrolliert dribbelt.

© Verlag an der Ruhr ✦ Postfach 10 22 51 ✦ 45422 Mülheim an der Ruhr ✦ www.verlagruhr.de ✦ ISBN 978-3-8346-0255-8

Schießstationen (Im Detail)

Ziele: **Die Kinder ...**

- ➜ stellen in einem schriftlichen Test ihre Schießkenntnisse unter Beweis.
- ➜ zeigen ihre Dribbel- und Schießfähigkeiten an verschiedenen Stationen.

Aufwärmen: „Laufen und Schreien" (S. 38)

Hinweise und Anregungen:

- Gehen Sie bei den Übungen vor wie beschrieben, damit die Kinder ihre Schieß- und Dribbelfähigkeiten zeigen können.
- Bewerten Sie die Schießkenntnisse der Kinder auf Grund des schriftlichen Tests.

Beurteilung:

Kategorien

3 = hat seine Schieß- und Dribbelfähigkeiten an jeder Station unter Beweis gestellt, indem er vorherige Anweisungen befolgt hat, vier von vier Testantworten richtig

2 = hat seine Schieß- und Dribbelfähigkeiten an jeder Station unter Beweis gestellt, befolgte aber nicht alle vorherigen Anweisungen, drei oder vier von vier Testantworten richtig

1 = hat keine Schieß- und Dribbelfähigkeiten unter Beweis gestellt, hat einige der vorherigen Anweisungen nicht befolgt, ein oder zwei von vier Testantworten richtig

0 = hat keine Schieß- und Dribbelfähigkeiten an allen Stationen unter Beweis gestellt und keine der vorherigen Anweisungen befolgt, keine der vier Testantworten richtig

Sicherheit:

Die Kinder sollen auf den Platz der anderen achten, wenn sie ihren Ball aus dem Bereich einer anderen Station zurückholen müssen.

Schießstationen (Im Detail)

Tipps und Variationen:

- Machen Sie den Kindern deutlich, dass Sie es kaum erwarten können, ihre Schieß- und Dribbelfähigkeiten zu sehen. Die Kinder sollen sich vorstellen, sie seien auf einer Bühne und die Vorstellung und der Test fangen gleich an.
- Passen Sie den Test dem Alter und dem Leistungsniveau der Kinder an. Fragen Sie nur ab, was Sie ihnen zuvor beigebracht haben.

Für zu Hause:

„Wenn ihr eure Tests zurückbekommen habt, nehmt ihn mit nach Hause und fragt auch eure Familie damit ab. Eventuell müsst ihr euren Verwandten noch ein paar Fußballtricks beibringen!"

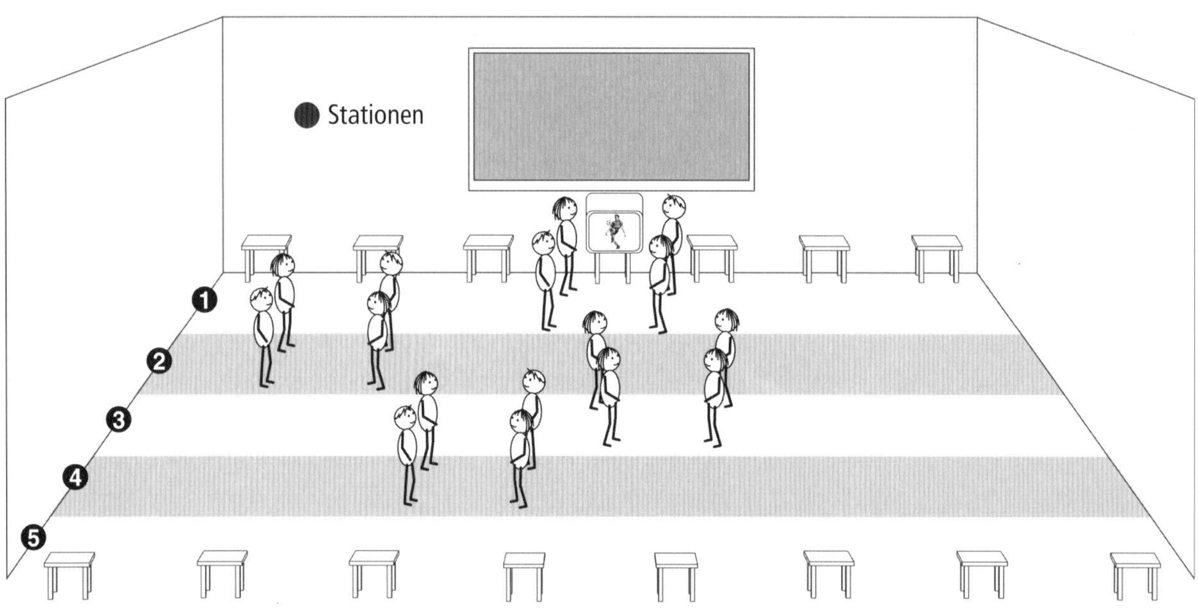

7 Ballspiele mit Schlägern

Sowohl Kindern als auch Erwachsenen macht es Spaß, einen Ball oder ein Objekt mit einem Schläger zu schlagen. Es liegt zweifelsohne ein gewisser Reiz darin, beim Tennis mit 110 km/h ein Ass zu platzieren oder einen Baseball mit voller Kraft wegzuschlagen. Rückschlagen bedeutet, dass man mit der Hand, einem anderen Körperteil oder einem Gerät, wie z.B. einem Tennis-, Hockey- oder Baseballschläger, einen Gegenstand trifft. Von Volley spricht man dagegen, wenn man den Ball direkt aus der Luft zurückschlägt. Dies tun z.B. Volleyball-, Tennis-, Badminton- und sogar Fußballspieler.

Pfannkuchenwerfen

Volleys und andere Schlagtechniken mit kleinen Schlägern

Aktionsstufe: Alle machen mit.

Fähigkeiten: Schlagtechniken mit kleinen Schlägern ausführen

Material: Ein Reissäckchen und ein Tischtennisschläger pro Person

Motivation: „Habt ihr schon mal beobachtet, wie geschickt ein Koch mit der Bratpfanne umgeht und einen Pfannkuchen hoch in die Luft wirft? Wie wäre es, wenn ihr auch mal Koch spielt und selbst ein paar Pfannkuchen durch die Luft wirbelt, und zwar mit Hilfe von Tischtennisschlägern.

Intensität: NMH

Aufbau:

Schauen Sie zuerst, ob Sie etwas umstellen müssen. Wenn ja, stellen Sie es zum Schluss wieder so hin, wie es vorher war. Hier ist kaum Umbau nötig. Die Kinder brauchen nur genug Platz, um ihre Arme bewegen zu können. Sie können sich gegenseitig über die Tische hinweg zuspielen.

So geht es:

Die Kinder benutzen einen Tischtennisschläger wie eine Bratpfanne und ein Reissäckchen wie einen Pfannkuchen.

- Umschließt fest den Griff eurer Bratpfanne (Tischtennisschläger).
- Bewegt den Pfannkuchen in eurer Pfanne von oben nach unten und dann von links nach rechts.
- Lasst nun den Pfannkuchen in der Pfanne kreisen.
- Geht jetzt mit Pfanne und Pfannkuchen in der Küche umher. Haltet sowohl den Pfannkuchen als auch die anderen Köche fest im Blick, damit ihr nicht zusammenstoßt.
- Ihr müsst die Pfanne gut fest- und gerade halten, damit der Pfannkuchen nicht herunterfällt.
- So könnt ihr zum Küchenchef aufsteigen: Werft den Pfannkuchen in die Luft, und fangt ihn mit der Pfanne wieder auf.
- Steht dabei mit den Beinen ruhig auf dem Boden – schließlich wollt ihr nicht die Küche mit heruntergefallenen Pfannkuchen verschmutzen.
- Werft jedes Mal ein bisschen höher.
- Jetzt werdet noch ein bisschen geschickter: Bringt den Pfannkuchen mehrmals hintereinander in die Höhe, ohne dass er herunterfällt.
- Wie oft schafft ihr das, ohne dass ihr die Beine bewegen müsst? (Kleinere Kinder, die das Reissäckchen noch nicht so gut unter Kontrolle haben, dürfen aus dem Sitzen oder Knien heraus anfangen.)

Pfannkuchenwerfen

- Hier noch ein paar Tricks:
  - Butter zugeben: Berührt mit dem Tischtennisschläger die andere Hand, während sich das Reissäckchen noch in der Luft befindet.
  - Sirup hinzufügen: Berührt eure Zehenspitzen, Knie und den Kopf, bevor ihr das Reissäckchen auffangt.
- Für die wahren Küchenchefs unter euch kommt nun eine weitere Herausforderung: Sucht euch in der Küche einen Partner, und stellt euch im Abstand von einem Meter einander gegenüber auf.
  - Legt eines der beiden Reissäckchen zur Seite, und werft das andere vorsichtig so dem Partner zu, dass es in dessen Bratpfanne landet.
  - Wenn ihr beide richtig gut seid und Hände und Augen gut aufeinander abstimmen könnt, werft den Pfannkuchen stärker hin und her.
- Wenn ihr wieder alleine spielt, dreht beim Werfen euer Handgelenk, sodass ihr den Pfannkuchen mit der anderen Seite des Schlägers auffangen müsst. Dies nennt man Pfannkuchenrückhand.
- Als Letztes kommt der Pfannenstoß auf die Liste unserer Fähigkeiten. Haltet die Pfanne in Augenhöhe vor euch, sodass sich der flache Teil genau vor eurem Gesicht befindet. Werft nun das Reissäckchen mit der anderen Hand in die Luft, etwa bis in Stirnhöhe. Dann schlagt ihr es ganz leicht vom Körper weg. Das Reissäckchen sollte unmittelbar vor euren Schuhspitzen landen.

Pfannkuchenwerfen (Im Detail)

Ziele: **Die Kinder …**
- ➜ schlagen ein Reissäckchen mit einem kleinen Schläger.
- ➜ machen sich mit Techniken vertraut, mit denen sie ihre Schlagfähigkeit verbessern können.
- ➜ setzen beim Schlagen ihre Fantasie und Kreativität ein.

Aufwärmen: „Daumendrücken" (S. 38)

Hinweise und Anregungen:

Begleiten Sie die Übungen mit folgenden *Hinweisen*:
- Klopft das Reissäckchen mit dem Schläger ganz flach.
- Werft es so hoch, dass das Reissäckchen wieder genau auf euch zukommt und ihr eure Füße nicht bewegen müsst.
- Haltet den Griff des Schlägers ganz fest, sodass er sicher in eurer Hand liegt.

Berücksichtigen Sie folgende *Anregungen*:
- Beschreiben Sie den Griff um den Schläger als Händeschütteln. Jeder soll den Schläger seines Partners schütteln, als ob es eine Hand wäre. Die Spieler halten den Schläger so fest, dass der Partner ihn nicht aus der Hand schütteln kann.
- Die Kinder sollen den Schläger in der Mitte des Körpers halten. Wenn sie ihn zu hoch oder zu niedrig halten, könnten sie nicht gut schlagen.
- Es ist wichtig, dass Hände und Augen zusammenarbeiten. Die Kinder sollen das Reissäckchen stets im Blick haben.
- Zuerst sollen sich die Kinder an ein Schlagobjekt und den Schläger gewöhnen und allmählich dahin gelangen, den Gegenstand zu schlagen, während er sich bewegt. Schließlich arbeiten die Kinder zu zweit zusammen.
- Beziehen Sie Anatomiewissen mit ein: Bizeps, Trizeps, Deltamuskeln, Oberarmknochen.

Sicherheit:

Die Kinder sollten bei dieser Übung nicht voll mit dem Schläger durchziehen. Wenn der Platz eng ist, teilen Sie die Kinder in Schichten auf. Sie dürfen ihre Schläger nicht über Brusthöhe bringen.

Pfannkuchenwerfen (Im Detail)

Beurteilung: ....

Kategorien

3 = sicherer Umgang mit dem Schläger, konnte die Übungen gut steigern

2 = sicherer Umgang mit dem Schläger, konnte grundlegende Übungen durchführen

1 = sicherer Umgang mit dem Schläger, Schwierigkeiten bei der Durchführung grundlegender Übungen

0 = sicherer Umgang mit dem Schläger, konnte die grundlegenden Übungen nicht durchführen

Tipps und Variationen:

- Gehen Sie voll in Ihrer Rolle als Küchenchef auf: Sprechen Sie über heruntergefallene Pfannkuchen, die flachsten Pfannekuchen oder besondere Verfeinerungen, die über Butter und Sirup hinausgehen. Fügen Sie Erdbeeren, Sahne oder Schokostreusel hinzu. Wenn aus den Pfannkuchen nichts wird, machen Sie stattdessen Pizza. Rollen Sie den Teig aus und werfen ihn (das Reissäckchen) in die Luft. Wenn die Kinder dabei ihre Nasen berühren können, fügen sie Käse hinzu. Was fallen den Kindern noch für Übungen ein? Was könnte man machen, um zusätzlich Soße, Salami oder Pilze auf den Teig zu legen?
- Legen Sie eine Platzmarkierung aus Gummi auf den Boden, wenn ein Kind es nicht schafft, in der Nähe seines Tisches zu bleiben.
- Wenn der Platz eng ist, teilen Sie die Klasse in zwei Hälften auf.

Für zu Hause:

„Das Gleiche könnt ihr zu Hause mit einer echten Pfanne machen. Falls diese zu schwer ist, nehmt einfach eure Arme oder einen Pfannenwender. Knüllt etwas Aluminiumfolie zusammen, dann könnt ihr auch zu Hause Pfannkuchen machen."

Bleistift-Billard

Stoßen

Aktionsstufe: Alle machen aktiv mit.

Fähigkeiten: Stoßen, strategisches Denken, Zielen

Material:
- ein Blatt Papier (mindestens 20 x 25 cm groß) pro Spielerpaar
- ein Bleistift pro Spielerpaar
- acht Papierkugeln pro Person (durch eine bestimmte Farbe oder andere Markierung unterschiedlich gekennzeichnet)
- optional: Eine Papierkugel pro Tisch wird anders gekennzeichnet, um die Acht darzustellen.

Motivation: „Habt ihr einen Tisch und einen Bleistift? Gut. Dann lasst uns Bleistift-Billard spielen. Dabei müsst ihr den Ball mit einem Stab (Queue) stoßen. Unser Tisch ist kleiner als ein normaler Billardtisch: Er ist nur 30 cm breit. Die Billardkugeln sind auch nicht so groß wie Tennisbälle, sondern eher wie Rosinen oder Weintrauben. Die Übung und das Spiel sind wie beim echten Billardspiel, nur alles in kleinerer Ausführung, damit es auf eure Tische passt."

Intensität: NMH

Aufbau:

Schauen Sie zuerst, ob Sie etwas umstellen müssen. Wenn ja, stellen Sie es zum Schluss wieder so hin, wie es vorher war.

So geht es:

Zeichnen Sie einen Tisch mit sechs Taschen und einem Dreieck auf der einen Seite (um die Kugeln auszurichten) an die Tafel oder auf den Overheadprojektor. Dann bauen die Kinder jeweils zu zweit ihre eigenen Billardtische und benutzen dazu ein normales Blatt Papier aus ihrem Heft. Jedes Kind rollt acht kleine Papierkugeln zusammen.

Eines der beiden Kinder muss seine Kugeln farbig kennzeichnen, um sie von denen des Partners unterscheiden zu können. Eine Queue-Kugel ist nicht nötig, da die Kinder die Kugeln direkt mit dem flachen Ende eines Bleistiftes stoßen.

1. Ziel des Spiels ist es, als Erster all seine Kugeln in die Taschen versenkt zu haben. Eine weitere Möglichkeit für Viertklässler ist das Spiel mit der Acht – einer Kugel, die mit einer großen Acht gekennzeichnet ist. Nachdem ein Spieler all seine Kugeln versenkt hat, muss er auch noch mit der Acht in die gegenüberliegende Tasche seines letzten Treffers spielen, um zu gewinnen.

Bleistift-Billard

2. Die Spieler haben abwechselnd einen Versuch, mit dem Bleistift die Kugel zu stoßen. Wenn die Kugel in eine der Taschen rollt, ist derselbe Spieler noch einmal an der Reihe.
3. Jedes Mal, wenn ein Spieler an der Reihe ist, führt er außerdem zwei Wiederholungen einer bestimmten Turnübung aus. Trifft er mit der Kugel in eine Tasche, macht er fünf Wiederholungen. Solche Übungen können z.B. Liegestütze, Sit-ups, Hampelmänner, Armkreise oder Fersenheber sein. Geeignet sind auch Tanzen, Laufen auf der Stelle und Dehnübungen über einen Zeitraum von Sekunden. Ändern Sie die Art der Übung etwa alle ein bis zwei Minuten, indem Sie sie an die Tafel schreiben oder laut ankündigen.

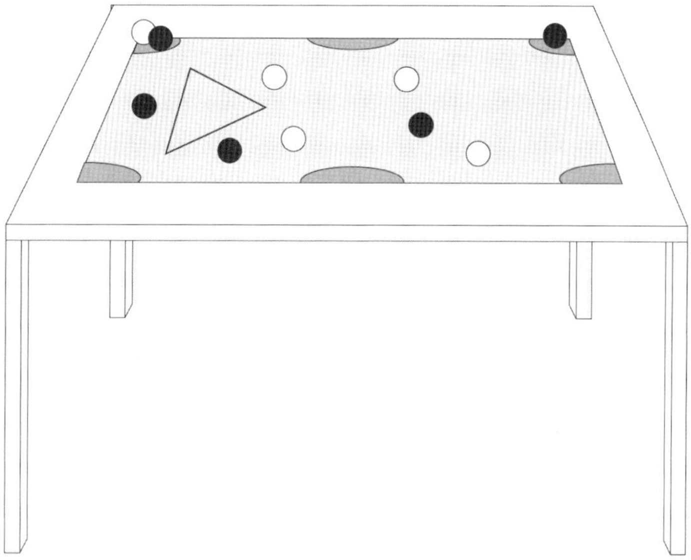

Bleistift-Billard (Im Detail)

Ziele: Die Kinder stoßen einen Gegenstand mit einem Bleistift, der als Queue benutzt wird.

Aufwärmen: Gehen Sie die korrekte Ausführung der Turnübungen durch, die sie später an die Tafel schreiben wollen.

Hinweise und Anregungen:

Begleiten Sie die Übungen mit folgendem *Hinweis*:
Achtet auf den richtigen Winkel: Richtet euren Stoß so aus, dass der Bleistift die Kugel genau so trifft, dass er in eine der Taschen rollt.

Berücksichtigen Sie folgende *Anregung*:
Beim Billard kommt es auf die richtige Stoßstärke an. Wenn man die Kugel mit zu viel Kraft stößt, prallt sie aus der Tasche wieder heraus. Wenn zu wenig Kraft angewendet wird, muss der Spieler eventuell mehrmals stoßen.

Beurteilung:

Kategorien

3 = hat sich gut auf das Stoßen konzentriert, hat die richtigen Turnübungen gut ausgeführt
2 = hat sich bei den meisten Stößen konzentriert, hat meistens die richtigen Turnübungen ausgeführt
1 = hat die Stöße ohne die nötige Konzentration ausgeführt, hat nicht immer die richtigen Turnübungen gemacht
0 = hat nicht versucht, sich auf die Stöße zu konzentrieren, hat die falsche Technik angewendet und die falschen Turnübungen gemacht

Sicherheit:

Die Kinder sollen sich über ihren eigenen Bereich bewusst sein, während sie sich bewegen. Wenn sie ein Spiel anderer Kinder wegen der Aufgaben unterbrechen müssen, sollen sie höflich „Entschuldigung" und „Dankeschön" sagen.

Tipps und Variationen:

- ✖ Erläutern Sie den Zusammenhang von Physik und Mathematik im Billardspiel und im Sportunterricht. Sprechen Sie dabei über Winkel, Kraft, Bewegungen, Reaktion, evtl. über das Newton'sche Gesetz und Geschwindigkeit.
- ✖ Bauen Sie auf dem Fußboden ein größeres Spielfeld auf. Mit Klebeband können Sie gut Taschen abstecken. Benutzen Sie Reissäckchen als Bälle und Hockey-, Baseball- oder Golfschläger als Queues.

Für zu Hause:

„Ihr könnt zu Hause mit dem Deckel eines Schuhkartons, einer Cornflakesschachtel oder einem anderen rechteckigen Gegenstand ein tragbares Spiel bauen. Spielt damit im Haus, wenn ihr nicht nach draußen könnt. Denkt euch dazu auch Turnübungen aus, die eure Herzfrequenz ansteigen lassen, wenn ihr an der Reihe seid."

Putten, Chippen und Pitchen

Golfschläge

Aktionsstufe: Alle machen aktiv mit.

Fähigkeiten: Abschläge und Putten beim Golfspielen ausführen

Material:
- Golfschläger oder irgendein anderer langer Schläger
- ein Reissäckchen pro Person
- Klebeband zum Markieren (A1–A9, B1–B9, C1–C9)

Motivation: „Selbst Tiger Woods und Bernhard Langer, zwei hervorragende Golfprofis, müssen auf die Driving-Range gehen und putten üben. Wir bauen uns heute unseren eigenen Parcours."

Intensität: NMH

Aufbau:

Schauen Sie zuerst, ob Sie etwas umstellen müssen. Wenn ja, stellen Sie es zum Schluss wieder so hin, wie es vorher war. Die Kinder dürfen die Tische vorsichtig umstellen, um den Parcours aufzubauen.

So geht es:

Alle bekommen einen Putter oder einen anderen langen Schläger (Hockeyschläger oder Besenstiel) und versuchen, mit möglichst wenig Schlägen die Bälle in den Löchern Nr. 1–9 zu versenken.

1. Bilden Sie drei Neunergruppen: die Gruppen A, B und C. Jede Gruppe denkt sich einen Parcours mit neun Löchern aus. Tische und Stühle stellen die Löcher dar.
2. Jedes Kind in der Gruppe denkt sich ein Loch aus. Die Kinder nummerieren die Löcher von 1–9 und kleben die Nummern neben das Loch. So nennt z.B. die Gruppe A ihre Löcher 1A, 2A usw. Die Löcher der Gruppe B und C heißen entsprechend. Die Löcher können z.B. folgendermaßen aussehen: **a)** zwischen Tischbeinen hindurch; **b)** eine bestimmte Stelle an der Wand; **c)** gegen ein bestimmtes Tisch- oder Stuhlbein; **d)** eine bestimmte Stelle auf dem Fußboden.
3. Nachdem jede Gruppe ihren Parcours zusammengestellt hat, stellt ein Vertreter der Gruppe schnell die einzelnen Löcher vor.
4. Die Spieler beginnen bei Loch Nr. 1 und zählen, wie viele Schläge sie für alle Löcher benötigen.
5. Wenn ein Kind ein Loch trifft, springt es 15-mal auf und ab.
6. Wenn ein Kind aus Versehen das Reissäckchen eines anderen Kindes trifft, muss es 10-mal auf der Stelle hüpfen.
7. Wie viele Schläge benötigen die Kinder für den Parcours.
8. Nachdem sie einen Parcours durchlaufen haben, fahren die Spieler mit dem nächsten fort und beginnen wieder bei null zu zählen. Sie ziehen von Parcours A zu B zu C und wieder zu A.
9. Durchlaufen die Spieler einen Parcours mehrmals, sollten sie weniger Schläge benötigen als bei den Malen zuvor.

Putten, Chippen und Pitchen (Im Detail)

Ziele: Die Kinder schlagen vorsichtig einen Gegenstand mit einem langen Schläger, der einem Golfschläger ähnelt.

Aufwärmen: „Wer gibt den Ton an?" (S. 25)

Hinweise und Anregungen:

Begleiten Sie die Übungen mit folgenden *Hinweisen*:

- Behaltet das Reissäckchen fest im Blick, bis der Schläger es trifft.
- Schiebt das Reissäckchen mit dem Schläger, ohne damit auszuholen.
- Richtet den Schläger auf das Loch aus. Nach dem Schlag sollte der Schläger auf einer Höhe mit dem Loch sein.

Berücksichtigen Sie folgende *Anregungen*:

- Beim Putten muss man sanft schlagen. Man führt zwar einen Schlag aus, holt jedoch nicht kräftig dabei aus. Man kombiniert dabei einen Schub und einen Stoß.
- Die Kinder sollen das dicke Griffende des Putters mit der „schwachen" Hand festhalten (beim Ausrichten ist dies das obere Ende des Putters) und mit der „starken" Hand den Griff umschließen, sodass beide Hände sich berühren.
- Die Kinder sollen sich eine Linie vorstellen, die vom Putter zum Loch führt. Sie sollen so schlagen, als ob sie der Linie folgen würden.

Sicherheit:

Die Kinder dürfen den Putter nicht vom Boden heben. Sie dürfen auf keinen Fall damit ausholen.

Beurteilung:

Kategorien

3 = hat gefahrlose Putts ausgeführt, hat versucht, so wenige Schläge wie möglich zu machen, hat sich an den Parcours gehalten.

2 = hat gefahrlose Putts ausgeführt, hat auf dem ganzen Parcours sanfte Schläge ausgeführt, hat sich an den Parcours gehalten

1 = hat gefahrlose Putts ausgeführt, hat sanfte Schläge ausgeführt, ist aber unstrategisch dabei vorgegangen, hat sich nicht an den Parcours gehalten

0 = hat gefährliche Putts ausgeführt, hat oft ziellos und unstrategisch geschlagen und sich nicht an den Parcours gehalten

Tipps und Variationen:

- ✖ Wenn genug Zeit zur Verfügung steht, erstellen Sie eine Punktekarte, auf der die Kinder ihre Ergebnisse festhalten und sehen können, wie sie sich verbessert haben.
- ✖ Wenn zu wenig Material vorhanden ist, könnten Sie die Gruppe halbieren: Die eine Hälfte spielt, die andere wird zu lebenden Golflöchern. Dazu machen sie Hampelmänner oder andere Übungen, mit denen sie sich noch am Spiel beteiligen können und gleichzeitig Herausforderungen für die anderen Kinder darstellen.

Für zu Hause:

„Denkt euch zu Hause euren eigenen Parcours aus. Benutzt einen Besen, um eure Putting-Fähigkeiten zu trainieren."

Tennis-Trainingslager

Tennisschläge

Aktionsstufe: Alle machen mit.

Fähigkeiten: Bälle und Volleys schlagen, Händen und Augen koordinieren

Material: Jedes Kind benötigt eine Papierkugel. Die Kinder dürfen verschiedene Tennisballmarken daraufschreiben.

Motivation: „Wenn Roger Federer in ein Trainingslager käme, um uns ein paar Tricks zu zeigen, was wäre das wohl für ein Trainingslager? Und wenn auch noch Venus und Serena Williams dazukämen? Stimmt: Hier geht es um Tennis! Alles, was ihr zum Spielen braucht, sind ein Schläger und ein Partner. Wir stellen uns vor, wir wären in einem Tennis-Trainingslager."

Intensität: NMH

Aufbau:

Schauen Sie zuerst, ob Sie etwas umstellen müssen. Wenn ja, stellen Sie es zum Schluss wieder so hin, wie es vorher war. Je nachdem, was einfacher ist, stellen Sie die Tische und Stühle entweder alle in die Mitte oder außen an den Rand.

So geht es:

Das Trainingslager beginnt mit dem Aufwärmen. Danach ist es in vier Stationen aufgeteilt.

Stationen des Tennis-Trainingslagers

- **Station 1: Vorhand** – Die Spieler schlagen mit ihrer Handinnenfläche eine Papierkugel und ahmen dabei die Bewegung eines Vorhandschlages nach. Sie sollen den Ball einem Partner zuspielen, der ihn fängt und mit einer Vorhand zurückschlägt.
- **Station 2: Rückhand** – Die Spieler schlagen mit ihrem Handrücken eine Papierkugel und ahmen dabei die Bewegung eines Rückhandschlages nach. Sie sollen den Ball einem Partner zuspielen, der ihn fängt und mit einer Vorhand zurückschlägt. Nach der Hälfte der Zeit tauschen die Partner die Rollen, sodass jeder die Rückhand üben kann.
- **Station 3: Volley** (Ball in der Luft annehmen) – Die Spieler spielen sich gegenseitig mit Vorhand- oder Rückhandschlägen Volleys zu. Wie viele Volleys schaffen die Kinder, ohne dass sie ihre Station verlassen müssen oder der Ball herunterfällt?
- **Station 4: Schmetterball** – Die Kinder spielen zu zweit zusammen. Ein Kind wirft dem anderen von der Seite einen Ball zu, den es dann über Kopf schmettert.
- **Station 5: Aufschlag** – Jedes Kind wirft den Ball mit der „schwachen" Hand vor sich in die Luft und führt einen Aufschlag zu einer bestimmten Stelle im Raum aus.

Tennis-Trainingslager (Im Detail)

Ziele: **Die Kinder …**
- ➜ schlagen einen Ball mit unterschiedlicher Schlagkraft.
- ➜ schlagen Vorhand- und Rückhandbälle.
- ➜ verbessern die Koordination zwischen Hand und Augen, indem sie den Ball beobachten, während sie schlagen.
- ➜ arbeiten mit anderen Kindern zusammen, um beim Schlagen etwas zu erreichen.

Aufwärmen: „Flinke Füße" (S. 36)

Hinweise und Anregungen:

Begleiten Sie die Übungen mit folgenden *Hinweisen*:
- Bewegt euch ständig auf euren Fußballen, sodass ihr sofort die richtige Schlagposition einnehmen könnt.
- Haltet euren Blick am Ball. Wenn ihr den Ball aus den Augen verliert, verliert ihr ihn auch ganz.
- Macht einen Schritt mit dem Bein nach vorne, das eurer Schlaghand gegenüberliegt. Damit ist der Schlag ausgewogener und einfacher auszuführen.

Berücksichtigen Sie folgende *Anregungen*:
- Die Kinder sollen ihre Schlagkraft variieren. Der Schmetterball ist der stärkste Schlag und der Volley der schwächste.
- Die Kinder sollen ein Ziel anvisieren. Wenn die Kinder sich gegenseitig die Bälle zuwerfen, sollen sie auf jeden Fall versuchen, danach zu schlagen, sodass der Werfer seine Beine nicht bewegen muss, um ihn wieder aufzufangen.
- Die Kinder sollen sich langsam steigern, die Schläger langsam und sanft führen und dabei ein Ziel anspielen. Sie können ihre Schlagkraft erhöhen, wenn sie ein bestimmtes Ziel wiederholt erreicht haben.

Sicherheit:

Die Kinder müssen an ihrer jeweiligen Station bleiben. Mit Platzmarkierungen aus Gummi vermeiden Sie, dass sich die Kinder für Volleyschläge außerhalb ihres Bereiches bewegen.

Beurteilung:

Kategorien

3 = hat mit angemessener Schlagkraft geschlagen und an jeder Station die Übungen nach Anweisung durchgeführt, gute Zusammenarbeit mit dem Partner

2 = hat meistens mit der angemessenen Schlagkraft geschlagen und an jeder Station die Übungen nach Anweisung durchgeführt, gute Zusammenarbeit mit dem Partner

1 = hat manchmal mit der angemessenen Schlagkraft geschlagen und an vielen Stationen die Übungen nach Anweisung durchgeführt, Zusammenarbeit mit dem Partner

0 = hat nicht mit angemessener Schlagkraft geschlagen und an den Stationen die Übungen nicht nach Anweisungen durchgeführt, keine Zusammenarbeit mit dem Partner

Tennis-Trainingslager (Im Detail)

Tipps und Variationen:

- Sobald Sie den Raum betreten, wählen Sie ein Kind aus, das mit Ihnen Volleys spielt. Das macht die Kinder neugierig. Die älteren Kinder wollen wahrscheinlich ihre Volleypunktzahl übertreffen, während die jüngeren Kinder genauso gut Volleys spielen können wollen, wie Sie. Wenn Sie einen Tennisschläger mitbringen, können Sie demonstrieren, wie die Bewegung bei einem Schmetterball, Aufschlag, der Vorhand und der Rückhand aussehen soll. Diese Vorstellung gibt den Kindern eine Anleitung, wie man die Hände als Schläger benutzt.
- Jüngeren Kindern fehlt eventuell die Koordination oder die Fähigkeit, einen Schmetterball, Aufschlag oder Volley zu spielen, sie wollen es aber bestimmt ausprobieren. Erlauben Sie es ihnen, und reduzieren Sie an jeder Station die Anzahl der Bälle. Eigentlich wird damit die körperlich aktive Zeit am Ball verringert, andererseits haben die Kinder so die Gelegenheit, die anderen zu beobachten und deren Bewegungen zu analysieren. Außerdem beschränken Sie somit die Anzahl der Bälle, die im Raum umherfliegen.

Für zu Hause:

„Ihr könnt fast immer und überall einen Volley schlagen – egal, ob mit Papier, Alufolie, Socken oder Schaumstoffbällen. Wie viele Volleys schafft ihr, ohne dass ihr einen verfehlt? Erzählt mir beim nächsten Mal davon!"

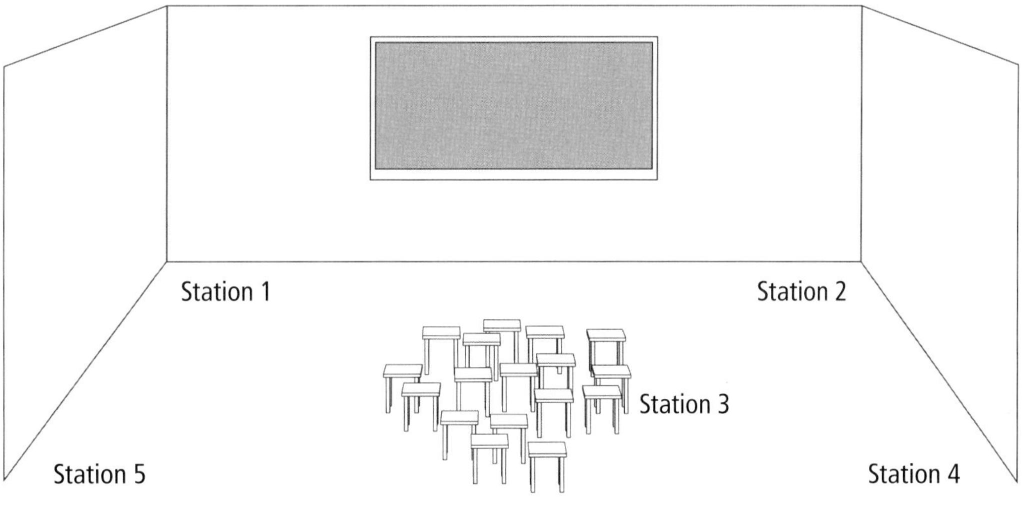

Tennis, Hockey und Golf virtuell

Volleys und andere Schlagtechniken

Aktionsstufe: Alle machen mit.

Fähigkeiten: Schlagtechniken ausführen, offensive und defensive Taktiken anwenden

Material: Fernseher, Videorekorder/DVD-Player und ein Videofilm/DVD-Film

Motivation: „Wolltet ihr jemals ein Profi-Hockey- oder -Tennisspieler werden? Vielleicht wisst ihr nicht genau, wie man einen Hockey-, Golf- oder Tennisschläger benutzt. Heute wollen wir uns ein bestimmtes Team oder einen Spieler aussuchen, dem wir zuschauen und den wir dann nachahmen."

Intensität: NMH

Aufbau:

Schauen Sie zuerst, ob Sie etwas umstellen müssen. Wenn ja, stellen Sie es zum Schluss wieder so hin, wie es vorher war. Die Kinder benötigen nur genug Platz, um mit den Armen auszuholen und Schritte nach links und nach rechts zu machen. Sie können die Tische an die Seite stellen, falls nötig; ansonsten lassen Sie sie dort, wo sie sind, solange die Kinder freien Blick auf den Fernseher haben.

So geht es:

Nehmen Sie sich selbst oder ein Team bei einem Spiel mit einem Schläger (Tennis, Hockey, Golf etc.) auf. Sie können aber auch den Videofilm/DVD-Film eines Profiteams benutzen.

Tennis

- Jedes Kind wählt sich einen Spieler aus, denn es nachahmt. Wenn Sie z.B. einen Film mit Roger Federer und Andy Roddick zeigen, sucht sich jedes Kind einen der beiden aus und stellt sich auf die entsprechende Seite. Die „Roddicks" sind auf der einen, die „Federers" auf der anderen Seite, und sie stehen einander gegenüber.
- Vor Abspielen des Films erläutern Sie die folgenden Techniken, damit die Kinder sie wiedererkennen und mit den richtigen Bewegungen der Spieler in Verbindung bringen können: Aufschlag, Vorhand, Rückhand, Volley.
- Jedes Mal, wenn ihr ausgewählter Spieler den Ball schlägt, führen auch die Kinder die Bewegungen aus.
- Erklären Sie ältern Kindern die Taktik und das Punktesystem:
  - Null, 15, 30, 40, Einstand
  - Spiel, Satz, Sieg
  - kurz und kräftig schlagen
  - dorthin schlagen, wo der Gegner es am wenigsten erwarten würde

Tennis, Hockey und Golf virtuell

Hockey

- Die Kinder können einen Hockey-Bundesligaverein nachahmen, oder Sie stellen eine Liste mit weiteren Teamnamen zur Auswahl.
- Die Hälfte der Kinder stellen eine bestimmte Mannschaft dar, die andere Hälfte eine weitere Mannschaft. Die Kinder dürfen jeweils ein bestimmter Spieler aus der Mannschaft sein. Wenn sich ein Kind allerdings für den Torwart entscheidet, muss es nach der Hälfte des Unterrichts die Rolle tauschen, damit es mehr Bewegungen erlernen kann.
- Erläutern Sie die Techniken, die die Kinder können sollen: aufs Tor schießen, den Ball passen.
- Beim Zuschauen sollen die Kinder ihre Beine so hin- und herbewegen, als ob sie skaten würden. Sie sollen die Bewegungen aus dem Film nachahmen: den Puck schießen, blockieren und passen.

Golf

- Nehmen Sie ein Golfspiel auf.
- Jedes Kind ahmt jeden Golfspieler nach, nicht nur einen einzigen.
- Erläutern Sie die folgenden Fähigkeiten, damit die Kinder die genaue Technik lernen: Abschlagen, Putten, Schläge im Sand ausführen.
- Die Kinder sollen auch das Punktesystem lernen: Jeder Schlag bedeutet einen Punkt. Je niedriger die Punktezahl, desto besser.

Tennis, Hockey und Golf virtuell (Im Detail)

Ziele: **Die Kinder …**
- → üben Golf-, Hockey- und Tennisschläge.
- → lernen ausgereifte Schlagtechniken von den Spielern im Film kennen.

Aufwärmen: „Schnick, Schnack, Schnuck" (S. 37)

Hinweise und Anregungen:

Begleiten Sie die Übungen mit folgenden *Hinweisen*:
- Führt die Bewegungen aus, die ihr im Film seht.
- Holt aus, schlagt und trefft und zieht alle Bewegungen voll durch.

Berücksichtigen Sie folgende *Anregungen*:
- Wir können beim Zusehen lernen. Deshalb können die Kinder erfolgreicher, kraftvoller und präziser mit einem Schläger schlagen, wenn sie zuschauen und nachahmen.
- Ein Angriffsspieler ist im Ballbesitz und versucht, Punkte zu erzielen.
- Ein Abwehrspieler will den Ball in seinen Besitz bringen. Er versucht, die Gegner davon abzuhalten, Punkte zu erzielen, indem er ihre Schüsse blockiert. Außerdem macht er ihnen das Spiel so schwer wie möglich. Beim Golf gibt es natürlich keine Abwehrspieler.

Beurteilung:

Kategorien

3 = hat alle Bewegungen aus dem Film nachgeahmt
2 = hat versucht, alle Bewegungen aus dem Film nachzuahmen
1 = hat nur wenige Bewegungen aus dem Film nachgeahmt
0 = hat gar nicht erst versucht, die Bewegungen aus dem Film nachzuahmen

Sicherheit:

Die Kinder sollen in ihrem eigenen Bereich bleiben. Vor energischen Aushol- und Schlagbewegungen sollen sie sich gut umschauen.

Tipps und Variationen:

- ✖ Wenn man einen bestimmten Tanzschritt oder eine bestimmte sportliche Bewegung lernen möchte, bittet man normalerweise jemanden, sie ihm zu zeigen. Deshalb ist diese Übung so nützlich. Die Kinder sehen sich die Übung an und teilen sie in einzelne Bewegungen auf. Ein Videorekorder/DVD-Player hat außerdem den Vorteil, dass Sie die Bewegungsabläufe verlangsamen können, um einen bestimmten Teil der Technik zu verdeutlichen.
- ✖ Wenn Sie keinen Videorekorder/DVD-Player zur Verfügung haben, machen Sie die Bewegungen selbst vor. Ein Kind darf dazu nach vorne kommen. Die anderen Kinder sollen nachmachen, was vorgeführt wird.

Für zu Hause:

„Seht jemandem zu, der gerade eine Spielsportart ausübt. Was könnt ihr lernen, wenn ihr auf seine Technik achtet? Ihr könnt euch so etwas im Fernsehen ansehen oder den Eltern bzw. einer Mannschaft zuschauen."

Was liegt in der Luft?

Volleys und andere Schlagtechniken

Aktionsstufe: Alle machen aktiv mit.

Fähigkeiten: Volleys spielen, Pritschen

Material:
- einen Luftballon für jeden Mitspieler (mindestens zwei unterschiedliche Farben, zusätzliche Ballons, falls welche platzen)
- ein besonders gekennzeichneter Luftballon

Motivation: „Glaubt ihr, ich kann diesen Luftballon die ganze Unterrichtsstunde lang in der Luft halten? Wenn wir ihn alle gut genug in die Luft schlagen, könnten wir es schaffen!"

Intensität: NMH

Aufbau:

Schauen Sie zuerst, ob Sie etwas umstellen müssen. Wenn ja, stellen Sie es zum Schluss wieder so hin, wie es vorher war. In diesem Fall ist kein besonderer Umbau nötig.

So geht es:

Die Mitspieler schlagen einen Ball aus der Luft, fangen ihn und schlagen ihn in die Höhe – sich selbst und anderen zu. Dabei muss die gesamte Gruppe darauf achten, dass ein Ball die gesamte Zeit über oben bleibt. Dieser Ball muss auf jeden Fall besonders gekennzeichnet sein, damit er sich von den anderen unterscheidet. Die Kinder folgen Ihren Anweisungen. Je schwieriger es wird, um so mehr steigert sich auch das Pensum der Turnübungen. Benutzen Sie den Hampelmann und Hampelfrau-Bewegungswürfel (ein großer Würfel mit Hampelmannvariationen auf jeder Seite, siehe Kapitel 1, S. 30), oder wählen Sie eine Übung aus, die sich nach der erfolgreichen Durchführung einer Bewegung ändert. Jedes Kind bekommt einen Luftballon. Auf Ihr Kommando machen die Kinder Folgendes (während Sie sprechen, vergessen Sie nicht, dass der andere Ballon oben bleiben muss):

- Sie werfen aus dem Sitzen heraus den Ballon 10-mal in die Luft und fangen ihn in Augenhöhe wieder auf. (Steigerung: 20 Wiederholungen von der Übung, die sie mit dem Bewegungswürfel würfeln.)
- Sie werfen aus dem Stand heraus den Ballon 10-mal in die Luft und fangen ihn in Augenhöhe wieder auf. (Steigerung: 25 Wiederholungen von der Übung, die sie mit dem Bewegungswürfel würfeln.)
- Wenn sie das geschafft haben, pritschen sie aus dem Sitzen heraus den Ballon nach oben, sodass er vor der Stirn wieder herunterkommt. Das wiederholen sie zwei Minuten lang. (Steigerung: 30 Wiederholungen von der Übung, die sie mit dem Bewegungswürfel würfeln.)

Was liegt in der Luft?

- Wenn sie das geschafft haben, pritschen sie zwei Minuten aus dem Stand heraus. (Steigerung: 35 Wiederholungen von der Übung, die sie mit dem Bewegungswürfel würfeln.)
- Wenn sie das geschafft haben, setzen sie sich zu zweit an einen Tisch und spielen sich den Ballon in der Luft drei Minuten lang zu. Dabei dürfen sie zählen, wie oft sie es hin und her schaffen, ohne abzusetzen. (Steigerung: 40 Wiederholungen von der Übung, die sie mit dem Bewegungswürfel würfeln.)
- Wenn sie das geschafft haben (und sich den Ballon ganz gut zuspielen können, ohne die Beine zu bewegen), dürfen die Spieler sich aus dem Stand den Ballon drei Minuten lang in der Luft zuspielen. (Steigerung: 45 Wiederholungen von der Übung, die sie mit dem Bewegungswürfel würfeln.)
- Teilen Sie die Gruppe in zwei Hälften auf. Die eine Hälfte setzt sich auf der einen Raumseite auf die Stühle, die andere Hälfte auf der anderen Seite. Jede Gruppe bekommt vier Luftballons mit unterschiedlichen Farben. Aufgabe der Gruppe ist es, die Ballons in der Luft zu halten. Welches Team hat nach einer Minute noch die meisten Ballons in der Luft? Erweitern Sie den Wettbewerb in der nächsten Runde auf zwei Minuten.

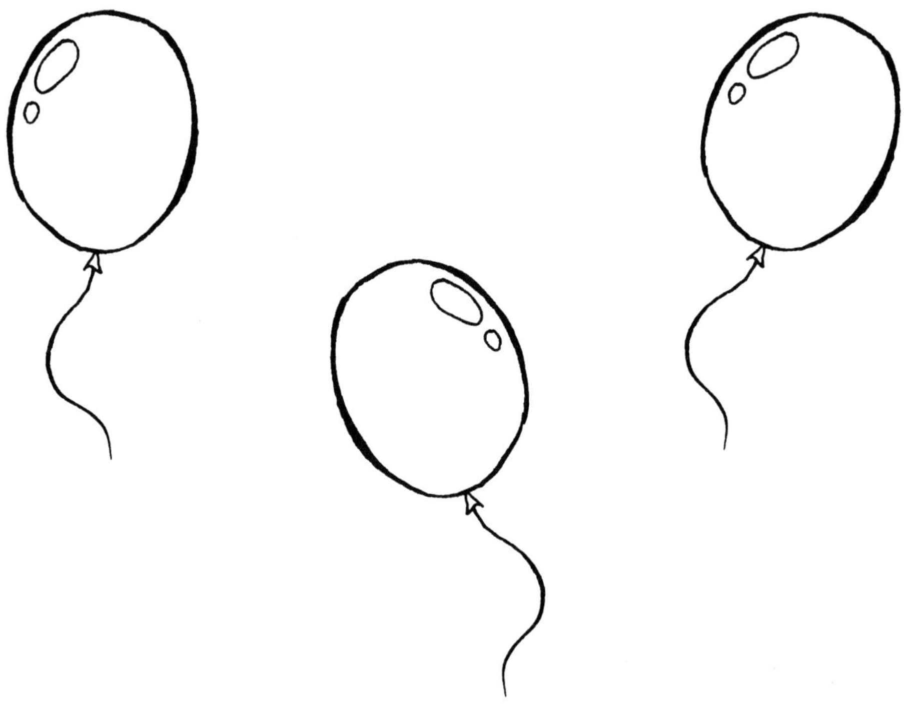

Was liegt in der Luft? (Im Detail)

Ziele: **Die Kinder ...**
➜ schlagen einen Luftballon in die Luft.
➜ halten den Ballon mit der Volleyballtechnik in der Luft.

Aufwärmen: „Hampelmann und Hampelfrau" (S. 30)

Hinweise und Anregungen:

Begleiten Sie die Übungen mit folgenden *Hinweisen*:

- Beugt die Ellenbogen.
- Behaltet den Luftballon immer im Blick.
- Schlagt den Ballon so in die Luft, dass er genau auf Augenhöhe wieder herunterkommt.

Berücksichtigen Sie folgende *Anregungen*:
Beim Volley schlägt man etwas wiederholt in die Luft. Beim Pritschen drückt man den Ball so nach oben, dass er genau dort hinfliegt, wo der Pritschende ihn haben will. Wenn die Kinder sich selbst zupritschen, soll der Ballon möglichst genau bis auf ihre Augenhöhe wieder herunterkommen. Wenn die Kinder dagegen einem Partner den Ballon zupritschen, drücken sie ihn mit den Fingerkuppen genau so von sich weg, dass er auf Augenhöhe des Partners ankommt.

Beurteilung:

Kategorien

3 = hat mit gutem Erfolg teilgenommen und hat die Ballons so in die Luft gespielt, dass sie länger als erwartet oben blieben

2 = hat mit Erfolg teilgenommen und hat die Ballons so in die Luft gespielt, dass sie meistens oben blieben

1 = hat alle Übungen versucht, aber sich keine besondere Mühe gegeben, hat die Ballons in die Luft gespielt, aber nicht versucht, sie oben zu halten

0 = hat nur einige Übungen versucht und sich nicht an Anweisungen beim Volleyballspielen gehalten

Sicherheit:

Die Kinder sollten die Luftballons vorsichtig in den Händen halten. Sie dürfen ihn nicht drücken, daran reiben oder ziehen. Manchmal lässt es sich nicht vermeiden, dass ein Ballon platzt, jedoch sollte das nicht allzu oft vorkommen.

Tipps und Variationen:

- ✖ Achten Sie darauf, dass der ausgewählte Ballon die ganze Zeit in der Luft bleibt. Wenn Sie einem Kind helfen müssen, sagen Sie „Was liegt in der Luft?", und die Kinder müssen sich so lange um den Ballon kümmern, wie Sie helfen.
- ✖ Wenn Sie Zeit haben, zeigen Sie einen Flugball (schlagen Sie den Ballon sanft mit der Faust), einen Schaufelball (schlagen Sie den Ballon mit der Faust von unten nach oben, sodass er nicht aufkommt), den Aufschlag und den Schmetterball.

Für zu Hause:

„Fordert eure Freunde und die Familie zu einem Volleywettbewerb heraus. Spiele dir mit einem Partner den Ballon in der Luft zu, und zählt mit, wie oft ihr es schafft, ohne dass er herunterfällt. Jedes Kind, mit dem ihr spielt, soll versuchen, mehr Punkte als die anderen Male zu erreichen."

Schlagstationen

Verschiedene Schlagtechniken

Aktionsstufe: Alle machen mit.

Fähigkeiten: Schlagtechniken mit langen und kurzen Schlägern ausführen, Hände und Augen koordinieren

Material:
- Papier für einen Baseball
- Papier für drei Tennisbälle
- Papier, um die fünf Löcher bei der Golfstation zu markieren
- sechs Reissäckchen
- sechs Tischtennisschläger
- Bleistift und Test von S. 207 für jeden Mitspieler

Motivation: „Mal sehen, wie gut ihr schon schlagen könnt. Dazu machen wir verschiedene Aufgaben an mehreren Stationen mit unterschiedlichen Schlägern und Techniken."

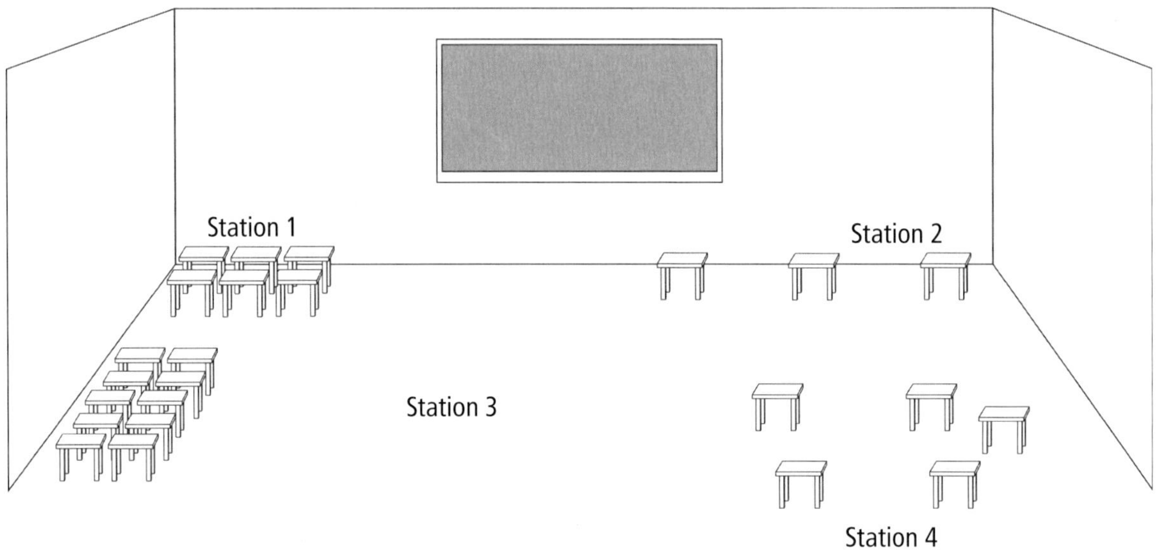

Schlagstationen

Intensität: NMH

Aufbau:

Schauen Sie zuerst, ob Sie etwas umstellen müssen. Wenn ja, stellen Sie es zum Schluss wieder so hin, wie es vorher war.

Station 1: Tennis-Trainingslager – Stellen Sie drei Tische im Abstand von 1,50 m zueinander auf, um die Netze darzustellen.

Station 2: Pfannkuchenwerfen – Da die Spieler nur etwa einen Meter Platz benötigen, müssen Sie nichts umstellen.

Station 3: Putten, Chippen und Pitchen
Lassen Sie die Tische dort, wo sie sind, und denken Sie sich einen Parcours aus. Dazu legen Sie fünf Markierungen (Blätter Papier) auf die Löcher und benutzen die Tische sowohl als Hindernisse als auch als Löcher.

So geht es:

Wählen Sie aus den Schlagübungen der vorherigen Unterrichtsstunden jeweils ein Beispiel aus, und erstellen Sie damit eine Station. Fügen Sie an jeder Station eine kurze Testfrage hinzu, um festzustellen, was jedes Kind gelernt hat.

Tennis-Trainingslager
Die Spieler beginnen mit dem Aufschlag und fahren danach mit Volleys fort. Dazu benutzen sie ihre Vor- und Rückhand und lediglich eine Papierkugel – keine Schläger. Ein Stuhl kann das Netz darstellen.

Pfannkuchenwerfen
Die Spieler schlagen mit einem Tischtennisschläger einen Pfannkuchen (Reissäckchen) hoch in die Luft und fangen ihn wieder auf. Wenn sie genügend Kontrolle über den Reissack haben (und nach dem Schlag nicht hinterherrennen müssen), können sie ihn auch in der Luft umdrehen.

Putten, Chippen und Pitchen
Bauen Sie einen Parcours mit fünf Löchern auf, den die Kinder durchlaufen sollen. Die Kinder sollen mit dem Golfschläger das Reissäckchen mit so wenigen Schlägen wie möglich putten.

Schlagstationen (Im Detail)

Ziele: **Die Kinder …**
- ➜ stellen sowohl ihre sportlichen als auch ihre geistigen Fähigkeiten unter Beweis.
- ➜ benutzen gefahrlos Geräte, um ihre Fähigkeiten zu zeigen.

Beurteilung:

Kategorien

3 = hat mit Hand oder Schläger meistens gefahrlos und erfolgreich Schläge ausgeführt und hat fünf Fragen richtig beantwortet

2 = hat meistens gefahrlos und erfolgreich Schläge ausgeführt und hat vier Fragen richtig beantwortet

1 = hat einige Schläge gefahrlos, aber nicht erfolgreich ausgeführt und hat weniger als drei Fragen richtig beantwortet

0 = hat gefährliche oder wenig erfolgreiche Schläge ausgeführt und hat sich keine Mühe beim Test gegeben

Die Kinder können ihre Testbögen von Station zu Station mitnehmen. Den Test können Sie auch benoten.

Sicherheit:

Erinnern Sie vor dem Test alle Kinder an die Regeln, über die Sie zuvor gesprochen haben. Betonen Sie die Sicherheitsregeln für das Klassenzimmer: Tische umgehen, im eigenen Bereich bleiben usw.

Tipps und Variationen:

- ✖ Zeigen Sie die verschiedenen Techniken, bevor Sie mit dem Test beginnen. Anhand Ihres Beispiels merken sich die Kinder, wie sie die Bewegungen ausführen sollen. Außerdem bekommen sie ein klares Bild, das ihnen beim Verinnerlichen der sicheren Schlagtechnik hilft.
- ✖ Wenn die Kinder noch nicht lesen können, dürfen sie auch die Hand heben und die Testfragen mündlich beantworten.
  Fügen Sie, je nachdem, was Sie im Unterricht durchgenommen haben, noch weitere oder andere Stationen hinzu.

Für zu Hause:

„Findet heraus, was eure Familie alles über Schlagtechniken weiß. Spielen Sie auch eines der Spiele? Wenn ja, begleitet sie nächste Woche und spielt mit."

Schlag-Test

Tennis-Trainingslager

1. Wie nennt man das, wenn ihr den Ball mit der Innenfläche eurer Hand führt?

❏ Rückhand

❏ Vorhand

❏ Treffer

2. Wie nennt man das, wenn man den Ball mit dem Handrücken schlägt?

❏ Aufschlag

❏ Vorhand

❏ Rückhand

3. Beim Tennis beginnt man mit einem

❏ Schmetterball.

❏ Aufschlag.

❏ Volley.

Pfannkuchenwerfen

Wenn ihr mit einem Tischtennisschläger schlagt, haltet den/das ________ im Blick.

❏ Reissäckchen

❏ Boden

❏ Schläger

Putten, Chippen und Pitchen

Beim Putten ___________ man das Reissäckchen mit einem Golfschläger.

❏ schiebt

❏ schlägt

❏ haut

8 Sportliche Spielshows und Aktionen

Wenn Kinder spielen, sich etwas vorstellen und ihre Fantasie einsetzen, lernen sie besser. Durch Spiele, Vorstellungskraft, „So-tun-als-ob" und Bewegung lernen Kinder, wie man etwas vormacht, nachahmt, Entscheidungen trifft und wohlüberlegt handelt. Wenn Kinder Spielshows oder besondere Ereignisse im Fernsehen sehen, können sich Kinder wunderbar vorstellen, dass sie Teil eines Wettbewerbs, Rennens oder einer Show sind und ein bestimmtes Ziel verfolgen.

Insel des Sports

Kooperation, Fitness

Aktionsstufe: Alle machen mit.

Fähigkeiten: Kooperation, Fitness, Balance, Teamwork

Material:
- zehn Blatt Papier (die Kinder dürfen ihre eigenen Filzstifte und Wachsmalkreide benutzen)
- Fackeln (ein Stab mit einer dekorativen Spitze)
- 20 Hula-Hoop-Reifen
- Puzzle (ein fertiges oder eines, das Sie selbst aus einem zerschnittenen Bild anfertigen)
- Pokal (basteln Sie irgendetwas, das pompös wirkt)
- CD-Player und CD mit Stammesmusik

Motivation: „Wenn ihr auf einer einsamen Insel jagen müsstet, um an Nahrung zu gelangen, und weder Haus noch Badezimmer hättet, würdet ihr das überleben? Heute ist jeder von euch Angehöriger eines Eingeborenenstammes auf einer Insel. Das ist ähnlich wie in einem Team. Schafft es euer Stamm, zu überleben? Seid ihr stärker, schlauer und haltet länger durch als die anderen Stämme? Niemand wird von der Insel verbannt, stattdessen feiern wir gemeinsam unseren Erfolg. Welcher Stamm geht als Überlebender und Sieger hervor?"

Intensität: NMH

Aufbau:

Schauen Sie zuerst, ob Sie etwas umstellen müssen. Wenn ja, stellen Sie es zum Schluss wieder so hin, wie es vorher war.

So geht es:

Teilen Sie die Mitspieler in Eingeborenenstämme auf – je vier oder fünf Kinder bilden einen Stamm. Jeder Stamm versucht, auf der „Insel des Sports" mehr Punkte als die anderen zu erzielen, indem alle möglichst stark, schlau und ausdauernd vorgehen. Jeder Stamm muss sechs Aufgaben bewältigen. Auf ein Signal hin werden die Stationen gewechselt. Jedes Kind muss zur Bewältigung jeder Aufgabe beitragen.

Teamversammlung:

Die Kinder versammeln sich sitzend in ihrem Stamm. Verleihen Sie jedem Stamm zu Beginn des Spieles eine Fackel. Wenn die Fackel während des Spieles herunterfällt oder sie niemand trägt, verliert dieser Stamm zwei Punkte (minus zwei Punkte). Das Spiel „Insel des Sports" kann beginnen. Spielen Sie Stammesmusik ein, während sich die Kinder zu ihrer ersten Station begeben. Die Musik setzt mit dem Beginn und dem Ende an jeder Station ein bzw. aus. Jeder Stamm soll dafür sorgen, dass er die Stationen in dem Zustand verlässt, in dem er sie vorfindet. Ziehen Sie Punkte ab, wenn das nicht der Fall sein sollte.

Insel des Sports

Aufgaben:

1. Das Team denkt sich gemeinsam einen Stammesnamen aus. Es bastelt ein Schild, auf dem der Stammesname zu lesen ist.
2. Wer hält am längsten durch? Die Stammesmitglieder legen eine Hand in die Mitte, sodass sich alle berühren. Die andere Hand legen sie auf ihren Kopf (der Fackelträger trägt mit dieser Hand die Fackel). Die Kinder heben einen Fuß vom Boden und halten ihn auf halber Höhe der anderen Wade. Diese Position sollen sie möglichst über die gesamte Dauer der Station halten (2 Punkte).
3. Seid schlauer: Die Stammesmitglieder schreiben so viele Wörter wie möglich auf ein Blatt Papier, die mit dem Sportunterricht zu tun haben. Mögliche Antworten sind z.B.: „Bewegung", „Werfen" und „Sport". Der Stamm mit den meisten Begriffen bekommt die meisten Punkte. Sie überprüfen die Gültigkeit und die Anzahl der Wörter (5, 4, 3, 2 oder 1 Punkt).
4. Seid stärker: Der gesamte Stamm läuft so lange auf der Stelle, wie die Station dauert (die Zeit hängt davon ab, wie lange die Sportstunde ist und wie viel Zeit Sie für die Aufgabe zur Verfügung stellen) (2 Punke).
5. Seid stärker: Die Stammesmitglieder stehen Schulter an Schulter nebeneinander und halten sich jeweils an einer Hand fest. Das erste und das letzte Kind der Reihe haben eine Hand frei. Alle sollen so zusammenarbeiten, dass sie so viele Hula-Hoop-Reifen wie möglich durch die Reihe schicken, ohne einander loszulassen. Nachdem der erste Reifen beim letzten Kind angekommen ist, soll er zu Boden fallen. Dann, aber auf keinen Fall eher, schickt das Kind am Anfang der Reihe den nächsten Reifen auf die Reise (20 Reifen = 5 Punkte, 15–19 = 4 Punkte, 10–14 = 3 Punkte, 5–9 = 2 Punkte, 2–4 = 1 Punkt). Dabei darf die Fackel nicht zu Boden fallen!
6. Seid schlauer: Jeder Stamm setzt ein Puzzle zusammen (Anzahl der zusammengesetzten Teile = Anzahl der Punkte).

Teamversammlung:

- Nachdem jede Gruppe jede Station einmal durchlaufen hat, sammeln sich die Stammesmitglieder.
- Sie dürfen Extrapunkte für Fairness oder besonders gute Zusammenarbeit verleihen.
- Gehen Sie die Punkte durch, die jeder Stamm erzielt hat, und erwähnen Sie tapferes Verhalten der Stämme. Geben Sie schließlich den siegreichen Stamm bekannt, und verleihen Sie einen pompösen Pokal, den die Sieger anfassen, jedoch nicht behalten dürfen. Sie können ihn für jedes Spiel auf der Sportinsel wieder verwenden. Sein Wert steigt dadurch ungemein an; besonders, wenn Sie ihn so aufwändig wie möglich gestalten. Falls Sie die Kinder mit einer Urkunde auszeichnen möchten, verwenden Sie die Vorlage unten oder wandeln Sie sie nach Ihren Vorstellungen ab.

Vorlage für eine Urkunde

Insel des Sports (Im Detail)

Ziele: Die Kinder stellen sich vor, sie seien auf einer Insel und benutzen die Fähigkeiten und Kenntnisse, die sie im Sportunterricht erworben haben, um ein Spiel erfolgreich zu absolvieren.

Aufwärmen: Vorbereitung für „Insel des Sports":

- Die Kinder bleiben in ihrem eigenen Bereich.
- Um sich für das Spiel aufzuwärmen, spielen die Kinder folgende Bewegungsgeschichte und bewegen sich entsprechend zu den kursiv gedruckten Wörtern. Spielen Sie leise Stammesmusik im Hintergrund ein.

Ihr seid *stark* und *tapfer*. Ihr habt einen *harten Kampf* vor euch. Übersteht ihn, und absolviert ihn erfolgreich! Ihr beginnt *langsam* und *bereitet eure Muskulatur* auf ein aufreibendes Spiel vor. *Setzt euch hin,* und *dehnt*, während ihr in einem *Boot segelt*. Das Boot schaukelt *vorwärts*, *rückwärts*, *seitwärts*, *hoch* und *runter*. Durch die Wellen werdet ihr *hin*- und *hergeschleudert*. Plötzlich müsst ihr über Bord *springen* und *schnell*, *schneller* und *immer schneller vor den Haien wegschwimmen*. Dann seht ihr eine Insel. *Streckt die Arme danach aus – wieder und wieder.* Endlich *erreicht ihr Land* und *rennt* durch den schweren Sand davon. Ihr müsst noch *schneller rennen*, denn der Sand *glüht heiß* unter euren Füßen. Dann werdet ihr *müde* und *lauft langsam* zu eurem Zelt. Ihr seid *so erschöpft*, dass ihr *gehen* müsst. Aah, geschafft! *Entspannt euch, dehnt euch,* und macht euch bereit für die anstehende Herausforderung.

Hinweise und Anregungen:

Begleiten Sie die Übungen mit folgenden *Hinweisen*:

- Seht euren Stamm als Familie an. Helft euch gegenseitig, und es wird leichter für euch, eure Ziele zu erreichen.
- Strengt euch beim Spielen und Trainieren mehr an als die anderen Stämme.
- Denkt mehr nach als die anderen Stämme.
- Seid erfolgreich, und wachst über euch selbst hinaus.

Berücksichtigen Sie folgende *Anregungen*:

- Kooperation bedeutet, mit anderen zu einem bestimmten Zweck zusammenzuarbeiten.
- Um die „Insel des Sports" zu überstehen, müsst ihr fit auf folgenden Gebieten sein:
  - Muskelausdauer: Wie lang haltet ihr durch?
  - Muskelkraft: Sind eure Muskeln stark genug?
  - Beweglichkeit: Könnt ihr euch unbeschwert und schnell vorwärts und rückwärts bewegen?
  - Balance braucht man, um über längere Zeit in einer bestimmten statischen Haltung zu verharren.
- Fragen Sie die Kinder, was sie im Sportunterricht gelernt haben, um die „Insel des Sports" erfolgreich zu überstehen.

Insel der Sports (Im Detail)

Beurteilung:

Kategorien

3 = hat alle Aufgaben bewältigt, hat mit anderen kooperiert und ihnen geholfen und die Regeln befolgt

2 = hat alle Aufgaben versucht, hat mit anderen kooperiert und alle Regeln befolgt

1 = hat die meisten Aufgaben versucht, aber nicht immer kooperiert und hat alle Regeln befolgt

0 = konnte die Aufgaben nicht bewältigen, hat weder kooperiert noch die Regeln befolgt

Sicherheit:

Die Kinder sollen auf die Fackeln achten und auf andere einschränkende Bedingungen im Klassenzimmer. Die Fackeln sollen immer aufrecht gehalten werden und nie auf ein anderes Kind zeigen.

Für zu Hause:

„Veranstaltet doch zu Hause mal eine ‚Insel des Sports'. Schließt dabei aber niemanden aus, sondern freut euch gemeinsam, wenn jemand erfolgreich die Aufgaben besteht."

Tipps und Variationen:

- Stellen Sie sich vor, Sie seien der Moderator einer Spielshow im Fernsehen.
- Tun Sie so, als ob die Stämme wirklich 1 Million Euro gewinnen würden – genau wie manche Teilnehmer einer Fernsehshow.
- Sprechen Sie stets mit Begeisterung in der Stimme, während Sie die Aufgaben und die Aufwärmübung beschreiben.
- Passen Sie die Schwierigkeitsstufe der Übungen dem Alter der jeweiligen Kinder an.
- Wiederholen Sie dieses Spiel mehrmals im Schuljahr mit veränderten Aufgaben. Wenn Sie z.B. gerade das Thema „Werfen und Fangen" durchnehmen, denken Sie sich Wurfübungen aus. Dabei könnten die Kinder z.B. einen Ball so lange wie möglich in der Luft halten – das macht Kindern normalerweise besonders viel Spaß. Wenn Sie die Kinder mehr anspornen wollen, behalten Sie bei jedem Spiel die Zusammensetzung der Teams bei.

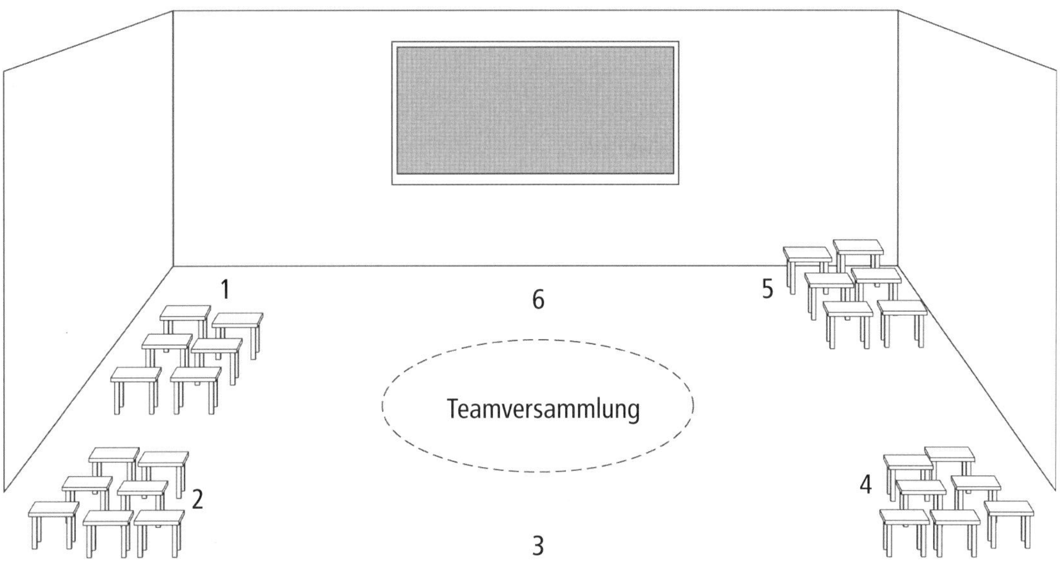

Fitness-Glücksrad

Fitness

Aktionsstufe: Alle machen mit, bewegen sich aber nur einmal in 30 Sekunden.

Fähigkeiten: Fitness, Dehnen, Kooperieren

Material:
- ein Glücksrad an der Tafel oder auf einem Blatt Papier
- ein Reissäckchen oder eine Papierkugel

Motivation: „Gibt es ein S? Während der Moderator das S umdreht, denken wir schon fieberhaft darüber nach, welches Wort damit buchstabiert werden könnte. Nach welchem Buchstaben sollen wir als Nächstes fragen? Wir spielen heute eine bewegungsreiche Alternative zu einer Spielshow, bei der man Wörter erraten muss. Unsere Begriffe haben mit Fitness und Bewegung zu tun."

Intensität: NMH

Aufbau:

Schauen Sie zuerst, ob Sie etwas umstellen müssen. Wenn ja, stellen Sie es zum Schluss wieder so hin, wie es vorher war.

So geht es:

Sie sind der Moderator und denken sich Wörter oder Sätze zu dem Thema aus, das Sie gerade im Unterricht behandeln. Während die Mitspieler am Glücksrad drehen, schreiben Sie die Buchstaben an die Tafel, wenn die Kinder die richtige Antwort geben.

- Teilen Sie die Kinder in drei Teams auf. Jedes Team darf der Reihe nach am Glücksrad drehen. (Alternative: Die Kinder werfen ein Reissäckchen oder eine Papierkugel auf eine der Zahlen im Kreis. Die getroffene Zahl besagt, wie viel das Team gewonnen hat.)
- Die Spieler eines Teams denken gemeinsam darüber nach, welchen Buchstaben sie für das Worträtsel auswählen wollen. Wenn sie richtig geraten haben, führen sie eine Turnübung aus.
  - 100 €: 20 Skisprünge (mit gebeugten Knien hin- und herspringen)
  - 200 €: 20-mal Armkreisen in jede Richtung
  - 300 €: 10 Liegestütze
  - 400 €: 20 Sit-ups
  - 500 €: 20 Strecksprünge
  - 600 €: 20 Sekunden lang dehnen
  - Glücksfeld (= 1000 €): 20 Hampelmänner, eine Runde durch das Klassenzimmer
- Wenn das Team falsch geraten hat, ist die andere Mannschaft an der Reihe.
- Wenn ein Team glaubt, die Lösung zu dem Worträtsel zu wissen, muss es warten, bis es wieder an der Reihe ist.
- Die Teams dürfen sich ihre Gesamtsumme merken. Wenn keiner den Begriff errät, verlieren sie das Geld.

Fitness-Glücksrad

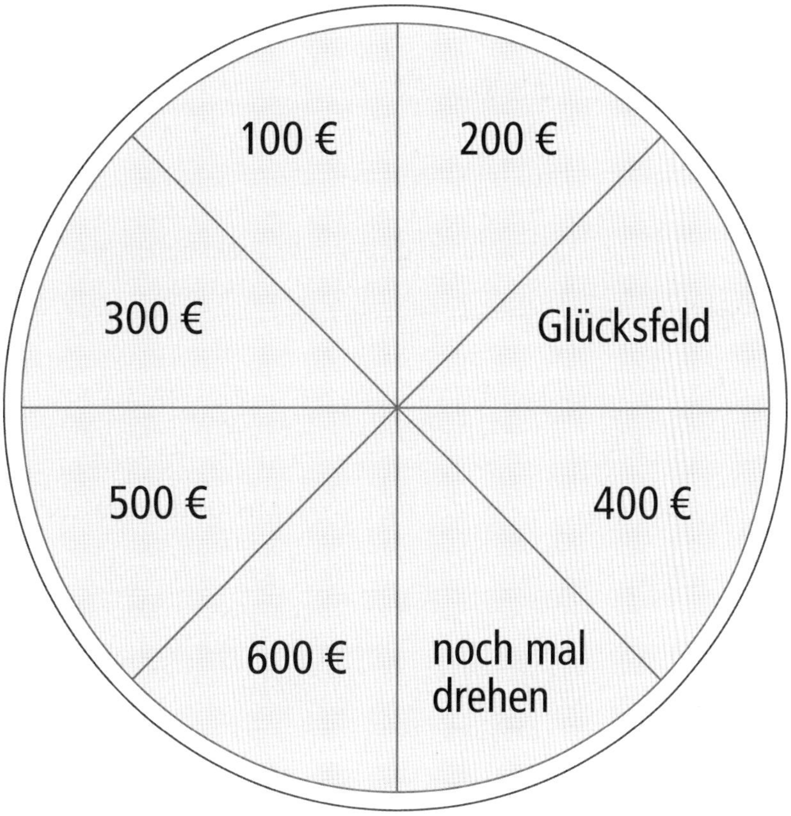

Glücksrad-Beispiel

Begriff „Sport“

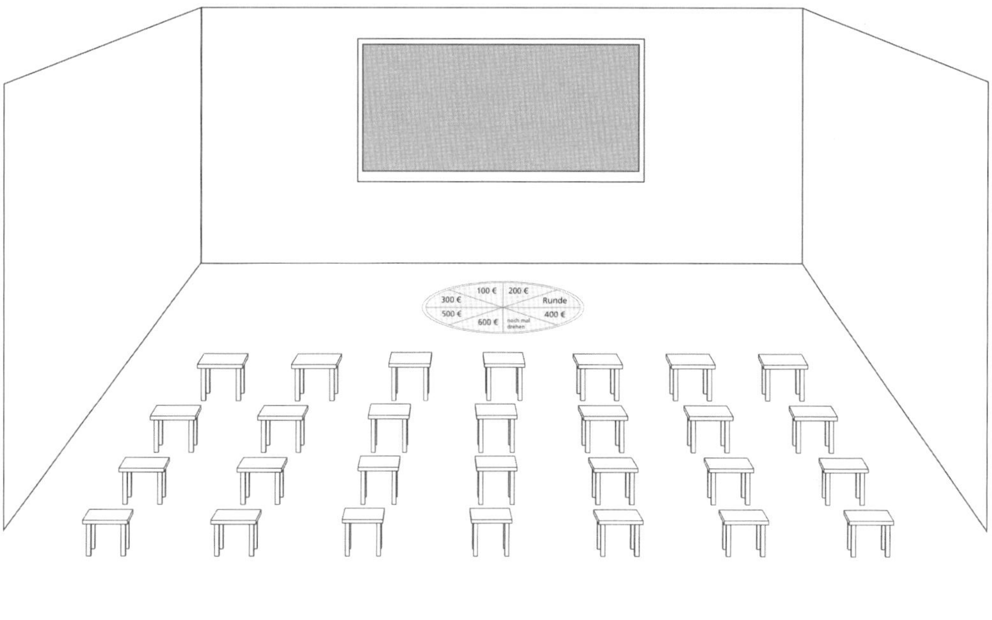

Fitness-Glücksrad (Im Detail)

Ziele: **Die Kinder ...**
- ➜ nehmen an einer Spielshow mit Bewegung teil – wie im Fernsehen.
- ➜ machen Übungen, die sowohl die gesamte Muskulatur als auch das Herz-Kreislauf-System trainieren.

Aufwärmen: „Richter, rate mal!" (S. 20) oder „Tumult im Obstkorb" (S. 28)

Hinweise und Anregungen:

Begleiten Sie die Übungen mit folgenden *Hinweisen*:
Denkt an Themen, die wir durchgenommen haben (falls die Kinder Schwierigkeiten beim Erraten des Begriffs haben)! Geben Sie Anregungen, wie die Kinder das Worträtsel lösen können. Stellen Sie mit den Begriffen einen Bezug zu Sprache und Rechtschreibung her. Verwenden Sie Begriffe aus naturwissenschaftlichen Fächern.

Beurteilung:

Kategorien
3 = hat sich aktiv beim Raten und Lösen beteiligt und die Turnübungen durchgeführt
2 = hat strategisch beim Raten und bei den Turnübungen mitgewirkt
1 = hat beim Raten und bei den Turnübungen mitgewirkt
0 = hat nicht beim Raten mitgewirkt und kaum oder gar keine Turnübungen gemacht

Sicherheit:

Die Kinder sollen in ihrem eigenen Bereich bleiben.

Tipps und Variationen:

- ✖ Machen Sie den Kindern klar, wie froh sie über die Turnübungen sein können, die sie bei einem richtigen Rateversuch machen dürfen. Dadurch sollen sie es nicht als Strafe, sondern als etwas Positives wahrnehmen.
- ✖ Geben Sie den Kindern die Gelegenheit, „Fitness-Glücksrad" alleine für sich zu spielen. Dabei soll es ihnen Spaß machen, ihr eigenes Wissen zu testen. Jedoch sollen sie auch feststellen, dass es einfacher ist, ein Rätsel gemeinsam zu lösen.

Für zu Hause:

„Wenn euren Freunden langweilig ist oder ihr mit eurer Familie auf etwas warten müsst, spielt doch mal das „Fitness-Glücksrad". Eure Eltern oder andere Erwachsene denken sich das Worträtsel aus, und ihr macht bei jedem richtigen Buchstaben eine Turnübung."

Spiele aus der ganzen Welt

Sonderaktionen

Aktionsstufe: Alle machen mit.

Fähigkeiten: Kooperation, Fitness, Balance, Teamwork

Material:
- mehrere Ringe für „Speer im Ring"
- zwei golfballgroße Reissäckchen oder Papierkugeln für „Speer im Ring"
- 16 Steinchen für „Flummi und Steinchen"
- zwei ganz kleine Flummis für „Flummi und Steinchen"
- 40 Münzen für „Flohhüpfen"
- acht Becher, Schalen oder Platzmarkierungen aus Gummi für „Flohhüpfen" und „Murmeln mit Stäbchen"
- acht Stäbchen für „Murmeln mit Stäbchen"
- 20 Murmeln für „Murmeln mit Stäbchen"
- zwei Tennisbälle für „Handtennis"
- Papier oder Klebeband für die zwei Quadrate beim „Handtennis"

Motivation: „Ihr wisst zwar, was in eurem eigenen Land für Spiele gespielt werden, aber was macht Kindern in anderen Ländern Spaß? Wir wollen einige ihrer Spiele kennenlernen.

Intensität: NMH

Aufbau:

Schauen Sie zuerst, ob Sie etwas umstellen müssen. Wenn ja, stellen Sie es zum Schluss wieder so hin, wie es vorher war.

So geht es:

Die Kinder reisen in verschiedene Länder (Stationen) und spielen ein landestypisches Spiel. Bilden Sie Vierer- bis Sechsergruppen.

Japan (Station 1): Schlag die Hand

Zwei Spieler stehen einander gegenüber und strecken ihre Hände aus. Dabei zeigt die eine Handfläche nach oben, die andere nach unten. Die Kinder versuchen, von oben auf die Hand des Gegners zu schlagen. Gleichzeitig muss jeder aufpassen, dass er nicht selber geschlagen wird. Wer zuerst 10-mal getroffen hat, gewinnt.

China (Station 2): Murmeln mit Stäbchen

Jeder der beiden Spieler bekommt einen Becher/eine Schale mit fünf Murmeln darin, sowie ein Paar Stäbchen. Jeder Spieler soll nun die Murmeln aus seinem Becher mit den Stäbchen greifen und in den Becher des Gegners legen. Wer nur noch eine Murmel in seinem Becher übrig hat, gewinnt. Wenn die Zeit nicht reicht, gewinnt derjenige, der beim Ablauf der Zeit die wenigsten Murmeln in seinem Becher übrig hat.

Spiele aus der ganzen Welt

USA (Station 3): Flummi und Steinchen

- Für dieses Spiel braucht man acht Steinchen (oder kleine Papierkugeln) und einen kleinen Flummi.
- Das Kind lässt den Flummi fallen, greift ein Steinchen auf und fängt dann den Flummi wieder auf, nachdem er einmal aufgeprallt ist. Schafft es das, versucht das Kind es mit zwei Steinchen.
- Wenn das Kind den Flummi nicht fängt oder die Steinchen fallen lässt, muss es von vorne beginnen. Gewonnen hat, wer alle acht Steinchen aufheben und den Flummi nach einmaligem Aufprallen fangen kann.

England (Station 4): Flohhüpfen

- Stellen Sie zwei Becher zwischen zwei Spieler. Jeder Spieler bekommt zehn Münzen und einen Becher, auf den er zielen muss.
- Die Kinder versuchen, die Münzen von ihrem Daumennagel aus in den Becher zu schnipsen. Wer zuerst zehn Münzen im Becher hat, gewinnt.

Italien (Station 5): Handtennis

- Handtennis ist wie Tennis, aber ohne Schläger. Markieren Sie einen Tennisplatz aus zwei 60-cm-Quadraten mit einer deutlichen Linie in der Mitte.
- Die Partner schlagen den Tennis- bzw. kleinen Ball mit der Handfläche über die Mittellinie ins Feld des Partners.
- Wenn ein Spieler den Ball verfehlt oder ihn ins Aus schlägt, bekommt der Gegner einen Punkt. Die Spieler müssen den Ball nach einmaligem Aufprallen treffen.
- Wer zuerst 21 Punkte hat, gewinnt.

Indianer (Station 6): Speer im Ring

- Ein Spieler rollt einen Reifen von der rechten in die linke Hand, etwa 1,50 m lang. Das macht er insgesamt 10-mal.
- Der andere Spieler nimmt einen kleinen Ball, ein Reissäckchen oder eine Papierkugel und wirft ihn möglichst durch den Reifen.
- Nach zehn Versuchen tauschen die beiden Spieler die Rollen. Wer die meisten Treffer durch den Reifen erzielt hat, gewinnt.

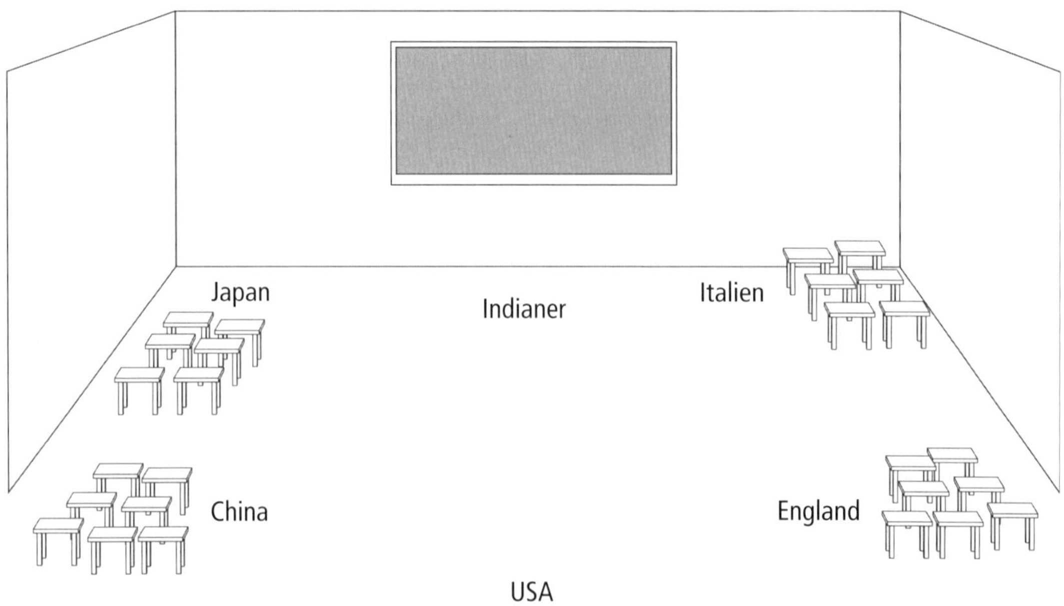

Spiele aus der ganzen Welt (Im Detail)

Ziele: Die Kinder lernen Spiele aus anderen Ländern kennen.

Aufwärmen: „Simon sagt …" (S. 39)

Hinweise und Anregungen:

Begleiten Sie die Übungen mit folgendem *Hinweis*:
Spielt die Spiele. So lernt ihr die Regeln und einen Teil der Kultur von Kindern in anderen Ländern kennen.

Berücksichtigen Sie folgende *Anregungen*:

- Wiederholen Sie die Wurf- und Fangtechniken.
- Wiederholen Sie die Schlagtechniken.
- Gehen Sie auf die Reaktionszeit ein. Wie schnell können die Kinder überlegen und handeln?

Beurteilung:

Kategorien

3 = hat alle Regeln beachtet und befolgt
2 = hat alle Regeln meistens befolgt
1 = hatte Schwierigkeiten, die Spielregeln zu beachten und zu befolgen
0 = hat weder an den Spielen teilgenommen, noch die Regeln befolgt

Sicherheit:

Die Schläge auf die Hand sollen nur leicht sein und dem Gegner nicht wehtun. Die Kinder sollen die Tennisschläge kontrolliert ausführen und damit keine anderen Kinder treffen.

Tipps und Variationen:

- Vielleicht können Sie zu jedem Spiel erzählen, wie es in dem jeweiligen Land entstanden ist, und damit den geschichtlichen Hintergrund einbauen. Damit erhöhen Sie das Verständnis für andere Kulturen bei den Kindern.
- Welche Spiele sind typisch für die Kinder in diesem Land? Gibt es ausländische Kinder in Ihrer Klasse? Sie dürfen ihre eigenen Spiele vorstellen – machen Sie daraus weitere Stationen!

Für zu Hause:

„Stellt euch vor, ihr hättet keinen Fernseher, keine Videospiele und kaum Sportausrüstungen. Alle Spiele, die ihr kennt, langweilen euch. Denkt euch also ein neues, lustiges und spannendes Spiel aus."

Wir drehen einen Film

Sonderaktion

Aktionsstufe: Alle machen mit.

Fähigkeiten: Wahrnehmung, Vorstellungsvermögen

Material:
- Fernseher, Videorekorder/DVD-Player
- Videokamera

Motivation: „Stellt euch vor, ein Filmregisseur hat euch als Hauptdarsteller eines Abenteuerfilms ausgewählt. Abenteuerfilme sind spannend, meist mit „viel Action", wie z.B. „Spider-Man", „Herr der Ringe", „Star Wars" und „Tomb Raider". Spielt eure eigene Handlung für diese Szene. Auch wenn andere Kinder etwas anderes vorspielen, müsst ihr das nicht nachmachen. Denkt euch euren eigenen Film aus."

Intensität: NMH

Aufbau:

Schauen Sie zuerst, ob Sie etwas umstellen müssen. Wenn ja, stellen Sie es zum Schluss wieder so hin, wie es vorher war.

So geht es:

Holen Sie Ihre Videokamera hervor, und seien Sie unternehmungslustig. Filmen Sie Szenen, die Ihre Kinder dazu motivieren, loszulegen und sich zu bewegen. Bieten Sie ihnen Anreize, umherzuspringen und ihren Puls in die Höhe zu treiben.

Ideen:
- Filmen Sie ein großes Bürogebäude. Beginnen Sie dabei unten, und reißen Sie plötzlich die Kamera in die Höhe.
- Filmen Sie aus dem Auto heraus auf der Autobahn.
- Filmen Sie aus dem Auto heraus eine enge, kurvige Straße.
- Filmen Sie eine rote und eine grüne Ampel.
- Filmen Sie einen Wald oder Park.
- Filmen Sie einen Baum vom Stamm aus bis zur Krone.
- Filmen Sie einen Ameisenhügel.
- Filmen Sie fliegende Vögel und Bienen.
- Filmen Sie eine Skateboardrampe rauf und runter.
- Filmen Sie, wie jemand am Strand ein Loch in den Sand gräbt.
- Filmen Sie Wellen am Strand.
- Filmen Sie einen Schwimmer im Schwimmbad.
- Filmen Sie einen Radfahrer mit hoher Trittfrequenz.
- Filmen Sie Inlineskater oder Skateboarder.
- Filmen Sie einen Turnwettbewerb.

Wir drehen einen Film (Im Detail)

Ziele: **Die Kinder …**
- ➜ führen Bewegungen aus, die zu den Filmszenen passen.
- ➜ treiben ihren Puls in die Höhe, indem sie sich entsprechend ihrer Interpretation in den Filmszenen bewegen.
- ➜ bewegen sich wie in einem Actionfilm, indem sie bestimmte Fortbewegungsarten vorführen und auf bestimmte visuelle und hörbare Reize reagieren.

Aufwärmen: „Vier Glücksecken" (S. 31)

Hinweise und Anregungen:

Begleiten Sie die Übungen mit folgenden *Hinweisen*:
- Es ist egal, welche Handlung ihr wählt. Eurer Fantasie und Kreativität sind keine Grenzen gesetzt.
- Sucht euren Puls, und zählt die Schläge mit der 6-Sekunden-Pulsmessmethode.

Berücksichtigen Sie folgende *Anregung*:
Die Kinder sollen während der Aktion immer wieder ihren Puls messen. Sagen Sie ihnen Bescheid, wenn sie ihre Intensität erhöhen sollen.

Beurteilung:

Kategorien

3 = hat die Handlungen unabhängig mit dem richtigen Maß an Intensität zum richtigen Zeitpunkt vorgeführt

2 = hat die Handlungen unabhängig und mit wechselnder Intensität ausgeführt

1 = hat die Handlungen der anderen z.T. nachgemacht und ab und zu die Intensität verändert

0 = ließ Vorstellungsvermögen und Kreativität vermissen, hat kaum oder nie die Intensität verändert

Sicherheit:

Die Kinder sollen in ihrem eigenen Bereich bleiben und die Handlungen gefahrlos vorführen.

Tipps und Variationen:

- ✖ Mit einer kleinen Hintergrundgeschichte unterstützen Sie Kinder, die nicht wissen, was sie machen sollen. Benutzen Sie Ihre Stimme, um Veränderungen in der Intensität anzuzeigen. Stellen Sie sich vor, Sie begleiten einen Actionfilm mit Ihrer Stimme. Erzählen Sie kleineren Kindern, was Sie sich vorstellen, wenn Sie den Videofilm sehen. Leiten Sie die Kinder in ihren Handlungen an.
- ✖ Als Erweiterung können Sie einen Videoclip zum Abkühlen vorspielen, damit die Herzfrequenz wieder absinkt. Können die Kinder zwischen den Bewegungen mit hoher und niedriger Intensität unterscheiden?

Für zu Hause:

„Hört euch Musik an, und denkt euch zu deren Geschwindigkeit und Klang aus, wo ihr euch gerade befinden könntet. Reagiert darauf mit der angemessenen Intensität und den passenden Handlungen."

Bewegungsgeschichten

Sonderaktionen

Aktionsstufe: Alle machen mit.

Fähigkeiten: Kreativität, Gymnastik, Vorstellungsvermögen

Material: Das Buch „Wir gehen auf Bärenjagd" von Michael Rosen und Helen Oxenbury, Sauerländer Verlag, 2003, ISBN 978-3-7941-3059-7.

Motivation: „Hat euch ein Film schon mal so gefesselt, dass ihr dachtet, ihr würdet darin mitspielen? Ich lese euch jetzt eine Geschichte vor, und ich möchte, dass ihr sie nachspielt. Seid kreativ, und macht euch bereit."

Intensität: NMH

Aufbau:

Schauen Sie zuerst, ob Sie etwas umstellen müssen. Wenn ja, stellen Sie es zum Schluss wieder so hin, wie es vorher war.

So geht es:

Denken Sie sich für Ihre Kinder ein Abenteuer aus. Sie sind mit von der Partie und sollen eine Szene mit den Kindern nachspielen. Das Buch „Wir gehen auf Bärenjagd" ist gut dafür geeignet. Darin lernen die Kinder, sich in alle möglichen Richtungen zu bewegen. Sie können Ihr Abenteuer jedoch auch ganz individuell dem Alter der Kinder anpassen. Es kommt vor allem darauf an, dass die Kinder in Bewegung bleiben und den Teil Ihrer Sätze wiederholen, der mit Bewegung zu tun hat. Hier ist ein **Beispiel**:

Das Tauchabenteuer

- Ich *ziehe mir mein Badezeug* an. (Die Kinder wiederholen die kursiv gedruckten Wörter.)
  - Bückt und streckt euch. (Die Kinder bücken und strecken sich.)
- Ich bin *auf das Boot gesprungen.*
  - Springt auf und ab.
- Die See war sehr rau. Ich wurde *hin- und hergeschaukelt.*
  - Wiegt und schaukelt euch hin und her, und verlagert euer Gewicht.
- Ich bin im weiten Meer *geschwommen*, so schnell ich konnte.
  - Die Arme führen Kraul- oder Brustschwimmbewegungen aus.
- Ich dachte, ich hätte einen Delfin *aus dem Wasser springen* sehen.
  - Springt und taucht durch das Wasser.
- Es war aber ein Hai. Ich muss *wegschwimmen.*
  - Schwimmt.

Bewegungsgeschichten

- Er ist schon direkt hinter mir. Ich muss *schneller schwimmen.*
  - Schwimmt schneller.
- Jetzt ist er in die andere Richtung geschwommen.
  Ich kann *langsamer werden.*
  - Schwimmt langsamer.
- Sieh mal, da ist eine Schildkröte. Sie *kriecht auf dem Meeresboden.*
  - Kriecht langsam.
- Gerade haben sie die Wellen umgeworfen.
  Nun *schwimmt sie auf dem Rücken.*
  - Legt euch auf den Rücken, und strampelt mit den Armen und Beinen in der Luft.
- Oh, schau dir mal die Qualle an. Ihre Arme und Beine *bewegen sich hin und her.*
  - Legt euch auf den Rücken, und bewegt langsam Arme und Beine hin und her.
- Seht mal, wie graziös der Stachelrochen *durchs Wasser gleitet.*
  - Geht langsam vorwärts, und bewegt dabei die Arme langsam hin und her.
- Achtung, pass auf den Schwanz des Stachelrochens auf!
  Beeile dich, und *schwimme schnell weg.*
  - Schwimmt zügig durchs Klassenzimmer.
- Kommt, wir schwimmen zurück zum Boot. Wir *klettern die hohe Leiter* hinauf.
  - Streckt die Arme und Beine aus, als ob ihr eine große Leiter hinaufklettern würdet.
- *Setzt euch hin,* und genießt die Bootstour.
  - Setzt euch auf einen Stuhl.

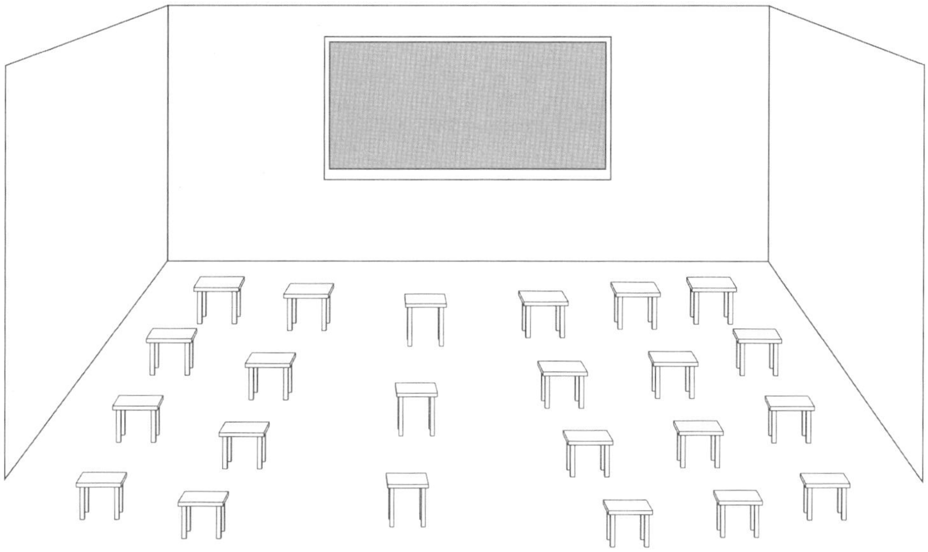

Bewegungsgeschichten (Im Detail)

Ziele: **Die Kinder ...**
- ➜ interpretieren die Bewegungsanweisungen und handeln entsprechend.
- ➜ strengen sich bei den verschiedenen Fortbewegungsarten unterschiedlich stark an.
- ➜ drücken durch die Bewegungen Gefühle aus.
- ➜ kommunizieren über Körper und Bewegung Ideen.

Aufwärmen: „Laufen und Schreien" (S. 38) oder „Sportreise nach Jerusalem" (S. 34)

Hinweise und Anregungen:

Begleiten Sie die Übungen mit folgendem *Hinweis*:
Bewegt euren Körper je nach der Stimmung, die die Geschichte in euch hervorruft.

Berücksichtigen Sie folgende *Anregung*:
Wie stark ihr euch anstrengt, ist so individuell wie eure Gedanken. Folgt einfach eurer Fantasie, und findet heraus, wie ihr euch am besten bewegt.

Beurteilung:

Kategorien
- 3 = hat sich mit Begeisterung bewegt und die Anstrengung nach eigenem Gefühl variiert
- 2 = hat sich mit Begeisterung bewegt und die Anstrengung variiert
- 1 = hat sich mal mehr, mal weniger stark bei Bewegungen und Reaktionen angestrengt, zeigte wenig eigene Ideen
- 0 = hat sich ohne viel Begeisterung bewegt, keine Veränderungen in der Anstrengung erkennbar, zeigte wenig eigene Ideen

Sicherheit:

Warnen Sie die Kinder vor Gefahrenbereichen im Klassenraum. Unter dem Schreibtisch des Lehrers oder an anderen Stellen im Raum kann es ungemein reizvoll sein. Sagen Sie den Kindern jedoch deutlich, was sie auf keinen Fall berühren dürfen, bevor die Fantasie mit ihnen durchgeht.

Tipps und Variationen:

- ✖ Erzählen Sie mit lebhafter Begeisterung eine kurze Geschichte mit einigen Bewegungs- und Soundeffekten. Wenn sie bereit sind für Ihre richtige Geschichte, weisen Sie die Kinder an, das Gleiche zu tun. Ihre Begeisterung soll die Kinder dazu anregen, ihre Gefühle durch Bewegungen auszudrücken.
- ✖ Die Kinder sollen sich selbst Geschichten ausdenken (zu zweit oder in der Gruppe).
- ✖ Kinder der vierten Klasse sollen ihre Geschichten aufschreiben.

Für zu Hause:

„Findet ihr jemanden, der euch eine Geschichte so vorliest, wie wir es heute gemacht haben? Es sollte eine Geschichte mit möglichst vielen Bewegungsmöglichkeiten sein."

9 Brettspiele mit Bewegung

Wenn wir stundenlang fast bewegungslos um ein Brettspiel herum sitzen, sind zwar eventuell unsere Arme oder Hände beschäftigt, da wir ja den Spielstein von Feld zu Feld setzen müssen. Aber mit richtiger Bewegung hat das nichts zu tun. Die üblichen Brettspiele können schnell langweilig werden, wenn man sich gerne bewegt. Also könnte man einfach die beliebtesten Brettspiele nehmen und das Maß an Bewegung um ein Vielfaches erhöhen, indem man so viele Aktivitäten wie möglich integriert. Bald wird man kaum noch sitzen, sondern fast nur noch in Bewegung sein!

Schiffe versenken

Fitness

Aktionsstufe: Alle machen mit.

Fähigkeiten: Gymnastik

Material:
- zwei Spielraster pro Kind
- ein Bleistift pro Kind

Motivation: „Treffer, versenkt! Ihr kennt das Spiel: Ihr versteckt eure Schiffe im Meer, und euer Gegner nennt Buchstaben und Zahlen, um eure Schiffe aufzuspüren und zu versenken. Wir haben jetzt hier nicht die normalen Spielbretter dafür, deshalb machen wir unsere eigenen. Aber statt nur untätig dazusitzen, dürft ihr bei jedem Treffer und jedem Fehlschuss Turnübungen machen."

Intensität: NMH

Aufbau:

Schauen Sie zuerst, ob Sie etwas umstellen müssen. Wenn ja, stellen Sie es zum Schluss wieder so hin, wie es vorher war. Für dieses Spiel müssen Sie keine Möbel verrücken, trotzdem sollten die Gegner zusammensitzen.

So geht es:

Zwei Spieler versuchen gegenseitig, herauszufinden, wo der andere seine Schiffe versteckt hat. Auf der Suche nach den Schiffen nennen die Kinder abwechselnd Buchstaben und Zahlen der Kästchen im Raster. Jeder Spieler versteckt **fünf Schiffe**:
- zwei Schiffe über jeweils fünf Kästchen
- ein Schiff über vier Kästchen
- ein Schiff über drei Kästchen
- ein Schiff über zwei Kästchen

Jeder Spieler benutzt ein Raster, um einzutragen, wo der Gegner seine Schiffe versteckt hat (S. 227), und ein anderes Raster, um seine eigenen Schiffe zu markieren (s.u.). Die Kinder markieren in dem einen Raster eine bestimmte Anzahl an Kästchen, die ihre unterschiedlich großen Schiffe darstellen sollen.

	1	2	3	4	5	6	7	8	9	10	11
A											
B											
C											
D											
E											
F											
G											
H											

- Die Spieler halten das Raster mit ihren eigenen Schiffen verdeckt.
- Die Spieler nennen abwechselnd zuerst Buchstaben, dann Zahlen. Einer der beiden rät z.B. „A4?". Hat der Gegner in diesem Kästchen kein Schiff liegen, antwortet er „Kein Treffer". Hält er dagegen auf diesem Kästchen ein Schiff versteckt, antwortet er „Treffer".

Schiffe versenken

- Der Spieler, der geraten hat, trägt ein Kreuz für einen Treffer und einen Kreis für einen Fehlschuss in das jeweilige Kästchen ein. Wenn alle Kästchen eines Schiffes erraten wurden, verkündet sein Besitzer, dass das Schiff gesunken ist. Sein Gegner darf dann das Schiff auf seinem Raster mit einem Kreis umzeichnen.
- Immer dann, wenn die Spieler „schießen", führen sie eine Turnübung aus. Bei jedem Treffer machen sie zwei Hampelmänner, bei jedem Fehlschuss machen sie zwei Liegestütze oder Sit-ups.
- Sobald alle Schiffe eines Spielers versenkt wurden, ist das Spiel vorbei.

	1	2	3	4	5	6	7	8	9	10	11
A								O	X	X	
B											
C					O						
D	O			X							
E				X							
F			O	X				O			
G				X							
H											

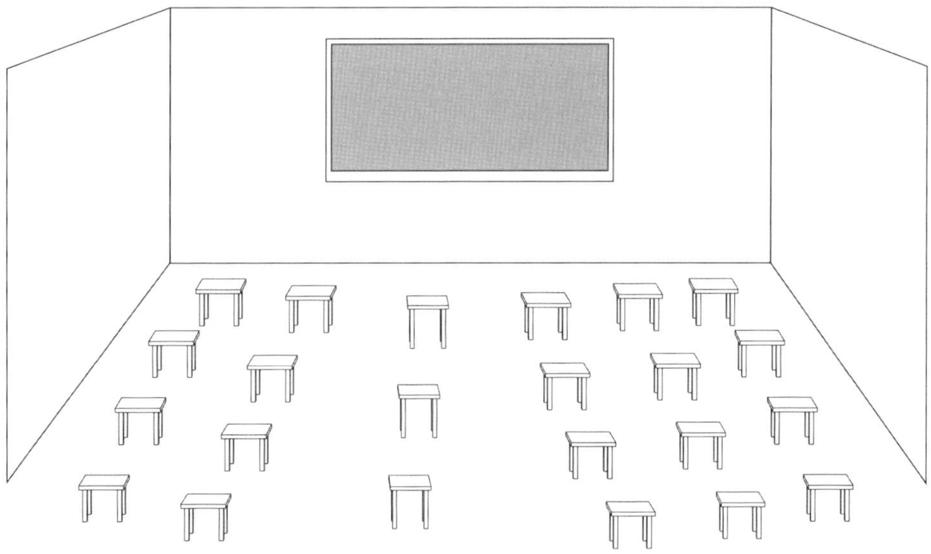

Schiffe versenken (Im Detail)

Ziele: **Die Kinder ...**
- ➜ bringen Leben in ein Brettspiel.
- ➜ trainieren ihren Oberkörper und die Bauchmuskulatur sowie den gesamten Körper.
- ➜ erkennen bestimmte körperliche Auswirkungen, die mit dem Training einhergehen.
- ➜ sind über einen Zeitraum von 30 Minuten sowohl körperlich als auch geistig aktiv.

Aufwärmen: „Vormachen – Nachmachen" (S. 21)

Hinweise und Anregungen:

Begleiten Sie die Übungen mit folgendem *Hinweis*:
Legt euch einen Plan zurecht, nach dem ihr herausfinden könnt, wo euer Gegner seine Flotte versteckt hält.

Berücksichtigen Sie folgenden *Anregungen*:
- Welche Muskelpartien trainieren die Kinder? Es sind die Bauchmuskeln, die Brustmuskeln, Bizeps und Trizeps, die Deltamuskeln, die Trapezmuskeln, der große Rückenmuskel, die Wadenmuskeln und die vorderen und hinteren Oberschenkelmuskeln. Helfen Sie den Kindern, sich daran zu erinnern, während Sie durch die Klasse gehen.
- Was fanden die Kinder anstrengender: Treffer (Hampelmänner) oder Fehlschüsse (Liegestütze oder Sit-ups)? Welche körperlichen Auswirkungen haben sie wahrgenommen?

Beurteilung:

Kategorien

3 = hat die Übungen mit der richtigen Haltung ausgeführt und aktiv mitgespielt

2 = hat die Übungen meistens mit der richtigen Haltung ausgeführt und aktiv mitgespielt

1 = hat die Übungen nicht mit der richtigen Haltung ausgeführt und aktiv mitgespielt

0 = hat die Übungen mit der falschen Haltung ausgeführt und nicht aktiv mitgespielt

Schiffe versenken (Im Detail)

Sicherheit:

Die Kinder sollen in ihrem eigenen Bereich bleiben, während sie die Turnübungen ausführen.

Tipps und Variationen:

- Bringen Sie ein richtiges Spielbrett von „Schiffe versenken" mit. Zeigen Sie den Kindern, wie man normalerweise am Tisch sitzt und spielt, und vergleichen Sie es mit Ihrer eigenen Variante.
- Verkleinern Sie das Raster, oder verringern Sie die Anzahl der Schiffe, sodass die Kinder öfter treffen.

Für zu Hause:

„Immer, wenn ihr im Auto sitzt oder beim Arzt warten müsst, könnt ihr ein Raster zeichnen und ‚Schiffe versenken' spielen. Passt die Turnübungen der Umgebung an. Im Auto könnt ihr natürlich keine Hampelmänner machen, aber Armkreise und Dehnübungen sind möglich."

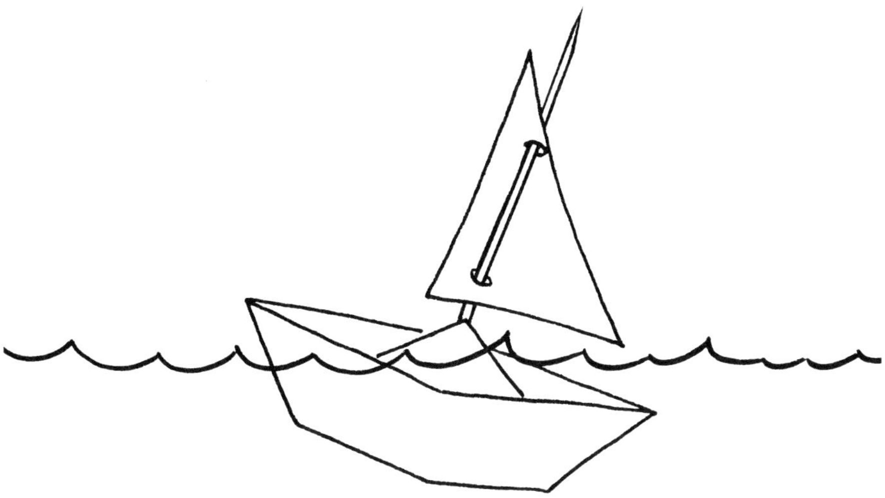

Sport-Bingo

Fitness

Aktionsstufe: Alle machen aktiv mit.

Fähigkeiten: Gymnastik

Material:
- Sport-Bingo-Karte für jedes Kind
- 25 Papierfetzen (so groß wie eine Münze) für jedes Kind
- Schneiden Sie Kärtchen mit Zahlen-Buchstaben-Kombinationen B1 bis B10, I1 bis I10 usw. aus, und legen Sie sie in eine Schale.

Motivation: „Wenn ihr ‚Bingo' buchstabieren könnt, reicht das schon, um bei diesem Spiel zu gewinnen. Dafür müsst ihr euch viel bewegen. Das hört sich zwar einfach an, aber ihr müsst gleichzeitig auf ein Raster achten, Punkte eintragen und dann nachschauen, ob ihr fünf Buchstaben und Zahlen in einer Reihe habt."

Intensität: NMH

Aufbau:

Schauen Sie zuerst, ob Sie etwas umstellen müssen. Wenn ja, stellen Sie es zum Schluss wieder so hin, wie es vorher war. Für dieses Spiel ist kein Umbau nötig.

So geht es:

Jeder Mitspieler bekommt eine Bingo-Karte und versucht, die Karte mit den Buchstaben- und Zahlenpaaren auszufüllen, die Sie ansagen. Sie können dafür die Vorlagen auf den folgenden Seiten benutzen. Die Kinder können aber auch die Zahlen 1–10 in eine Blankovorlage eintragen (siehe S. 233).

1. Ziehen Sie eine Buchstaben-Zahlen-Kombination aus der Schale, oder nennen Sie einfach einen Buchstaben und eine Zahl. Die Mitspieler markieren sowohl den angesagten Buchstaben als auch die Zahl auf ihrer Karte. Ziel des Spieles ist, fünf der genannten Felder in einer Reihe zu bekommen.
2. Bei jedem Treffer führen die Mitspieler eine Turnübung aus der Übungssammlung aus:
   B = Liegestütze
   I = Hampelmänner
   N = Hampelfrauen
   G = Drehungen (mit gebeugten Knien)
   O = Armkreise
3. Wenn Sie also B6 ansagen, machen die Kinder die B-Übung (Liegestütze) 6-mal.
4. Wenn die genannte Zahl nicht auf ihrem Zettel steht, stehen die Kinder 3-mal von ihrem Stuhl auf, stellen sich neben den Stuhl und setzen sich wieder hin.
5. Sobald ein Kind Sport-Bingo gewinnt, hopst es drei Siegesrunden im Klassenzimmer herum.

Sport-Bingo-Karten

Sport-Bingo				
B	I	N	G	O
1	2	3	4	5
10	9	8	7	6
2	3	4	5	10
6	7	10	1	2
5	4	7	6	3

Sport-Bingo				
B	I	N	G	O
2	4	6	8	10
1	3	5	7	9
10	9	8	1	2
5	6	7	4	3
7	1	2	3	4

© Verlag an der Ruhr ✦ Postfach 10 22 51 ✦ 45422 Mülheim an der Ruhr ✦ www.verlagruhr.de ✦ ISBN 978-3-8346-0255-8

Sport-Bingo-Karten

Sport-Bingo				
B	I	N	G	O
3	6	9	10	7
10	7	4	1	4
7	4	1	3	6
5	1	3	6	3
2	8	5	7	10

Sport-Bingo				
B	I	N	G	O
5	10	1	2	4
7	9	10	8	6
8	6	5	4	3
6	8	9	1	2
1	2	3	5	7

Sport-Bingo-Karten

Sport-Bingo

B	I	N	G	O

Sport-Bingo

B	I	N	G	O

Sport-Bingo (Im Detail)

Ziele: **Die Kinder …**

- ➜ trainieren verschiedene Muskelgruppen und treiben ihre Herzfrequenz in die Höhe, indem sie bei einem einfachen Spiel mitspielen.
- ➜ lernen, dass sie die Aktionsstufe eines Spiels mit einfachen Ablaufveränderungen variieren können.

Aufwärmen: „Wer gibt den Ton an?“ (S. 25)

Hinweise und Anregungen:

Begleiten Sie die Übungen mit folgendem *Hinweis*:
6-Sekunden-Pulsmessmethode: Messt sechs Sekunden lang euren Puls, und hängt eine 0 hintenan, um eure Herzfrequenz zu ermitteln.

Berücksichtigen Sie folgende *Anregung*:
Training steigert die Herzfrequenz. Die Kinder sollen die Höhe ihrer Herzfrequenz mit der Art der Übung in Bezug setzen, die sie gerade absolviert haben. Sie sollen ihren Puls alle paar Minuten messen.

Beurteilung:

Kategorien

3 = hat sich an die Vorgaben gehalten und bei den Übungen 100%igen Einsatz gezeigt
2 = hat sich an die Vorgaben gehalten und sich bei den Übungen meistens angestrengt
1 = hat sich an die Vorgaben gehalten und sich bei den Übungen manchmal angestrengt
0 = hat sich selten an die Vorgaben gehalten und sich bei den Übungen kaum angestrengt

Sicherheit:

Die Kinder sollen bei den Turnübungen in ihrem eigenen Bereich bleiben.

Tipps und Variationen:

- ✖ Bei manchen Erwachsenen ist Bingo als Freizeitbeschäftigung sehr beliebt. Bringen Sie eine echte Bingo-Karte mit. Erklären Sie den Unterschied zwischen dem Bingo-Spiel, das man im Sitzen spielt, und dem sportlichen Bingo-Spiel.
- ✖ Das Kind, das ein Bingo-Spiel gewinnt, darf beim nächsten Mal die Nummern und Buchstaben nennen.

Für zu Hause:

„Spielt jemand aus eurer Familie Bingo? Wie spielt derjenige es? Erhöht er auch seine Herzfrequenz?“

Nutriland

Gesundheitsorientierte Fitness

Aktionsstufe: Alle machen aktiv mit.

Fähigkeiten: gesundheitsorientierte Fitness und den Sinn gesunder Ernährung verstehen

Material:
- 2 x 13 Papierfetzen in Münzgröße. Jeder der beiden Sätze soll eine andere Farbe haben. (Jedes Kind benutzt eine Farbe als Spielstein.)
- CD-Player und CD
- Jedes Spielerpaar bekommt einen Spielplan (S. 237) und eine Münze.

Motivation: „Kennt ihr das Spiel ‚Candyland'? Was wir heute spielen, ist die sportliche Version dieses Brettspiels. Mal sehen, wie gut ihr euch mit Fitness und Ernährung auskennt."

Intensität: NMH

Aufbau:

Schauen Sie zuerst, ob Sie etwas umstellen müssen. Wenn ja, stellen Sie es zum Schluss wieder so hin, wie es vorher war. Eventuell müssen die Kinder die Tische verrücken, damit sie einander gegenübersitzen können.

So geht es:

Wie bei „Candyland" spielt jedes Kind gegen ein anderes und versucht, als Erster ins Ziel zu kommen. Das Gute an dem neuen, abgewandelten Spiel „Nutriland" ist die Kombination von Aktivität und Glück, während „Candyland" reine Glückssache ist und im Sitzen gespielt wird (siehe Spielfeldvorlage, S. 237).

- Die Spieler beginnen auf dem „Start"-Feld.
- Das Kind, das näher am Lehrer sitzt, wirft eine Münze. Kopf bedeutet, dass das Kind ein Feld vorrücken darf, Zahl bedeutet zwei Felder vor.
- Der Spieler liest die Aufgabe, die im Feld steht und führt sie aus, damit er vorrücken darf.
- Wenn der Spieler nach Meinung des Gegners die Übung nicht zufriedenstellend ausgeführt hat, darf er nicht vorrücken, sondern muss zum Start zurück.
- Landet ein Spieler auf einem „Zurück"-Feld, muss er die Übung des Feldes ausführen, auf das er geschickt wurde.
- Nun ist der andere Spieler an der Reihe. Die beiden Spieler wiederholen diesen Ablauf so lange, bis einer am Ziel angekommen ist.

Nutriland (Im Detail)

Ziel: Die Kinder trainieren ihren Körper mit verschiedenen, fitnessbezogenen Übungen. Dabei befolgen sie die Regeln des Spiels, das sie gerade spielen.

Aufwärmen: Gehen Sie noch einmal die korrekte Haltung der einzelnen Übungen durch, die an der Tafel stehen. Die Kinder sollen dadurch ein genaues Bild von der richtigen Technik vor Augen haben. „Daumenhakeln“: Die Gegner sitzen einander gegenüber und legen ihre Handflächen aneinander. Dann krümmen sie ihre Finger und greifen mit den Fingern des Gegners ineinander; die Daumen liegen aneinander. Nach dem Startsignal versucht jeder Spieler, seinen Daumen über den des Gegners zu legen.

Hinweise und Anregungen:

Begleiten Sie die Übungen mit folgendem *Hinweis*:
Wenn du dir keine Mühe dabei gibst, gilt die Übung nicht und du musst zurück an den Start.

Berücksichtigen Sie folgende *Anregung*:
Die Kinder beurteilen sich gegenseitig. Gehen Sie die richtige Technik der Übungen aus der Übungssammlung noch mal durch, damit die Kinder ein klares, lebendiges Bild vor Augen haben, wie die korrekte Haltung auszusehen hat. Alle fünf Minuten sollen die Kinder ihre Pulsfrequenz messen. Stellen Sie ihnen danach eine Frage zum Thema Gesundheit und Fitness, deren Antwort sie an der Tafel finden können. Wer richtig antwortet, darf ein Feld vorrücken.

Beurteilung:

Kategorien
3 = hat stets sein Bestes gegeben
2 = hat bei den meisten Übungen sein Bestes gegeben
1 = hat alle Übungen ausgeführt, aber nicht mit voller Anstrengung
0 = hat einzelne Übungen ausgeführt

Sicherheit:

Die Kinder sollten sich bei ihren Bewegungen über ihren eigenen Bereich bewusst sein. Wenn sie bei manchen Übungen das Spiel unterbrechen müssen, sollen sie höflich „Entschuldigung“ und „Dankeschön“ sagen.

Tipps und Variationen:

- Bringen Sie ein echtes „Candyland“-Spiel zum Vergleich mit.
- Ältere Kinder dürfen den Blanko-Spielplan (S. 238) benutzen und eigene anstrengende Aufgaben eintragen.
- Jüngere Kinder können die Aufgaben anhand von Bildern besser verstehen.

Für zu Hause:

„Spielt ‚Candyland‘ oder ‚Monopoly‘, und denkt euch Übungen für die Felder auf dem Spielbrett aus.“

Nutriland – Spielvorlage

Start	20 Hampelmänner **Ausdauer**	6 Liegestütze **Armkraft**	6 Kinder in der Nähe abklatschen **Kooperation**	*Schade – zu viel Zucker macht dich langsam. 2 Felder zurück!*
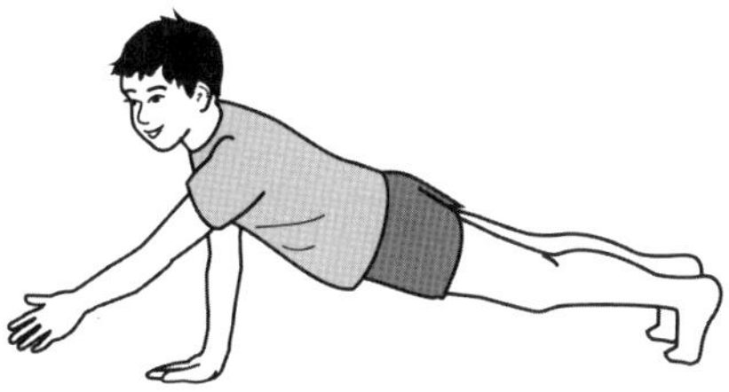				Nenne dem Lehrer 3 Nahrungsgruppen **Ernährungslehre**
Drehe dich 20-mal von rechts nach links **Beweglichkeit**	Springe 30-mal auf und ab **Ausdauer**	Mache deinem Partner ein Kompliment **soziales Bewusstsein**	Dehne deine hinteren Oberschenkel jeweils 10 Sek. lang **Beweglichkeit**	Laufe 15 Sek. lang schnell auf der Stelle **Schnelligkeit, Ausdauer**
Schade – zu wenig Training macht schlapp: 2 Felder zurück!				
Gib allen Mädchen der Klasse die Hand **Kooperation**	25 Sit-ups **Stärkung der Bauchmuskulatur**	Balanciere 20 Sek. lang auf den Zehenspitzen **Balance, Gymnastik**	Tanze 10 Sek. lang, und bewege dabei Arme und Beine **Tanzen**	Schenke deinem Partner ein breites Lächeln **soziales Bewusstsein**
				*Du hast keine Kraft, weil du nicht gefrühstückt hast: 3 Felder zurück!*
Ziel!	Gib allen Jungen der Klasse die Hand **Kooperation**	*Du hast deine Vitamintabletten nicht genommen: Einmal aussetzen und Mittagsschlaf halten!*	Setze dich auf den Boden, und stehe mit verschränkten Armen 10-mal auf **Beinkraft**	Daumenhakeln: Der Verlierer geht 2 Felder zurück **Reaktionsfähigkeit**

Nutriland – Blankovorlage

Start				Schade – zu viel Zucker macht dich langsam. 2 Felder zurück!
	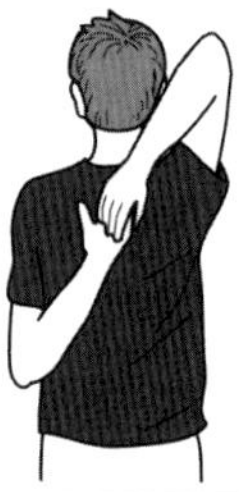			
Schade – zu wenig Training macht schlapp: 2 Felder zurück!				
				Du hast keine Kraft, weil du nicht gefrühstückt hast: 3 Felder zurück!
Ziel!		Du hast deine Vitamintabletten nicht genommen: Einmal aussetzen und Mittagsschlaf halten!		

Bewegungs-Montagsmaler

Fitness

Aktionsstufe: Alle machen mit

Fähigkeiten: Fitness, Dehnen, Kreativität, Kooperation

Material:
- mehrere Blätter Papier pro Gruppe
- eine Kiste
- ein Bleistift pro Gruppe

Motivation: „Kennt ihr das Spiel, bei dem man einen Gegenstand malt und die Mitspieler erraten müssen, um was es sich dabei handelt? Unser heutiges Spiel geht genauso, außer, dass wir Sportutensilien und -übungen malen."

Intensität: NMH

Aufbau:

Schauen Sie zuerst, ob Sie etwas umstellen müssen. Wenn ja, stellen Sie es zum Schluss wieder so hin, wie es vorher war.

So geht es:

Bilden Sie Dreiergruppen. In jeder Gruppe wählt ein Kind Gegenstände für seine Gruppe aus einer Kiste aus und malt sie. Die anderen beiden Gruppenmitglieder raten abwechselnd, was es sein könnte, bis es jemand errät oder bis drei Minuten vergangen sind.

- Nach jeder Raterunde müssen die beiden Ratenden eine bestimmte Turnübung machen. Sie können den Namen der Übung an die Tafel schreiben – verändern Sie sie oft.
- Je häufiger eine Gruppe raten muss, desto größer wird die Anzahl der Wiederholungen für die Turnübung. Nach dem ersten Rateversuch müsste die Gruppe z.B. eine Liegestütze machen, nach dem zweiten Versuch zwei Liegestütze usw.
- Die Turnübungen müssen unmittelbar nach jedem Rateversuch ausgeführt werden. Auf diese Weise haben die Kinder Zeit, nachzudenken.
- Ziel ist es, als erste Gruppe den Gegenstand zu erraten.
- Sobald die erste Gruppe ihren Gegenstand erraten hat, beginnt sie vor Freude mit Hampelmännern. Sie dürfen so lange weiterspringen, bis alle anderen Gruppen auch ihren Gegenstand erraten haben oder bis die Zeit abgelaufen ist.
- In der nächsten Runde malt ein anderes Gruppenmitglied den zu erratenden Gegenstand.

Bewegungs-Montagsmaler

Diese Dinge eignen sich zum Malen und Raten:

Gegenstände:
Tennisschläger, Basketball, Badmintonschläger, Hockeyschläger, Fußballschuhe, Puck, Inliner, Fußball, Softball, Tennisball, Tennisplatz, Basketballkorb, Springseil, Tretroller, Volleyball, Frisbee, Fahrrad, Speer, Olympische Ringe …

Aktivitäten:
Werfen, Fangen, Volleys schlagen, Laufen, Springen, Hüpfen, Prellen, Schmettern, Schwimmen, Surfen, Gewichtheben, Tanzen, Skaten, Segeln, Wandern, Tauchen …

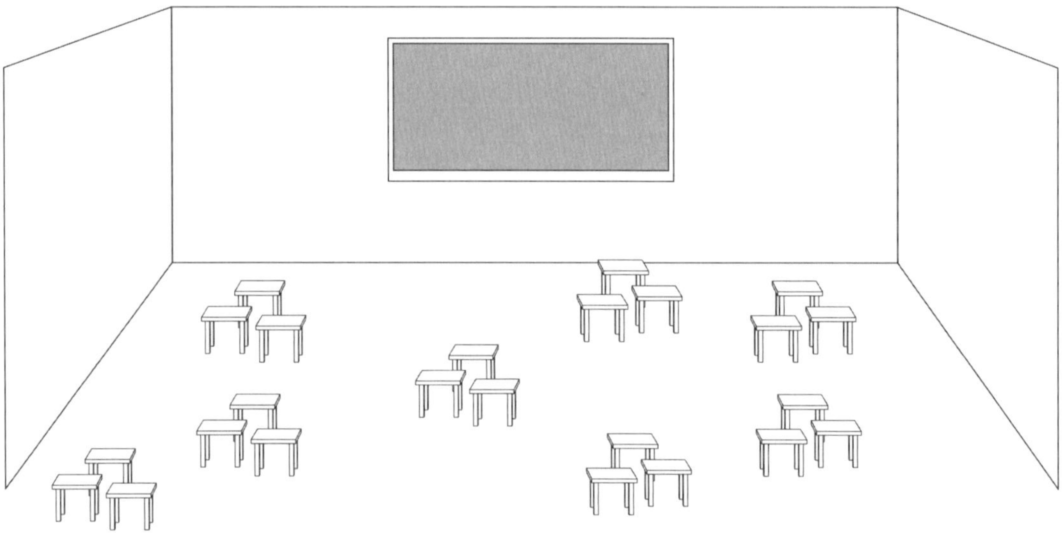

Bewegungs-Montagsmaler (Im Detail)

Ziele: **Die Kinder ...**
- ➜ rufen sich Gegenstände aus dem Bereich Sport in Erinnerung.
- ➜ führen als Belohnung für jeden erratenen Gegenstand Turnübungen aus.

Aufwärmen: „Schnick, Schnack, Schnuck" (S. 37)

Hinweise und Anregungen:

Begleiten Sie die Übungen mit folgendem *Hinweis*:
Denkt nach, während ihr die Turnübung ausführt – Sport pumpt Blut und Sauerstoff durch euren Körper, und dadurch könnt ihr besser nachdenken.

Berücksichtigen Sie folgende *Anregungen*:
- Durch Sport funktioniert erwiesenermaßen unser Gehirn besser. Beim Sport können wir gut nachdenken und Stress abbauen.
- Wenn wir aufgeregt oder nervös sind, fühlen wir das körperlich. Durch Sport und Bewegung drücken wir Aufregung auf natürliche Weise aus.

Stellen Sie den Bezug zwischen Kunst und Sport her: Kinder kommunizieren mit Hilfe von Kreativität und künstlerischem Ausdruck.

Beurteilung:

Kategorien

3 = hat nach jedem Rateversuch eine Turnübung ausgeführt, konnte sich gut auf die körperliche Betätigung konzentrieren, während er den Gegenstand malte und riet

2 = hat nach fast jedem Rateversuch eine Turnübung ausgeführt, konnte sich meistens auf die körperliche Betätigung konzentrieren, während er den Gegenstand malte und riet

1 = hat nicht nach jedem Rateversuch eine Turnübung ausgeführt, konnte sich kaum auf die körperliche Betätigung konzentrieren, während er den Gegenstand malte und riet

0 = hat nicht nach jedem Rateversuch eine Turnübung ausgeführt, hat sich überhaupt nicht auf die körperliche Betätigung konzentriert, während er den Gegenstand malte und riet

Bewegungs-Montagsmaler (Im Detail)

Sicherheit:

Die Kinder sollen bei den Turnübungen in ihrem eigenen Bereich bleiben.

Tipps und Variationen:

- Spielen Sie die ersten zwei Runden zusammen mit den Kindern, um sie für das Spiel zu begeistern. Sie malen den Gegenstand.
- Sie können auch kleine Tafeln oder Knete benutzen, um sich zu verständigen. Knete trainiert die Feinmotorik kleiner Kinderhände, wenn die Kinder die Gegenstände kneten, statt sie aufzumalen.

Für zu Hause:

„Alle Gegenstände könnt ihr auch zu Hause malen. Baut Turnübungen als Belohnung und als Gelegenheit zur Wiederholung mit ein. Ihr könnt sogar den Bürgersteig oder die Einfahrt mit Kreide bemalen oder mit einem Stock im Sand zeichnen."

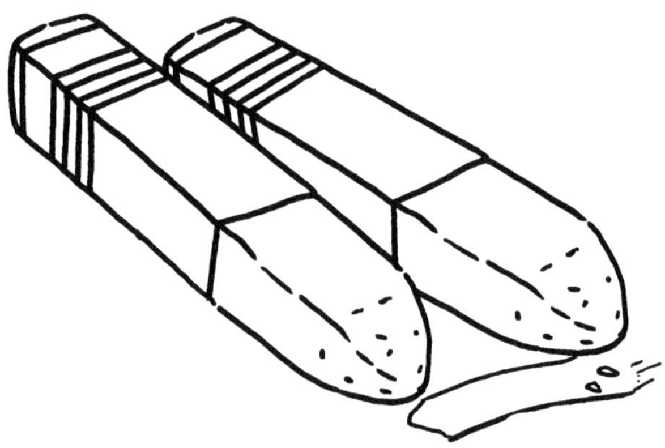

Sportliches Galgenmännchen

Fitness

Aktionsstufe: Alle machen mit.

Fähigkeiten: Fitness, Dehnen, Kreativität, Kooperation

Material:
- einige Blätter Papier für jede Gruppe
- ein Bleistift pro Gruppe

Motivation: „Ihr habt doch alle schon mal ‚Galgenmännchen' gespielt, oder? Das ist das Spiel, bei dem man Buchstabe für Buchstabe ein Wort erraten muss. Wenn man einen falschen Buchstaben rät, wird ein Gegenstand an den Galgen gemalt. Bei unserem Spiel sollt ihr Begriffe aus dem Bereich Sport erraten und euch auf eine bestimmte Art durchs Klassenzimmer bewegen, wenn ihr richtig geraten habt. Wenn ihr falsch ratet, malt ihr einen Gegenstand an den Galgen."

Intensität: NMH

Aufbau:

Schauen Sie zuerst, ob Sie etwas umstellen müssen. Wenn ja, stellen Sie es zum Schluss wieder so hin, wie es vorher war.

So geht es:

Bilden Sie Dreiergruppen. Ein Kind aus jeder Gruppe holt sich von Ihnen das zu erratende Wort, geht zu seiner Gruppe zurück und zeichnet den Haken. Die anderen beiden Kinder aus der Gruppe dürfen abwechselnd raten. Dies ist eine abgeschwächte Version des echten Spieles, sodass Sie Haken statt Schlingen benutzen.

- Immer, wenn eines der beiden Kinder aus der Gruppe falsch rät, wird ein Sportartikel an den Haken gehängt. Dies sind:
  1. Versuch: Basketball
  2. Versuch: Tennisschläger
  3. Versuch: Tennisball
  4. Versuch: Turnschuh
  5. Versuch: Tischtennisschläger
  6. Versuch: Hockeyschläger
  7. Versuch: Fußball
  8. Versuch: Springseil
  9. Versuch: Golfball
  10. Versuch: Surfbrett
- Raten die Kinder richtig, bewegen sie sich auf eine bestimmte Art durchs Klassenzimmer. Ändern Sie die vorgeschriebene Fortbewegungsart alle ein bis zwei Minuten.
- Sobald ein Team sein Surfbrett aufgehängt hat, ist es aus dem Rennen und das Spiel ist vorbei. Die Kinder sollen dann so lange ihre Muskeln dehnen, bis die anderen Gruppen das Wort erraten haben oder auch aus dem Rennen sind.

Sportliches Galgenmännchen

Beim nächsten Spiel suchen Sie sich ein anderes Kind aus, das sich das neue Wort bei Ihnen abholt und die Gegenstände an die Haken malt.

Diese Wörter können die Kinder erraten:

Gegenstände:
Tennisfeld, Basketball, Hockeyschläger, Fußballschuhe, Puck, Inliner, Fußball, Softball, Tennisball, Tennisplatz, Springseil, Tretroller, Volleyball, Frisbee, Fahrrad, Speer, Olympische Ringe …

Aktivitäten:
Werfen, Fangen, Volleys schlagen, Schlagen, Laufen, Springen, Hüpfen, Aufschlagen, Schmettern, Schwimmen, Surfen, Gewichtheben, Tanzen, Skaten, Segeln, Wandern, Tauchen …

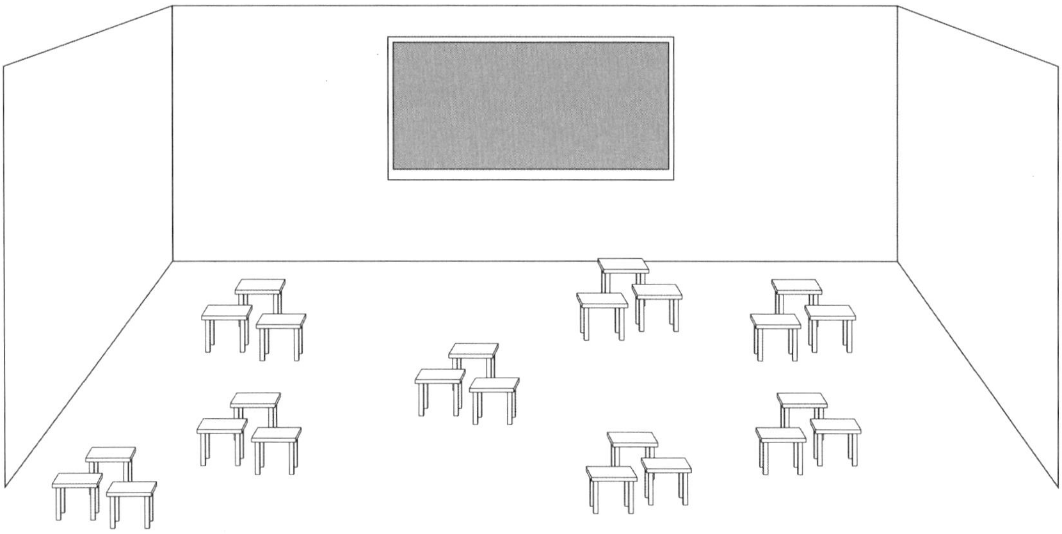

Sportliches Galgenmännchen (Im Detail)

Ziele: Die Kinder verwandeln ein altes, inaktives Spiel in ein Spiel voller Bewegung um.

Aufwärmen: „Simon sagt …" (S. 39)

Hinweise und Anregungen:

Begleiten Sie die Übungen mit folgendem *Hinweis*:
Flüstert und arbeitet verdeckt: Niemand soll eure Antworten hören oder sehen.

Berücksichtigen Sie folgende *Anregung*:
Es ist gut, wenn ihr euch bewegt. Bewegung ist eine Belohnung, und wir sollten jede Gelegenheit dazu wahrnehmen!

Stellen Sie einen Bezug zwischen diesem Spiel und Rechtschreibung und Aussprache her. Der Fachlehrer für das Fach Deutsch könnte z.B. ein paar Anregungen für Problemwörter geben.

Beurteilung:

Kategorien

3 = hat aktiv mitgeraten und sich bewegt
2 = hat entweder aktiv mitgeraten oder sich bewegt
1 = hat mitgeraten und sich bewegt, jedoch nicht besonders aktiv
0 = hat nur passiv oder gar nicht teilgenommen

Sicherheit:

Die Kinder sollen von Tischen und anderen Kindern fernbleiben, während sie ihre Fortbewegungsrunden drehen.

Tipps und Variationen:

- Geben Sie praktische Tipps zur Rechtschreibung, und erläutern Sie Vokale und Dehnungsbuchstaben.
- Wählen Sie schwierigere Wörter für ältere Kinder und leichtere für die Jüngeren.

Für zu Hause:

„Spielt die sportliche Galgenmännchenversion immer dann, wenn ihr euch beschäftigen wollt, aber weder Sportutensilien noch genügend Platz zur Verfügung habt. Erklärt auch eurer Familie diese Version von ‚Galgenmännchen'."

Gebt an mit eurem Sportwissen!

Alle Fähigkeiten

Aktionsstufe: Alle machen mit.

Fähigkeiten: Werfen, Wissen über Techniken beurteilen

Material:
- vier Spielsteine (z.B. bunte Papierfetzen oder etwas anderes, das man unterscheiden kann)
- ein Würfel pro Gruppe
- Frisbee
- zwei Reissäckchen
- Zielscheibe an der Tafel oder an einem Brett
- Spielvorlage (S. 248)

Motivation: „Lange Zeit über kam es bei Brettspielen hauptsächlich auf Glück und Strategie an. So richtig haben sie sich jedoch nicht in unser Gedächtnis eingeprägt. Dann erschienen einige Spiele, bei denen man nachdenken musste, wenn man gewinnen wollte. Heute wollen wir diese Art von Spiel so umwandeln, dass die Fragen und Kategorien sich auf sportliche Aktivitäten beziehen. Außerdem sitzen wir nach einem gelungenen Spielzug nicht tatenlos herum, sondern bringen ein bisschen Bewegung ins Spiel."

Intensität: NMH

Aufbau:

Schauen Sie zuerst, ob Sie etwas umstellen müssen. Wenn ja, stellen Sie es zum Schluss wieder so hin, wie es vorher war.

So geht es:

Denken Sie sich Fragen aus, die die Kinder zum Nachdenken über das bringt, was Sie ihnen im Sportunterricht beibringen. Teilen Sie die Klasse in vier Gruppen auf. Jede Gruppe versucht, die meisten Punkte und die drei Pokale (blau, rot, gelb) zu gewinnen, während sie sich um das Spielfeld herumbewegen (siehe Vorlage, S. 248). Weisen Sie jedem Team einen Ausgangspunkt zu. Ein Kind aus dem Team würfelt und setzt die entsprechende Anzahl auf ein farbiges Feld. Ziel ist es, die Pokalfelder zu erreichen, denn diese bringen die meisten Punkte ein. Die Spieler können sich in alle Richtungen auf dem Spielfeld bewegen, um auf die Pokalfelder zu gelangen (sie dürfen nur einmal auf jedes Feld gehen). Haben sie ein Feld erreicht, muss das Team eine Frage beantworten. Manche Kategorien sind wahrscheinlich beliebter als andere – die Auflistung erfolgt weiter unten. Rät das Team richtig, darf jeder Spieler auf ein bestimmtes Ziel werfen (die verschiedenen Wurfarten werden auf S. 248 genannt). Trifft ein Spieler sein Ziel, schreiben Sie seinem Team die Punkte des getroffenen Bereiches (5, 3, 2

Gebt an mit eurem Sportwissen!

oder keinen) gut. Für jede richtige Antwort darf jedes Teammitglied einmal werfen. Addieren Sie alle Punkte eines Teams, und halten Sie den aktuellen Spielstand fest.
Für Pokale gibt es 100 Punkte. Am Ende der festgesetzten Zeit gewinnt das Team mit der höchsten Punktzahl.
Das Team muss eine Frage aus folgenden Bereichen beantworten:

- rot = Techniken
- blau = Sportarten
- gelb = Fitness

Farb- und Technikauswahl

- rot = Wirf mit einem Schlagwurf auf die Zielscheibe.
  Die Punkte des Teams werden zusammengezählt.
- blau = Wirf mit einem Unterarmwurf auf die Zielscheibe.
  Die Punkte des Teams werden zusammengezählt.
- gelb = Wirf einen Frisbee auf die Zielscheibe.
  Die Punkte des Teams werden zusammengezählt.

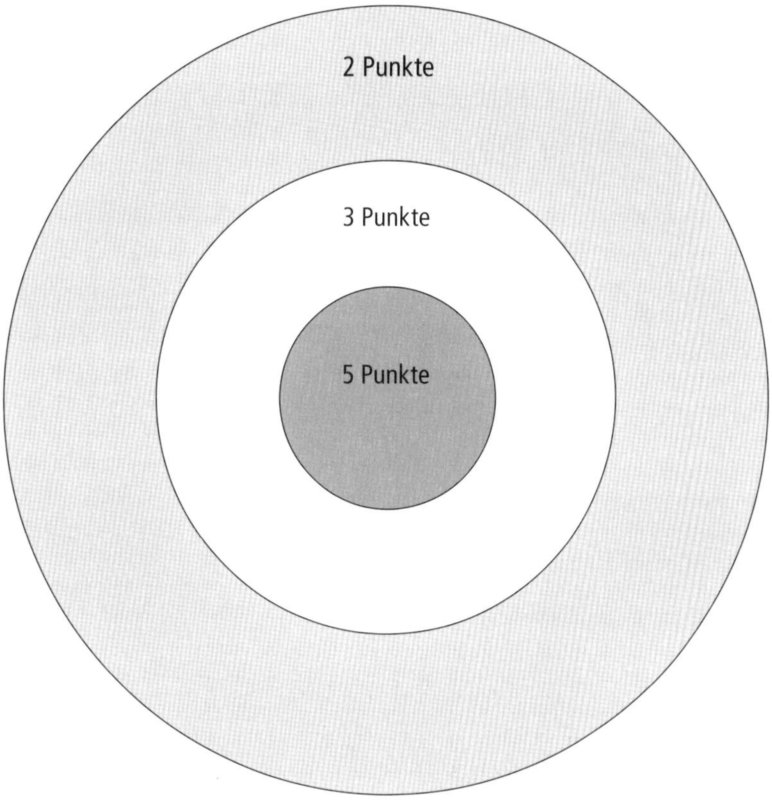

Gebt an mit eurem Sportwissen!

blau	gelb	rot	rot	gelb	rot
rot		rot	rot		blau
gelb		blauer Pokal			gelb
blau					rot
rot					blau
gelb	rot	rot	blau	blau	gelb
blau	rot	rot	blau	blau	rot
rot					blau
blau	gelb	gelb	blau	blau	gelb
rot	gelb	gelb	blau	blau	rot
gelb					blau
roter Pokal				gelber Pokal	

Gebt an mit eurem Sportwissen!

Fragensammlung

Rot: Techniken

- Mit welchem Teil des Fußes dribbelt man?
- Mit welchem Teil der Hand dribbelt man?
- Wie geht ein Schlagwurf?
- In welcher Höhe dribbelt man am besten einen Basketball?
- Was ist der Unterschied zwischen der Vor- und der Rückhand beim Tennis?
- Was bedeutet „Gegenangriff"?

Blau: Sportarten

- Nenne drei Sportarten, bei denen man werfen und fangen muss.
- Wie beginnt man ein Volleyballspiel?
- In welcher Sportart ist ein Netz zwischen dir und dem Gegner gespannt?
- In welcher Sportart gibt es einen Sternschritt?
- In welcher Sportart gibt es ein Ass?
- Nenne vier Sportarten, bei denen man einen Ball schlägt.

Gelb: Fitness

- Mache 40 Hampelmänner.
- Mache 20 Sit-ups.
- Stehe 20-mal auf (aus dem Schneidersitz mit verschränkten Armen heraus).
- Mache zehn richtige Liegestütze.
- Springe 15 Sekunden lang auf und ab.
- Hopse 15 Sekunden lang herum.
- Dehne deine hintere Oberschenkelmuskulatur.
- Dehne deine vordere Oberschenkelmuskulatur.

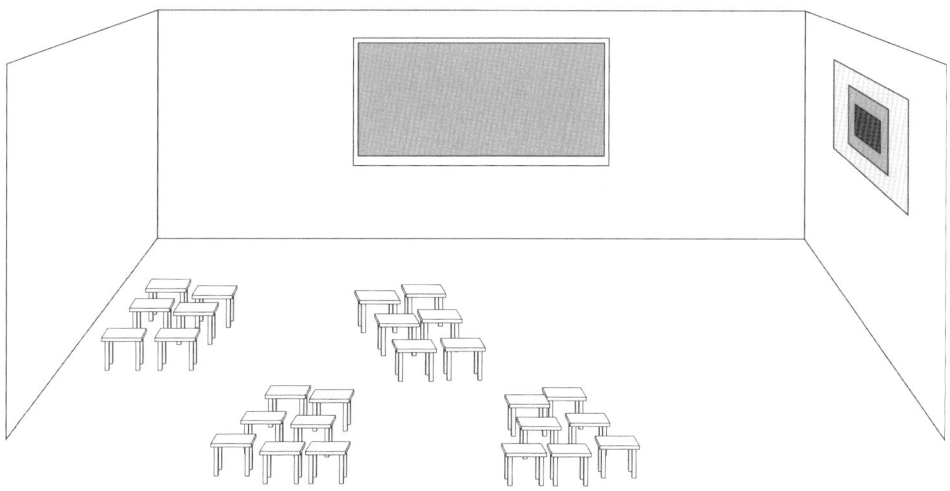

Gebt an mit eurem Sportwissen! (Im Detail)

Ziele: **Die Kinder …**

- ➜ stellen ihr bewegungstechnisches und sportartenspezifisches Wissen unter Beweis.
- ➜ führen Turnübungen aus und kommen damit beim Spielen weiter.
- ➜ zielen beim Werfen auf eine Zielscheibe.

Aufwärmen: „Fitness-Tic Tac Toe" (S. 26)

Hinweise und Anregungen:

Begleiten Sie die Übungen mit folgenden *Hinweisen*:

- Zielt, bevor ihr werft. Stellt euch in Richtung Zielscheibe auf.
- Nur für sauber ausgeführte Turnübungen bekommt ihr Punkte!

Berücksichtigen Sie folgende *Anregungen*:

- Die Kinder setzen verschiedene Wurftechniken ein: Schlagwurf, Unterarmwurf und Wurf mit einem Frisbee.
- Die Kinder sollen sich genug Zeit für den Wurf nehmen, damit er sauber ausgeführt wird: zielen, loslassen und nachziehen.

Beurteilung:

Kategorien

3 = hat gut nachgedacht und volle Leistung erbracht

2 = hat gut nachgedacht und gute Leistung erbracht

1 = hat gut nachgedacht und zufriedenstellende Leistung erbracht

0 = hat sich nicht gut genug auf das Spiel und seine eigene Leistung konzentriert

Sicherheit:

Die Kinder sollen die Turnübungen in ihrem eigenen Bereich durchführen. Sie dürfen erst dann werfen, wenn der Weg auf die Zielscheibe frei ist. Auch Tische und Stühle dürfen nicht im Weg stehen.

Tipps und Variationen:

- ✖ Die ersten Brettspiele waren so schwer, dass es lange gedauert hat, bis man die Antwort auf eine der Fragen gefunden hatte. Dabei saß man die ganze Zeit. Wenn damals schon Bewegung mit im Spiel gewesen wäre, hätten die Mitspieler länger aktiv durchhalten können und es hätte ihnen mehr Spaß gemacht.
- ✖ Sie können das Werfen durch eine andere Technik ersetzen, die Sie gerade im Unterricht durchnehmen. Oder Sie üben noch andere Zielarten, z.B. mit einem Schläger.

Für zu Hause:

„Ihr könnt alle Wissensspiele mit Bewegung aufpeppen, indem ihr nach jeder richtigen Antwort eine Turnübung durchführt."

10 Abwärmübungen und -spiele

Nach intensiver sportlicher Betätigung oder einer anstrengenden Sportstunde können wir nicht selbstverständlich davon ausgehen, dass die Herzfrequenz der Teilnehmer sofort sinkt. Deshalb sind Abwärmübungen wichtig. Damit beruhigt sich der Körper wieder, entspannt sich allmählich, und die Herzfrequenz sinkt langsam ab.

Ob eine Abwärmübung nötig ist, hängt davon ab, wie sehr sich die Kinder beim Training angestrengt haben. Zwar ist nicht nach jeder Aktivität in diesem Buch eine solche Übung erforderlich, doch für den Fall, dass die Kinder sich besonders intensiv betätigt haben, stehen Ihnen die Übungen stets zur Verfügung.

Cool down mit Allgemeinbildung

Aktionsstufe: Alle Mitspieler dehnen.

Fähigkeiten: Herzfrequenz senken, sich abwärmen, Beweglichkeit

Material: keins

Intensität: NMH

Aufbau:

Kein Aufbau erforderlich.

So geht es:

Testen Sie, wie gut die Kinder über aktuelle Ereignisse Bescheid wissen, während die Kinder dehnen. Dies ist eine hervorragende Gelegenheit für Sie, gelerntes Fachwissen mit Alltagsgeschehen zu verbinden.

Stellen Sie allgemeine Fragen, wie z.B.:

- Wie heißt eine bekannte regionale Fußballmannschaft in eurer Stadt?
- Wie heißt die Fußball-Bundesligamannschaft, die im Moment die Tabelle anführt?
- Wie heißt eine Handball-Bundesligamannschaft? (Männer und Frauen)
- Wie heißt die Eishockeymannschaft in eurer Stadt?
- Nenne ein paar Leichtathletikdisziplinen.
- Wie unterscheidet man Badminton, Tennis und Tischtennis voneinander?

Fragen Sie nach den letzten Olympischen Spielen:

- Wie viele Medaillen hat Deutschland errungen?
- Nennt die Namen einiger Medaillengewinner.
- Nennt ein paar olympische Disziplinen.

Fragen Sie im Winter:

- Was für Sportarten macht ihr in den Weihnachtsferien?
- Was habt ihr euch für das neue Jahr vorgenommen?

Kopf runter!

Aktionsstufe: Sieben Kinder gehen langsam umher, der Rest verhält sich ruhig.

Fähigkeiten: Herzfrequenz senken, sich abwärmen

Material: keins

Intensität: NMH

Aufbau:

Kein Aufbau erforderlich.

So geht es:

- Wählen Sie sieben Kinder aus, die durchs Klassenzimmer gehen, während die anderen Kinder ruhig die Köpfe auf die verschränkten Arme legen, die Augen schließen und einen Daumen hochhalten.
- Jedes der sieben umhergehenden Kinder tippt heimlich den Daumen eines anderen Kindes an.
- Nach einer Minute stellen sich die sieben Kinder vor der Klasse auf.
- Die angetippten Kinder sollen raten, wer sie berührt hat. Dabei sollen sie auf die Geräusche und andere Hinweise um sich herum achten und darauf, was die anderen Kinder raten.
- Wer richtig rät, darf in der nächsten Runde antippen, und der Vorgänger darf sich setzen.

Bring mich zum Lachen!

Aktionsstufe: Vier Kinder verhalten sich ruhig, die anderen bewegen sich im Abstand von 15 Sekunden.

Fähigkeiten: Herzfrequenz senken, sich abwärmen

Material: keins

Intensität: NMH

Aufbau:

Kein Aufbau erforderlich.

So geht es:

- Teilen Sie die Klasse in vier Gruppen auf.
- Jede Gruppe wählt ein Kind aus, das still sitzt und einem anderen Kind aus seiner Gruppe zuschaut. Dieses Kind soll das erste Kind mit allerlei Aktivitäten zum Lachen bringen.
- Nach 15 Sekunden versucht jemand anderes, das Kind zum Lachen zu bringen.
- Das Spiel geht in 15-Sekunden-Abschnitten über eine Dauer von zwei Minuten oder so lange, bis das Kind lacht.
- Das Kind, das sich still verhält, muss stets Augenkontakt zum Akteur halten.
- Sobald das Kind lacht oder nach zwei Minuten soll ein anderes Kind zum Lachen gebracht werden.

Sport-Scharade

Aktionsstufe: Die Kinder bewegen sich 30 Sekunden lang, dann sitzen sie 90 Sekunden lang still.

Fähigkeiten: Herzfrequenz senken, sich abwärmen, verschiedene Bewegungsfähigkeiten

Material: keins

Intensität: NMH

Aufbau:

Kein Aufbau erforderlich.

So geht es:

- Teilen Sie die Klasse in fünf Gruppen auf.
- Ein Kind aus der Gruppe ist der Akteur, die anderen müssen raten. Die Gruppe soll nur den Akteur anschauen.
- Die Akteure holen sich bei Ihnen eine Bewegung, Sportart oder Technik ab, die sie so vormachen müssen, dass die Gruppe sie erraten kann.
- Die Gruppe, die es als Erste errät, steht auf und dehnt sich, damit jeder weiß, dass sie richtig geraten haben.
- Wenn eine Gruppe richtig geraten hat, ist die Runde vorbei. Sie können den Punktestand festhalten und sich merken, welche Gruppe am häufigsten richtig geraten hat.
- Die Akteure wechseln in jeder Runde.
- Wählen Sie eine dieser Bewegungen, Sportarten und Techniken: Fußball, Hockey, Basketball, Baseball, Olympische Spiele, Werfen, Fangen, Volleys schlagen, Schläger, Laufen, Springen, Hüpfen, Aufschlag, Schmetterball, Schwimmen, Surfen, Gewichtheben, Tanzen, Skaten, Segeln, Wandern, Tauchen, …

Glossar

- **Ausdauer des Herz-Kreislauf-Systems:** Die Fähigkeit von Herz und Körper, ein körperliches Training über längere Zeit durchzuhalten.
- **Bizeps:** Die vordere Oberarmmuskulatur. Sie zieht sich zusammen, um den Arm am Ellenbogen zu beugen.
- **Deltamuskeln:** Die Arm- und Schultermuskulatur, mit der man die Arme hebt.
- **Fortbewegungsarten:** Bewegungsarten, wie z.B. Laufen, Hopsen und Springen, mit denen man sich von einem Ort zum anderen bewegt.
- **Isometrische Übungen:** Dabei spannt man die Muskeln eine bestimmte Zeit lang an, ohne sie zu bewegen. Es wird nur mit dem eigenen Körpergewicht gearbeitet.
- **Muskelausdauer:** Die Fähigkeit der Muskeln, sich entweder viele Male hintereinander zusammenzuziehen, ohne zu ermüden, oder über längere Zeit eine bestimmte Körperhaltung beizubehalten.
- **Muskelkraft:** Die maximale Stärke, die die Muskeln ausüben können.
- **Schrittmesser:** Ein technisches Gerät, mit dem man die Anzahl der gemachten Schritte messen kann.
- **6-Sekunden-Pulsmessmethode:** Mit dieser Methode kann man schnell und einfach seine Herzfrequenz ermitteln. Die Kinder fühlen ihren Puls an der Halsschlagader oder am Handgelenk, indem sie zwei Finger leicht darauflegen. Während der Lehrer bis sechs zählt, zählen die Kinder die Anzahl ihrer Pulsschläge. Dann hängen sie eine 0 ans Ende dieser Zahl und erhalten so die ungefähre Anzahl an Herzschlägen pro Minute. 7 Schläge in 6 Sekunden bedeuten z.B. 70 Schläge pro Minute.
- **Statisches Dehnen:** Langsame Dehnübungen, bei denen eine Position über den Normalzustand hinaus gehalten wird, ohne dass man dabei federt.
- **Trapezmuskeln:** Die dreieckige Muskelpartie zwischen Rücken und Nacken, die beansprucht wird, wenn man sich nach hinten beugt oder den Kopf bewegt.
- **Trizeps:** Die hintere Oberarmmuskulatur, die sich zusammenzieht, wenn man den Arm streckt.

Über die Autorin

Charmain Sutherland arbeitet im Bereich der Sporterziehung an der Severn Elementary School in Severn im US-amerikanischen Bundesstaat Maryland.

Die Grundschule gehört zu einem Zusammenschluss von öffentlichen Schulen, dem Anne Arundel County Public School System.

Sie hat 14 Jahre lang sowohl an öffentlichen als auch an privaten Schulen Sport unterrichtet; 6 Jahre davon ohne Turnhalle. Sie hat Erfahrung mit den verschiedenen Schülern – gefährdete Schüler, Sonderschüler, begabte Schüler – und war in verschiedenen Sportarten als Trainerin tätig. Darüber hinaus war sie im Rahmen eines mit 1 Million Dollar unterstützten Stipendienprojektes der University of Maryland, des Gesundheitsministeriums und der Prince George County Public Schools mitverantwortlich für die Erstellung des Lehrplans.

Im Jahr 2001 erhielt Sutherland einen nationalen Lehrpreis, der durch die Firmen Coca-Cola und HealthSouth für die Entwicklung eines dynamischen Sportunterrichtsprogrammes verliehen wurde.
Damit übertraf sie die Erwartungen ihrer Stadt, ihres Staates und ihrer Schule. Als Mitglied der American Alliance for Health, Physical Education, Recreation and Dance ist Sutherland eine beliebte Sprecherin bei Zusammenkünften auf staatlicher und regionaler Ebene. Außerdem gehört sie der Gesellschaft für Aktives Leben (Association for Active Lifestyle, AALF) sowie der US-amerikanischen Gesellschaft für Sport und Sporterziehung (NASPE) an. Sutherland hat ihr Diplom als Sportlehrerin sowie in den Bereichen Leitung und Supervision an der Old Dominion University gemacht. Zuvor hatte sie in ihrer Rolle als Sportexpertin die Aktionen der Norfolk Naval Station und der Freizeitparkanlagen in Virginia Beach im Staat Virginia koordiniert. Zurzeit leitet sie das „Physical Activity Central", ihre eigene Sport- und Freizeiteinrichtung für Kinder zwischen Kindergarten und Klasse 5.

Literaturtipps

Bartl, Almuth;
Wolters, Dorothee:
Fun-Olympics. Sport- und Spaßspiele für alle.
Für alle Altersstufen. Verlag an der Ruhr, 1999.
ISBN 978-3-86072-445-3

Blatt, Burkhard:
Weniger erklären – mehr bewegen.
Mit 10 bekannten Spielformen Grundsportarten trainieren. 6–19 J. Verlag an der Ruhr, 2007.
ISBN 978-3-8346-0226-8

Bucher, Walter (Hrsg.):
1012 Spiele und Übungsformen in der Freizeit.
Verlag Karl Hofmann, 2005.
ISBN 978-3-7780-6328-6

Carpenter, Jeff:
Der Fitnesskurs für Kinder.
101 Spielebausteine für ein systematisches Aufbautraining. 6–12 J. Verlag an der Ruhr, 2005.
ISBN 978-3-86072-939-7

Gegier, Birgit:
Bewegungsspiele in Englisch für Klassenraum und Turnhalle – 1. Lernjahr.
6–12 J. Verlag an der Ruhr, 2004.
ISBN 978-3-86072-896-3

Kosel, Andreas:
Schulung der Bewegungskoordination.
Übungen und Spiele für den Sportunterricht der Grundschule. Verlag Karl Hofmann, 2005.
ISBN 978-3-7780-3634-1

Mertens, Michael:
Sport und Spiel mit Alltagsmaterial.
630 Trainingsideen für Gruppe, Freizeit und Schule. Für alle Altersstufen.
Verlag an der Ruhr, 2005.
ISBN 978-3-86072-987-8

Orlick, Terry:
Zusammen spielen – nicht gegeneinander!
150 Kooperative Spiele für Kinder. 3–12 J.
Verlag an der Ruhr, 2007.
ISBN 978-3-8346-0247-3

Proßowsky, Petra:
Kinder entspannen mit Yoga. Von der kleinen Übung bis zum kompletten Kurs. 5–10 J.
Verlag an der Ruhr, 2007.
ISBN 978-3-8346-0291-6

Seehaus, Gisela:
Sieben Geschichten zum Bewegen.
Kleine Projekte für Klassenraum und Turnhalle.
Kl. 2–4. Verlag an der Ruhr, 2005.
ISBN 978-3-8346-0012-7

Söll, Wolfgang:
Sportunterricht – Sport unterrichten.
Ein Handbuch für Sportlehrer.
Verlag Karl Hofmann, 2005.
ISBN 978-3-7780-3805-5